新・判例ハンドブック

【憲法】第3版

高橋和之 編

日本評論社

第3版　はしがき

本書は、第二版の出版（二〇一八年）以降に出された重要判例を補充したものである。新たに収録した判例と過去の判例を差し替えた判例を合わせて9件を追加している。執筆方針とフォーマットは、従来通りである。

追加した判例には、急速に変化を遂げている日本社会を反映する性格のものが多くみられる。新たな憲法問題を提起する事案であることから、憲法13条の基本原理から構成を組み立てる必要がそれだけ強く要求される。憲法全体の構造に気を配り、個々の判例の論点がどこに位置づけられるべきかを考えることを通じてその力を養って欲しい。

改版に当たって、収録すべき新しい判例については以前と同様に宍戸常寿君の協力を得た。その他出版に必要な諸般の作業については、日本評論社の上村真勝、坂本悠美子両氏お世話になった。心より御礼申し上げます。

二〇二四年二月

高橋和之

はしがき〔第2版〕

本書の初版が出版されたのは二〇一二年であったが、その後婚外子相続分差別違憲判決、女性再婚禁止期間違憲判決をはじめとする重要な憲法判例が出され、裁判所の従来の考え方が徐々にではあるが変化の兆しを見せている。こうした動きを踏まえた判例の学習が是非とも必要であると考え、本書の改訂を急ぐことにした。新たに収録した判例と過去の判例に差し替えた判例を合わせて合計13件の新判例を追加している。ほとんどが人権領域の判例であり、国会や内閣に関連する新判例はない。この期間中に国会・内閣による憲法運用に関して多くの議論がなされたことを考えると、それらの問題を憲法訴訟として争う手法という問題も考えながら学習してもらいたいと思う。

憲法条文は抽象的なものが多く、他の法律分野の場合のように事案に関連する具体的な複数の条文を整合的に解釈して結論を得るという手法がなかなか通用せず、どうも苦手だと感じている人が多いようだ。たしかに、憲法条文には抽象的に見える規定が多い。しかし、実際には、手に負えないほど多くの意味を担っている条文というのは稀である。一方で、その条文が生み出された歴史的経緯を知れば、その意味は相当程度具体的な内容として理解されてくるし、他方で、その条文が適用されるべき具体的事案との関連で意味を探れば、議論の焦点はさらに絞り込まれてくるはずである。本書が期待しているのは、この後者の役割である。

民法に要件事実論という特有の議論の仕方があるように、憲法にも、特有の議論の仕方がある。その違いがつかめなくて苦労している人もあろうが、こと人権論に限って言えば、議論の構造自体は単純である。まず、第一段階として、事案に人権の制限が存在するかどうかを確定し、次に、第二段階として、その人権制限が正当かどうかを判断する。人権判例を読む場合には、常にこの構造を頭に置いていることが重要である。本書をその読み方の訓練にも活用していただければ幸いである。

二〇一七年一二月

高橋和之

はしがき〔初版〕

本書の前身は、芦部信喜編『判例ハンドブック〔憲法〕』である。憲法の重要判例がコンパクトにまとめられており使いやすいとの評価をえ、多くの方に利用していただいた。しかし、一九九二年に最後の改訂がなされた後、芦部先生が他界されたこともあり、その後の新判例を収録するための改訂をする機会をもてないまま、ほぼ二〇年が経過した。この間に出された憲法に関する重要判例も相当の数に上っており、今日では判例と学説の様相も大きな変貌を遂げている。そのため、憲法を学ぶ多くの読者から、一刻も早い改訂を望む声が高まっていた。それに応えて、この度日本評論社で改訂を企画され、思いがけずも私がその編集を依頼されることとなった。

編集方針として、収録する判例数は二〇〇件程度とすることにし、現時点で最も重要と思われる判例を、宍戸常寿君の協力をえて選別した。その結果、旧版に収録していた判例のかなりの数の入れ替えが必要となり、これに伴い、執筆陣も全面的に交代し、すべての収録判例を新たに書いてもらうことにした。しかし、個々の判例紹介のフォーマット（「事実　→裁判所の見解　→解説　→評釈」という紙面の構成）は、従来から分かりやすいとの好評をえていたので、ここでもそのスタイルを継承している。

最近の憲法学界では、憲法判例研究が従来にも増して盛んとなってきている。様々な要因が関係しているとも思われるが、なかでもロースクールの創設は、憲法の教育方法のみならず研究方法に対する影響としても見逃せない。教育方法としては、ケース・メソッドあるいはソクラテス・メソッドといわれる授業形態が主流となり、そこでは判例を教材に使い、教師と学生の間の双方向的な質疑討論を通じて判例の読み方を学び、憲法論を法律論として構成しうる能力の養成が目指されている。憲法の勉強における判例の重要性が、飛躍的に高まっているのである。のみならず、教師の側でも、判例分析の方法論を確立する必要にせまられ、アメリカやドイツの理論を参照しながら、日本の判例分析に精力的に取り組むようになってきている。しかも、偶然ではあろうが、憲法学研究・教育のこうした動向に呼応するかのように、最近の最高裁は、従来の最高裁からは予想もできなかったような注目すべき判決を多く出すようになってきており、これが憲法論議に広範な関心を呼び起こしているように思われる。この傾向が続けば、「生ける憲法」としての判例の重要性は、ますます高まっていくにちがいない。憲法判例の勉強が、従来以上に重要となってきているのである。それに少しでも役立ちたいというのが、本書を出版するわれわれの期待である。

本書には、二種類の読者を想定している。一つは、これから憲法を学ぼうとする初心者である。憲法も法律学である以上、憲法を学ぶには憲法判例を学ぶことが不可欠である。初心者は、授業や教科書で判例が出てきたら、労を惜しまず本書を参照して欲しい。その際に重要なことは、憲法上の論点について裁判所がどう判断したかだけを覚えようとするのではなく、当該事件の事実関係の下で、その論点が、なぜ、また、どのように、構成されたのかを理解するよう務めることである。憲法的思考力を身につけるためには、論点に対する解答を覚えることより、論点を発見し構成するとのほうがはるかに重要だからである。

もう一つの読者として想定しているのは、憲法の勉強も相当程度進み、司法試験や公務員試験等に備えて最後の仕上げにかかろうとしている人たちである。こういう読者は、すでにそれまでに、憲法判例のいくつかにつき、判決原文を読んだことがあり、本書の要約を見れば、原文のおおよそのイメージを思い描くことができるであろう。試験勉強の最後の仕上げとしては、事件名を見たら、事実関係の要点と、そこで構成された法律論と憲法論、および、憲法上の論点に対する裁判所の見解の概要が自然に思い浮かぶ程度にまで判例を理解している必要がある。それを確かめるために、本書は大いに役立つものと思っている。

本書が出版できるのは、協力を惜しまれなかった執筆者の方々のご尽力と法学セミナー編集部の上村真勝氏の行き届いたお世話のおかげであり、ここでそのご厚意に心から感謝の意を表したい。

二〇一二年六月

高 橋 和 之

目次

Ⅳ　精神的自由権——橋本基弘＋林　知更＋松田　浩＋曽我部真裕
西土彰一郎＋青井未帆＋江島晶子　86

(1)　思想・良心の自由

●第五章／裁判所●

凡　例

▽判例の引用法

・「最大判平成3・5・8民集四五巻二号八九頁」とあるのは、「平成三年五月八日最高裁判所大法廷判決、最高裁判所民事判例集平成三年度四三巻二号八九頁（通し頁）」をさす。なお、たとえば「最決」の「決」は決定の略である。また、大法廷判決（決定）は「最大判（決）」、小法廷判決（決定）は「最1判（決）」のように表記した。

・その他、東京地判→東京地方裁判所判決、大阪高決→大阪高等裁判所決定、札幌地小樽支判→札幌地方裁判所小樽支部判決のごとくである。

▽登載判例集は、次のように略記した。

刑（民）集＝最高裁判所刑事（民事）判例集
高刑（民）集＝高等裁判所刑事（民事）判例集
下刑（民）集＝下級裁判所刑事（民事）裁判例集
集刑（民）＝最高裁判所裁判集刑事（民事）
行集＝行政事件裁判例集
裁時＝裁判所時報
労民集＝労働関係民事裁判例集
刑月＝刑事裁判月報
訟月＝訟務月報
家月＝家庭裁判月報
判時＝判例時報
判タ＝判例タイムズ

・なお、解説本文において、たとえば（45判例）とあるのは、本書掲載判例のうち判例番号45のものをさす。

▽文献（雑誌・単行本等）

百選Ⅰ、Ⅱ　憲法判例百選Ⅰ、Ⅱ（第七版）

＊末尾の数字は、掲載判例の項目番号を指す。また、現段階で最新版の「第七版」については、特にこれを明示せず、第一版～六版については、例えば、「百選Ⅰ（六版）」と表記した（他の判例百選についても同様）。

行百Ⅰ、Ⅱ　行政法判例百選Ⅰ、Ⅱ
租百　租税判例百選
メ百　メディア判例百選
刑訴百　刑事訴訟法判例百選
民訴百　民事訴訟法判例百選
経百　経済判例・審決百選
地自百　地方自治判例百選
環境百　環境法判例百選
医事百　医事法判例百選
教育百　教育判例百選
宗百　宗教判例百選
令○重判　令和○年度重要判例解説
基本判例　憲法の基本判例
争点　憲法の争点
ジュリ　ジュリスト
法教　法学教室
法セ　法学セミナー
法時　法律時報
判評　判例評論
ひろば　法律のひろば

季教	季刊教育法
論ジュリ	論究ジュリスト
判プラ	憲法判例研究会編『判例プラクティス憲法〔第三版〕』（信山社、二〇二二年）
プロ演	LS憲法研究会編『プロセス演習憲法〔第四版〕』（信山社、二〇一一年）
判例講義Ⅰ、Ⅱ	佐藤幸治・土井真一編『判例講義　憲法Ⅰ』同Ⅱ（悠々社、二〇一〇年）
野坂	野坂泰司『憲法基本判例を読み直す〔第二版〕』（有斐閣、二〇一九年）
宮沢コメ	宮沢俊義（芦部信喜補訂）『全訂日本国憲法』（日本評論社、一九七八年）
新基本法コメ	芹沢斉ほか『新基本法コンメンタール／憲法』（日本評論社、二〇一一年）
注解Ⅱ	樋口陽一ほか『注解法律学全集／憲法Ⅱ』（青林書院、一九九七年）
芦部	芦部信喜『憲法〔第六版〕』（岩波書店、二〇一五年）
佐藤	佐藤幸治『日本国憲法論』（成文堂、二〇一一年）
高橋	高橋和之『立憲主義と日本国憲法〔第四版〕』（有斐閣、二〇一七年）
高見古希	岡田信弘ほか編『憲法の基底と憲法論〔高見勝利先生古希記念〕』（信山社、二〇一五年）
辻村	辻村みよ子『憲法〔第五版〕』（日本評論社、二〇一六年）
野中ほかⅠ	野中俊彦ほか『憲法Ⅰ〔第五版〕』（有斐閣、二〇一二年）
長谷部	長谷部恭男『憲法〔第六版〕』（新世社、二〇一四年）
憲法判例から見る日本	山本龍彦ほか編『憲法判例から見る日本』（日本評論社、二〇一六年）
射程	横大道聡編『憲法判例の射程』（弘文堂、二〇一七年）

▽略記した主な法令等

国賠法	国家賠償法
国犯法	国税犯則取締法
警職法	警察官職務執行法
証取法	証券取引法
刑訴法	刑事訴訟法

民訴法	民事訴訟法
民執法	民事執行法
行訴法	行政事件訴訟法
地自法	地方自治法
入管法	出入国管理及び難民認定法
労基法	労働基準法
労組法	労働組合法
地公法	地方公務員法
国公法	国家公務員法
公労法	公共企業体等労働関係法
公選法	公職選挙法
対日平和条約	日本国との平和条約
日米安保条約	日本国とアメリカ合衆国との間の相互協力及び安全保障条約
成田新法	新東京国際空港の安全確保に関する緊急措置法
破防法	破壊活動防止法
墓地法	墓地、埋葬等に関する法律
麻薬取締法	麻薬及び向精神薬取締法
明治憲法	大日本帝国憲法

新・判例ハンドブック 憲法

第3版

天皇と不敬罪……プラカード事件

1 最大判昭和23・5・26刑集二巻六号五二九頁

不敬罪で起訴され無罪を主張していた者について、大赦令（昭和21・11・3）により免訴の判決をすべきか。

関連条文 憲法一条・一四条

事実 被告人は、いわゆる食糧メーデー（昭和21・5・19）に、「ヒロヒト 詔書 曰ク 国体はゴジされたぞ 朕はタラフク 食ってるぞ ナンジ人民 飢えて死ね ギョメイギョジ……」と記したプラカードを掲げて参加し、不敬罪（旧刑法七四条）で起訴された。一審は、降伏文書調印後は天皇の地位が変革し、その一身への誹毀侮辱等は名誉に対する罰条をもって臨むのが相当として、懲役八月を言い渡した（東京刑事地判昭和21・11・2）。その翌日（新憲法公布の日）に大赦令が施行され、不敬罪は大赦の対象となった（不敬罪規定の削除は翌年一一月一五日）。二審は、新憲法下でも不敬罪は名誉毀損の特別罪として存続しており、被告人の行為は不敬罪に該当するが、大赦により免訴とした（東京高判昭和22・6・28）。そこで、天皇が統治権の総攬者であることを前提とする不敬罪の保護法益はポツダム宣言受諾で消滅し、新憲法施行後は憲法一四条違反で無効であり、プラカードの内容は諷刺的政治批判であって天皇個人の誹謗ではない、などとして上告した。

裁判所の見解 公訴繫属中の事件について大赦があったときは、公訴権が消滅し、裁判所は、公訴事実の存否、犯罪の成否、罰条の適用について実体上の審理はできず、免訴の判決をするのみである。被告人も、訴訟の実体に関する理由を主張して無罪の判決を求めることは許されない。

解説 免訴判決の性質について最高裁多数意見は形式裁判説をとり、原審が当時の多数説の見地から実体上の審理をして有罪の判定を下したことは違法としつつ、主文で免訴としているから破棄すべきでないとした。本件は大赦の事案であったが、本判決後、免訴一般について形式裁判説が通説化した。同説では被告人が早く訴訟から解放されるが、本件では憲法秩序の変動にも関係して被告人が無罪を主張しており、実体的判断がなされなかったことには批判がある。存廃をめぐって論争のあった不敬罪の効力の判断を回避したともいわれる。庄野裁判官はポツダム宣言受諾により不敬罪は保護法益が消滅して実質的に廃止されたのであるから無罪とするが、不敬罪が全面的に失効したといえるかは不分明で、不敬罪は削除されるまで存続し改正後は名誉毀損罪に変更されたとする齋藤裁判官が対立する。学説上は、ポツダム宣言受諾後、GHQの覚書（「自由の指令」）に基づき天皇に対する批判の自由が国民に周知されて不敬罪該当者も釈放されたことや、天皇の神格否定の詔書とも相俟って、本件当時には不敬罪は実質的に消滅していた（名誉毀損の特別罪としても違憲）とする見解が強い。

▼評釈——中川律・百選Ⅱ161等

天皇と民事裁判権

2 最2判平成元・11・20民集四三巻一〇号一一六〇頁

関連条文　憲法一条

天皇に民事裁判権が及ぶと解すべきか。

事　実　千葉県知事が昭和天皇の病気快癒を願う県民記帳所を設置し、公費を支出したことは違法であり、昭和天皇は記帳所設置費用相当額を不当利得し、それを今上天皇が相続したとして、千葉県民Xが、千葉県に代位して、県知事に対し損害賠償を、天皇に対し不当利得返還を請求する住民訴訟を提起した。当初、天皇は民訴法二二四条の当事者たりえないとして訴状が却下されたが、即時抗告審（東京高決平成元・4・4）は訴状却下命令を取り消した。一審（千葉地判平成元・5・24）は、記帳所設置は象徴の地位に由来する公的行為であるから天皇に民事裁判権は及ばないとして訴えを却下し、控訴審（東京高判平成元・7・19）は、天皇も自然人として実体私法の規律に従うが、象徴の地位にあるから民事裁判権は及ばないとし、訴状が天皇に送達されておらず訴訟係属が生じているとはいえないが、訴えは裁判所に提起されているから裁判所は判決により訴えを却下する権限を有するとした。Xが上告。

裁判所の見解　天皇は日本国の象徴であり日本国民統合の象徴であるから、天皇には民事裁判権が及ばないとするべきであるが、訴えを被告とする訴えは訴状却下とすべきであるが、訴え却下判決でも違法とまではいえない。

解　説　天皇は刑事責任を問われないが、民事責任は免責されないとしても、民事裁判権に服するかについて当時の学説の議論は不十分であった。旧憲法下の学説は天皇の民事責任を肯定しつつ民事裁判権は及ばないとしたが、それは当時の実定法制を根拠としており、統治権の総攬者であることから直ちに帰結されたのではなかった。現憲法の「象徴」規定は、一般に、統治権の総攬者性を否定する趣旨であり、そこから当然に何らかの法的効果が生ずるものではないとされる。しかるに、本判決は天皇に民事裁判権が及ばないことを明らかにしたが、その理由は、上記の天皇の象徴性しか述べられていない。本判決は、天皇の神聖不可侵性からは必ずしも導出されていなかった民事裁判権の否定を憲法の「象徴」規定から引き出しており、法律で天皇に民事裁判権を及ぼすことの否定にもなりかねないと批判される。「象徴にふさわしい待遇」が求められるとしても、控訴審は「民事及び行政の訴訟において、天皇といえども、被告適格を有し、また証人となる義務を負担すること……は、……象徴であるという、天皇の憲法上の地位とは全くそぐわない」としており、本判決がこれに与するなら、憲法が民事裁判権の一律否定を要請していると解する点が批判されよう。なお、皇后に対する民事裁判権を肯定した例（東京高決昭和51・9・28）がある。

▼評釈──小沢隆一・百選Ⅱ162、長谷部恭男・民訴百（新法対応補正版）6等

駐留軍の合憲性……砂川事件

3　最大判昭和34・12・16刑集一三巻一三号三二二五頁

関連条文　憲法前文・九条・九八条・八一条・三一条

①外国軍隊の駐留は憲法九条二項の戦力不保持に反するか。②安保条約は違憲審査の対象となるか。③米軍駐留は合憲か。

事実　砂川町（現・立川市）の米軍基地拡張のための政府による測量に反対する人々が集合し、立入禁止の柵の一部が破壊された際、米軍基地内に数メートル侵入したとして、被告人七名が、（旧）日米安保条約に基づく行政協定に伴う刑事特別法（刑特法）二条違反で起訴された。一審（東京地判昭和34・3・30）は、駐留米軍が日本防衛に使用される現実的可能性が大きく、その駐留を日本政府が要請し許容したことは、指揮権や出動義務の有無に関係なく憲法九条二項の戦力不保持に反するとし、米軍を国民以上に保護する刑特法二条は憲法三一条に違反し無効として、被告人を無罪とした。検察側が飛躍上告した。

裁判所の見解　①憲法九条二項は固有の自衛権を否定せず、憲法の平和主義は無防備・無抵抗を定めたものではない。憲法九条は、戦力不保持によって生ずる防衛力の不足について、他国に安全保障を求めることを禁じていない。②安保条約は、国家の存立の基礎に極めて重大な関係をもつ高度の政治性を有し、内閣・国会の高度の政治的ないし自由裁量的判断と表裏をなし、その内容が一見極めて明白に違憲無効と認められない限りは、裁判所の司法審査権の範囲外にある。③米軍の駐留は、憲法九条・九八条二項・前文の趣旨に適合こそすれ、違憲無効が一見極めて明白であるとは認められない。このことは、憲法九条二項が自衛戦力の保持をも許さないものか否かにかかわらない。

解説　本判決が、①外国軍隊は憲法九条の禁ずる戦力にあたらないとの解釈を前提として、②安保条約・米軍駐留の違憲判断を、それが「一見極めて明白に違憲無効」と認められる場合に限定するものとすれば、裁判所の審査権は一切及ばないとする統治行為論（217判決）とは異なるともいえる。現行安保条約について、最高裁は、ⓐみだりに違憲無効と断定すべきでない（最大判昭和44・4・2刑集二三巻五号六八五頁）、ⓑ違憲無効が一見極めて明白でないから合憲を前提とすべき（最大判平成8・8・28民集五〇巻七号一九五二頁）との態度を示し、本判決の流れをくむものとみられるが、判示の微妙な相違も指摘される。③本判決は、憲法の禁ずる戦力とは、日本が主体となって指揮権・管理権を行使しうる戦力としたが、自衛戦力保持の可否については、判断を留保している。自衛隊の設置・維持の違憲性を争う訴訟で「一見明白」論を用いた下級審裁判例（5判決等）があるが、最高裁は、自衛隊が合憲・違憲とも統治行為とも明言していない。なお、216判決参照。

▼評釈——本秀紀・百選Ⅱ163、岡田信弘・基本判例39等

自衛隊の合憲性判断の回避(1)……恵庭事件

4 札幌地判昭和42・3・29判時四七六号二五頁

関連条文　憲法九条・八一条、自衛隊法一二一条

①自衛隊の通信線の切断は、「武器、弾薬、航空機その他の防衛の用に供する物」を損壊した行為にあたるか。②違憲審査権の行使は、具体的事件の裁判に必要な場合に限られるか。

事　実　恵庭町（現・恵庭市）の陸上自衛隊島松演習場付近の酪農者には、爆音等による乳牛の早流産・乳量減少等の被害があり、牧場付近での射撃に際しては事前連絡する旨の紳士協定が結ばれた。しかるに、連絡なしに砲撃が行われ、被告人が抗議に赴いたが演習が続行されたため、その帰途、着弾地点等との連絡用の電話通信線をペンチで数か所切断したところ、自衛隊法一二一条の防衛用器物損壊罪で起訴された。

裁判所の見解　①本件罰条は、刑法の器物損壊罪とは性格を異にし、国の防衛作用の妨害を犯罪とするのであって、自衛隊のあらゆる物件に対する損傷行為を処罰するのではなく、「武器、弾薬、航空機」という例示物件と同列に評価しうる程度の密接かつ高度な類似性のある物件を対象とする。本件通信線は例示物件との類似性に多くの実質的疑問が存するから、罪刑法定主義に基づき、「その他の防衛の用に供する物」に該当しないとすべきである。②弁護人らは、自衛隊法全般ないし自衛隊等の違憲性を強く主張しているが、およそ、裁判所が一定の立法その他の国家行為について違憲審査権を行使できるのは、具体的な法律上の争訟の裁判においてのみであるとともに、具体的争訟の裁判に必要な限度に限られる。本件のような刑事裁判では、当該事件の裁判の主文の判断に直接かつ絶対必要な場合にだけ、立法その他の国家行為の憲法適否に関する審査決定をなすべきである。したがって、被告人の行為について、自衛隊法一二一条の構成要件に該当しないとの結論に達した以上、もはや、弁護人ら指摘の憲法問題に関し、なんら判断を行う必要がないのみならず、判断を行うべきでもない。

解　説　本件では、自衛隊の合憲性をめぐって検察側・弁護側が激しく争い、裁判所の初めての判断が注目されたが、「肩すかし」とも評される結果となった。本判決は、裁判所が具体的事件を解決する前提として違憲審査を行う以上、まず事実認定と適用罰条の犯罪構成要件の解釈を行い、その結果として被告人が処罰されるとなった段階で当該罰条の合憲・違憲の判断が必要になるとする。そうした立場から、①のように構成要件を厳格に解したうえで（「法律の書き直し」との批判もある）、②のように憲法判断を回避したのである。法律の合憲性審査が常に適用に先行するのではないが、事件の重大性や権利の性質、違憲状態の程度や影響等を考慮して、法律解釈による回避が可能な場合でも裁判所は憲法判断を行う裁量があると解する説が有力である（5判決の一審はその立場をとった）。

▼評釈――芦部信喜・百選Ⅱ164

自衛隊の合憲性判断の回避(2)……長沼事件

5 札幌高判昭和51・8・5判時八二一号二一頁

自衛隊の設置・維持の合憲性は司法審査の対象となるか。

関連条文　憲法九条・八一条

事　実　防衛庁（当時）は、航空自衛隊の地対空ミサイル基地を、長沼町の国有保安林に建設することとし、農林大臣Yは「公益上の理由」（森林法二六条二項）があるとして保安林の指定解除を行った。基地建設に反対する住民Xらは、自衛隊が違憲である等を理由として、保安林指定解除処分の取消しを求めた。一審（札幌地判昭和48・9・7）は、憲法前文の平和的生存権に基づいてXらに本件処分の取消しを求める法律上の利益があるとし、自衛隊は「戦力」に該当するから防衛庁設置法・自衛隊法等は憲法九条二項に違反して無効であり、本件解除処分は「公益上の理由」を欠き違法とした。

裁判所の見解　Xらに本件処分を争う具体的利益はなく、本件訴えは不適法である。自衛隊等の合憲性について以下の見解を付加する。高度の政治性を有する国家行為が司法審査権の範囲外にあることは、司法判断の対象事項が統治事項にあたる場合だけでなく、適用されるべき憲法等の解釈行為にもあてはまる。わが国が他国の武力侵略に対しいかなる防衛姿勢をとるかは、高度の専門技術的判断とともに高度の政治判断を要する最も基本的な国の政策決定であり、一見極めて明白に違憲、違法と認められない限り、司法審査の対象ではない。自衛戦力の保持に関する憲法九条二項前段は、解釈が分かれ、一義的に明確な規定とはいえない。憲法九条が保持を一義的・明確に禁止するのは、侵略戦争のための軍備ないし戦力だけである。自衛隊は一見極めて明白に侵略的なものではないから、結局、自衛隊の存在等が憲法九条に違反するか否かは統治行為に関する判断であり、裁判所が判断すべきものではない。

解　説　統治行為論の援用を否定した一審判決に対し、本判決は、傍論で砂川事件判決（3・216判決）の「一見明白」論に倣った見解を述べ、砂川事件判決同様、「一見明白」に違憲かを論じる過程で合憲性を推認させる評価を付与する効果を有している。本判決が少数説であった自衛戦力合憲説を「一応の合理性を有する」ものとしつつ、自衛隊は「戦力」ではなく自衛力だとする政府見解に論及しないのは不可解である。本判決が憲法解釈をも統治事項とする点についても、国家統治の基本を定める憲法規範の性質に鑑みて、疑問が示される。

自衛隊をめぐる各訴訟での国側の統治行為論の主張に対し、下級審では、援用の肯定・否定、主文の判断に必要のない言及等、対応が区々である。本件上告審（最1判昭和57・9・9）は、統治行為論には触れず、Xらには訴えの利益がないとして上告を棄却した。最高裁は、自衛隊が統治行為に該当するかについて、本件でも他の事案でも判断を示していない。

▼評釈――山内敏弘・百選Ⅱ(五版)182、宍戸常寿・判プラ322等

国の私法的行為と憲法九条……百里基地事件

6 最3判平成元・6・20民集四三巻六号三八五頁

関連条文 憲法九条・九八条・八一条、民法九〇条

①国の私法上の行為は、憲法九八条一項の規律を受けるか。②憲法九条は、国の私法上の行為に直接適用されるか。③憲法九条は、民法九〇条の「公ノ秩序」の内容を形成するか。

事実 Y_1は、航空自衛隊百里基地予定地内の土地を基地反対派のXに売る契約をしたが、Xが代金残額を支払わなかったため、Y_1は土地を国（Y_2）に売った。双方が所有権の確認等を求めて争い、Xは国への土地売渡しは憲法九条に違反し無効と主張した。一審（水戸地判昭和52・2・17）は様々な理由で憲法九条違反の主張を退け、二審（東京高判昭和56・7・7）は自衛隊を違憲とするXの主張を前提としても契約は無効にならないとし、いずれもY_2の本件土地取得は有効とした。

裁判所の見解 ①憲法九八条一項の「国務に関するその他の行為」とは、公権力を行使して法規範を定立する国の行為を意味し、行政処分・裁判等は個別的・具体的ながらも法規範を定立する限りで該当するが、私人と対等の立場で行う国の行為は該当しない。②憲法九条は、私法上の行為の効力を直接規律することを目的とした規定ではない。国が私人と対等の立場で締結する私法上の契約は、成立の経緯・内容が実質的に公権力の発動となんら変わりがないといえるような特段の事情のない限り、憲法九条の直接適用を受けない。本件にそのような事情はない。③憲法九条の規範は、そのままではなく、私法規範によって相対化されて民法九〇条の「公ノ秩序」の内容を形成する。自衛隊基地建設を目的・動機とする契約が私法的価値秩序において反社会的であるとの認識が、一般的観念として確立していない本件では、契約の効力は否定されない。

解説 ①本判決は、憲法の最高法規性が国の公法的行為のみに関わるとする。伊藤補足意見は、憲法的規律がどこまで及ぶかは憲法九八条一項の問題ではなく、一定の行政目的の達成のための行為は、私法上の行為でも憲法上の拘束を免れない場合もありうるとする。国家の行為形式によって憲法の規律の有無を決めることには、批判が強い。②本判決は、私法関係では、原則として憲法九条も人権規定と同様に直接適用されないとする。私法関係でも、国家が一方当事者である場合に、「私人間」での人権規定の間接適用のように扱うことには批判がある。③本判決は、契約の目的・動機を公序良俗違反の考慮要素とするが、目的・動機の憲法九条適合性ではなく、私法的価値秩序における目的・動機の反社会性を判断している。その判断は、自衛隊法等が合憲として制定されたことを前提としている。結局、本判決は、私法関係に引き込んで平和的生存権と憲法九条の効力を相対化することによって、自衛隊の合憲性についての判断を回避したものと評される。

▼**評釈**――榎透・百選Ⅱ166等

自衛隊イラク派遣違憲の疑いの表明

7 名古屋高判平成20・4・17判時二〇五六号七四頁

①自衛隊イラク派遣は違憲か。②平和的生存権は具体的権利といえるか。③自衛隊イラク派遣は平和的生存権を侵害するか。

関連条文　憲法前文・九条

事　実　イラク特措法による自衛隊派遣は違憲とするXらが、派遣によって平和的生存権等を侵害されたとして、派遣の差止めおよび違憲確認と損害賠償を請求した。

裁判所の見解　①イラク特措法は、非戦闘地域での活動を規定するが、現在のイラクは、多国籍軍と武装勢力との間での国内の治安問題にとどまらない武力を用いた争いが行われており、とりわけ首都バグダッドはイラク特措法にいう「戦闘地域」に該当する。航空自衛隊の空輸活動は、他国による武力行使と一体化した行動であって、政府と同じ憲法解釈に立ち、イラク特措法を合憲とした場合でも、イラク特措法二条二項・三項、憲法九条一項に違反する。②平和的生存権は、全ての基本的人権の基礎にある基底的権利であり、裁判所にその保護・救済を求めうる具体的権利性が肯定される場合がある。③しかし、本件違憲確認請求は、事実行為の違法確認を求めるもので、不適法である。行政権の行使に対し、私人は民事上の給付請求権を有しない（最大判昭和56・12・16）から、本件差止請求は不適法である。本件派遣はXらに直接向けられたものではなく、Xらの生命・自由の侵害等や、現実的な戦争等による被害・恐怖、違憲の戦争遂行等への加担・協力の強制といった事態は生じておらず、Xらの平和的生存権が侵害されたとまでは認められないから、本件訴えを行政事件訴訟と解してもXらには原告適格が認められない。同様に、Xらには、損害賠償が認められる程度の被侵害利益も生じていない。

解　説　①本判決は、政府見解が自衛隊の海外活動を合憲とする論拠としていた「一体化論」を前提として、詳細な事実認定に基づき、自衛隊の活動が違法・違憲であるとした。②長沼事件一審判決の平和的生存権論は、自衛隊の存在の直接的危険性により原告適格を拡大した。他方、自衛隊の海外活動が日本国内の一般市民に現実的な侵害・強制等を生じさせるとは考えにくく、「戦争や武力行使をしない日本に生存する権利」は、通常は具体的侵害が認められないであろう。③本判決は、憲法学説の平和的生存権論に依拠して具体的権利性を承認しつつ、権利侵害を認めないことで、Xらの形式敗訴・実質勝訴として違憲判断を確定させた。判決の結論に結びつかない、傍論での憲法判断については、(a)下級審の場合は、異なる憲法判断を求める当事者の上訴を封じる形になり、疑問とするか、(b)付随的違憲審査制の下での本来のあり方ではないが、傍論での判断は事実上の影響力のみで法的拘束力を有さず、他方、憲法保障機能を期待できると評価するか、という問題がある。

▼評釈――渋谷秀樹・平20重判（憲法2）等

外国人の人権(1)……マクリーン事件

8　最大判昭和53・10・4民集三二巻七号一二二三頁

①外国人には日本への入国・在留の権利が認められるか。②外国人の人権享有主体性。③外国人の政治活動の自由。

事　実　英語講師として日本に在留していたアメリカ国籍の原告（ロナルド・マクリーン）が、一年間の在留期間の更新を申請したところ、法務大臣は、在留期間中の原告の政治活動や無届での転職を理由に、不許可処分を行った。一審は法務大臣の裁量逸脱を認めて本件処分を取り消したが、二審はそれを取り消して請求を棄却した。

裁判所の見解　上告棄却。①憲法二二条一項は、国内での居住・移転の自由を保障するもので、外国人の入国について規定するものではない。これは国際慣習法と同様の立場であり、外国人には入国の自由や在留ないし引き続き在留する権利は憲法上保障されない。②基本的人権の保障は、権利の性質上日本国民のみがその対象と解されるものを除き、日本に在留する外国人にも等しく及ぶが、この保障は外国人在留制度の枠内で与えられるにすぎない。③政治活動の自由は、日本の政治的意思決定又はその実施に影響を及ぼす活動等外国人の地位に鑑み認めるのが相当でないものを除き、その保障が及ぶが、出入国管理令（当時。現在は入管法）上、在留期間更新につき法務大臣は広い裁量を有し、在留中の政治活動を理由に更新を拒否しても違法ではない。

関連条文　憲法二一条・二二条一項

解　説　①については、国際法上、外国人は入国の自由はないという点は一般に認められている（9判決解説も参照）が、在留については様々な見解があろう。②につき、本判決は通説である権利性質説に類する判示をしたが、最高裁の権利性質説は重大な留保付きのものである。つまり、①でみた通り外国人には憲法上、入国・在留の権利はないとされ、出入国管理令もこうした前提をとる。そこで、在留が一度認められても、その更新の可否の判断は法務大臣の広汎な裁量に属することになり、本件のように人権を行使したことを消極的な要素として考慮してもよいとされる。すなわち、在留期間更新不許可を人権の制約と考えると、人権保障はそれだけ後退せざるをえないことになる。③につき、以上のような本判決の論理を批判する通説も、外国人の人権保障の程度が国民よりも低い場合があることを認める。外国人の政治活動の自由についていえば、国民主権ないし国民の参政権の観点から保障の程度が低いとされる。もっとも、本判決はこの点からではなく、②で述べた観点から、政治活動を在留期間更新拒否理由とすることを認めたものである。

▼**評釈**――曽我部真裕・判プラ2、愛敬浩二・百選Ⅰ1

外国人の人権(2)：再入国の権利……森川キャサリーン事件

9 最1判平成4・11・16集民一六六号五七五頁

関連条文　憲法二二条、入管法二六条

外国人の海外旅行の自由ないし再入国の権利は認められるか。

事実　アメリカ国籍の原告（森川キャサリーン）は、日本人と婚姻し、本件当時までに約九年間日本で生活していた者であり、休暇に海外旅行をすべく、再入国許可申請をしたが、法務大臣はこれを拒否した。理由は、原告が外登法により当時義務付けられていた指紋押捺（これに関する憲法問題については10判決参照）を拒否したことであった（後に、これにより罰金刑を受けた）。なお、本件の背景には、在留外国人の間で指紋押捺拒否運動が盛んになっていたことを受けて、法務省が指紋押捺拒否者には再入国を許可しない方針をとったことがある。原告は本件処分の取消しを求めたが、一審は請求を棄却し、二審も一審判決をほぼ全面的に引用して控訴を棄却した。

裁判所の見解　上告棄却。日本に在留する外国人が、憲法上外国へ一時旅行する自由を保障されているものでないことは、判例（最大判昭和32・6・19刑集一一巻六号一六六三頁、8判決（マクリーン事件））の趣旨に徴して明らかである。

解説　日本に在留する外国人が在留期間内に一時的に国外旅行する場合には、出国前に法務大臣に申請して再入国の許可を受ける必要がある（入管二六条）が、本件原告にはこの許可が認められなかった。これを憲法上争うためには、①憲法二二条一項で外国人には入国（再入国）の自由が保障されている、あるいは、②憲法二二条二項は海外旅行の自由を保障しており、これは在日外国人にも及ぶ（東京高判昭和43・12・18行集一九巻一二号一九四七頁）、という構成が考えられる。①については、国際慣習法上、外国人の入国の許否及びその条件については主権の属性として各国家が自由に定めうるとされており、憲法もそれを前提としている（よって外国人の入国の自由はない）ことに基本的には異論はない。問題は新規入国と再入国とを区別できるかだが、本件では一審以来両者は同視されているものの、学説上、定住外国人か否かなどの在留状況を問わずすべて同一視する点には批判も強い。②について、日本人の海外旅行の自由は二二条二項で保障されるとするのが判例（130判決）であるが、権利性質説を前提とすると、再入国を新規入国と区別しない立場からは、本判決のように、海外旅行の自由は外国人には認められないことになろう。

▼**評釈**――阪本昌成・法教72号（一審判決について）、曽我部真裕・判プラ3、日比野勤・法教218号、門田孝・百選Ⅰ2

外国人の人権(3)……指紋押捺強制事件

10 最3判平成7・12・15刑集四九巻一〇号八四二頁

関連条文 憲法一三条、外国人登録法一四条一項・一八条一項八号（昭和五七改正前）

①指紋押捺を強制されない自由は憲法上保障されるか。②指紋押捺を義務付ける外登法の規定は合憲か。

事実 アメリカ国籍を有する被告人は、来日して新規の外国人登録の申請をした際、外国人登録原簿、登録証明書及び指紋原紙に指紋押捺をしなかったため、外登法の上記規定の違反として起訴された。被告人は指紋押捺制度の違憲性を主張したが、一審、二審とも有罪判決であった。

裁判所の見解 上告棄却。①指紋自体は個人の私生活や個人の内心に関する情報ではないが、性質上万人不同性、終生不変性をもつので、利用方法次第では個人の私生活やプライバシーが侵害される危険性がある。このような意味で、指紋の押捺制度は、国民の私生活上の自由と密接な関連をもつ。そこで、憲法一三条が保障する個人の私生活上の自由の一つとして、何人もみだりに指紋の押捺を強制されない自由を有し、その保障は在留外国人にも及ぶ。②外登法の定める指紋押捺制度は、外国人の公正な管理という目的のため、戸籍制度のない外国人の人物特定につき最も確実な制度として導入され、その目的には十分な合理性・必要性がある。また、具体的な制度内容も、本件当時は、三年に一度、一指のみの押捺であり、その強制も罰則による間接強制であって過度の苦痛を伴うわけではなく、方法としても許容限度内の相当なものであって、憲法一三条違反ではない。

解説 本判決は、外登法（二〇一二年に廃止）による指紋押捺制度（一九九九年改正で廃止）の合憲性につき判断した（なお、二〇〇六年入管法改正で外国人の入国の際の指紋押捺義務が新たに課された）。①につき、指紋自体は特に秘匿すべきものではないので、プライバシー権との関係での位置付けが問題となる。本判決は、指紋のインデックス性（指紋を手掛かりに個人情報を名寄せできる）を承認し、そこから指紋押捺を強制されない自由が一三条で保障されるものとした。なお、指紋押捺については、指紋情報を収集する点のプライバシー侵害のみならず、指紋を押捺させること自体が犯罪者扱いであるとして、個人の尊重原理（一三条）侵害も指摘される。②については、学説では、指紋のインデックス性を重視して、比較的厳格な基準で審査すべきとする見解が有力である。しかし、本判決は、目的手段審査を行ったものの、必ずしも厳格な基準をとってはいない。とりわけ、必要性、すなわち、本人確認の手段として写真等ではなく指紋まで必要かという点の審査がない点には批判が強い。

▼**評釈**――渋谷秀樹・法教190号、志田陽子・百選Ⅰ3、松本哲治・判例講義Ⅰ21、山本龍彦・判プラ41

外国人の人権(4)：地方参政権

11 最3判平成7・2・28民集四九巻二号六三九頁

関連条文　憲法前文・一条・一五条一項・九三条二項

①地方公共団体の長、議会議員等の選挙権（地方参政権）は外国人にも保障されるか。②地方参政権を認める法律を制定した場合、憲法に反しないか。

事実　永住者である在日韓国人の原告が、選挙人名簿に登録されていないのは不服であるとして、名簿訴訟（公選二四条一項）を提起した。一審は請求を棄却したため、上告（公選二五条三項参照）。

裁判所の見解　上告棄却。①一五条一項は国民主権の原理に基づくが、前文、一条に照らせば「国民」とは日本国民を意味する。また、国民主権原理及びこれに基づく一五条一項の規定や、地方公共団体が日本の統治機構の不可欠の要素であることからすると、「住民」（九三条二項）は、地方公共団体の区域内に住所を有する国民を指す。よって、権利の性質上、地方参政権は保障されない。②憲法の地方自治の規定は、民主主義社会における地方自治の重要性に鑑み、住民の日常生活に密接な関連を有する公共的事務は、その地方の住民の意思に基づきその区域の地方公共団体が処理するという政治形態を憲法上の制度として保障する趣旨であるから、永住者等であってその居住する区域の地方公共団体と特段に緊密な関係を持つ外国人に、法律で地方参政権を認めることは憲法上禁止されていない。

解説　①につき、外国人の人権享有主体性に関する権利性質説を前提とすると、選挙権の場合には国民主権原理との関係の整理が必要になる。本判決は両者を結びつけた上で、国民主権の担い手は日本国民であるから、外国人には選挙権は保障されないとする。国政レベルについても本判決以前に同様の判断がある（最2判平成5・2・26判時一四五二号三七頁）。これに対し、国政参政権は保障されないとしても、憲法による地方自治の保障の意義を強調し、かつ、「住民」は国籍を問わないとの解釈もできるとして地方参政権は定住外国人にも保障されるとする要請説もあるが、本判決は国民と住民は包摂関係にあるとしてこの見解を否定した。②は、外国人の参政権が憲法上保障されてはいないとしても、法律で付与することが憲法上許されるかという問題である。この点、国政レベルでは、国民主権原理に反するとして、こうした法律を違憲とするのが通説であるが、地方参政権については、地方自治の保障の意義を強調して、法律により付与できるとする許容説も有力であり、本判決も傍論ながらこの種の立場をとる。ただ、上記の要旨からも明らかだが、本判決も外国人一般に地方参政権を付与できるとしたわけではない点に注意したい。

▼**評釈**――宇都宮純一・平7重判（憲法8）、柳井健一・百選Ⅰ4、曽我部真裕・判プラ7、高田篤・地自百14

外国人の人権⑸：公務就任権……東京都管理職選考受験資格事件

12 最大判平成17・1・26民集五九巻一号一二八頁

関連条文　憲法一四条、労基法三条、地公法五八条三項

外国人の管理職就任を一律に排除する地方公共団体の人事制度は平等原則に反しないか。

事実　在日韓国人二世で特別永住資格を有する原告は、保健師（当時の名称は保健婦）として被告（東京都）に勤務していた者であるが、管理職選考試験を受験しようとしたところ、日本国籍がないことを理由に受験できなかったため、右試験の受験資格の確認と慰謝料の支払いを求めて本訴を提起した。

裁判所の見解　公権力行使等地方公務員（住民の権利義務を直接形成し、その範囲を確定するなどの公権力の行使にあたる行為を行い、もしくは普通地方公共団体の重要な施策に関する決定を行い、またはこれらに参画することを職務とする地方公務員）については、国民主権の原理に基づき、原則として日本国籍保持者が就任することが想定されている。また、人事の適正な運用の観点から、公権力行使等地方公務員とそれに該当しない公務員を含む一体的な管理職任用制度を構築して一律に外国人を排除することは、憲法一四条一項、労基法三条の禁止する不合理な差別にあたらない。

解説　外国人の公務就任については、従来、公務員に関する「当然の法理」（「公権力の行使又は公の意思の形成への参画に携わることを職務とする公務員となるためには、日本国籍を必要とする」というもの）という政府見解に基づき制限されているが、学説上、（広義の）選挙権（一五条一項）あるいは職業選択の自由（二二条一項）により外国人にも原則として公務就任権が保障され、ただ、国民主権原理との関係で一定の職には就任できないにとどまる、という理解が有力である。本判決は、国民主権原理を理由としつつ、「当然の法理」よりもやや限定的な範囲について外国人の就任を排除することが可能であることを示した。ただし、「原則として」という表現からは、公権力行使等地方公務員に外国人の就任を認めてもよい場合があるとも読める。

本判決では公務就任権そのものよりは、管理職選考における国籍差別が問題となったが、最高裁はいま述べた判示を前提とした上で、一体的な管理職任用制度を構築して公権力行使等地方公務員以外の管理職からも外国人を一律に排除しても平等原則に反しないとした。藤田宙靖裁判官の補足意見は、人事の流動性の確保という観点からこうした一体的な人事制度を正当化しているが、批判も多いところである。

なお、原告は特別永住者であったが、本判決は一般在留外国人と区別する必要はないとしている。

▼**評釈**——野坂19、高世三郎・ジュリ1288号、曽我部真裕・判プラ8

外国人の人権(6)：社会保障……**塩見訴訟**

13 最1判平成元・3・2集民一五六号二七一頁

①障害福祉年金受給の国籍要件は憲法二五条に反しないか。
②同国籍要件は憲法一四条に反しないか。

事　実　一九三四年に日本で出生し、幼少時に失明し全盲となっていた原告は韓国籍であったが、一九七〇年に帰化し、一九七二年に国民年金法八一条一項（当時）所定の障害福祉年金の受給資格を有するとして裁定請求したところ、廃疾認定日（一九五九年一一月一日）当時日本国籍がなかったことを理由に却下処分を受けたため、この処分の取消訴訟を提起した。一審、二審とも請求を棄却。

裁判所の見解　上告棄却。①憲法二五条の趣旨及びその具体化立法の違憲審査のあり方につき、堀木訴訟判決(166判決)を踏襲。本件で問題となる障害福祉年金は、制度発足時の経過的な救済措置の一環として設けられた全額国庫負担の無拠出性の年金であって、立法府は、その支給対象者の決定について元々広範な裁量権を有している。さらに、社会保障上の施策における在留外国人の処遇については、国は、特別の条約がない限り、当該外国人の属する国との外交関係、国際情勢、国内の政治・経済・社会的諸事情に照らしながら、その政治的判断により決定できるのであり、限られた財源の下で福祉的給付を行うにあたり、自国民を在留外国人より優先的に扱うことも許される。②憲法一四条一項は不合理な差別を禁止する趣旨のもので、①の通り自国民を優先して支給対象者とすること等は立法府の裁量の範囲に属する事柄であって違憲ではない。

解　説　障害年金もその一種である国民年金は保険方式をとっており、保険料の納付が前提となっているから、国民年金制度発足当時（一九五九年）に既に障害を有する者はその恩恵を受けられないため、上述の通り経過措置として設けられたのが無拠出性の障害福祉年金である。本件ではこれに関する国籍要件が問題となったが、一九八二年に国籍要件は廃止されている。

①について、本判決は、生存権の具体化にあたっては立法府の広い裁量が認められること、社会権を具体化するにあたって在留外国人をどのように処遇するかについて立法府の裁量が認められること、という二重の意味で立法府の裁量を認めている。こうした判断については、社会権の具体化についての立法裁量が広すぎるという一般的批判のほか、在留外国人一般と定住外国人（本件では在日コリアン）とを区別していないことの問題性も指摘される。②についても①で認めた広い立法裁量を理由に合憲判断をしたが、二五条と一四条では審査のあり方が異なるはずであるとの批判がある。

関連条文　憲法一四条・二五条、国民年金法八一条一項（昭和五六改正前）

▼**評釈**――大藤紀子・百選Ⅰ5、尾形健・判プラ272、小山剛・判例講義Ⅰ4

団体の人権享有主体性……八幡製鉄事件

14 最大判昭和45・6・24民集二四巻六号六二五頁

関連条文 憲法第三章

①団体には人権享有主体性が認められるか。②団体には政治献金の自由が認められるか。

事実 八幡製鉄株式会社（現在の新日鐵住金株式会社）の代表取締役らが、同社の名義で自由民主党に対して政治献金を行ったところ、株主である原告が本件政治献金は同社の定款所定の事業目的の範囲外の行為であって無効であり、また、被告らの行為は取締役の忠実義務違反（現行規定は会社法三五五条）であるとして株主代表訴訟を提起した。

裁判所の見解 ①憲法第三章に定める国民の権利及び義務の各条項は、性質上可能な限り、内国の法人にも適用される。②会社は、自然人同様、国や政党の特定の政策を支持、推進しまたは反対するなどの政治的行為をなす自由を有し、政治献金もその一環として認められる。政治献金は国民個々の選挙権その他参政権の行使そのものに直接影響するものではなく、国民の参政権侵害ではない。

解説 ①について、本判決が団体の人権享有主体性を認めたのは、その社会的実在性を根拠とするものとみられるが、これは従来の通説の立場でもある。しかし、社会的実在だから人権を享有するという論理には飛躍があり、また、日本国憲法の基本原理である個人主義（一三条）の観点からは、容易に団体の人権を認めるべきではないとの批判もあるところである。なお、法人格の有無はここでの憲法論にとって重要でないとされる。

②について、団体の人権を認めるとしても、保障される人権の範囲及びその程度は自然人と同様ではない。本件では政治的行為の自由の一環としての政治献金の自由（表現の自由説と幸福追求権説がある）が問題である。判決は自然人と会社に同等の政治献金の自由を認めるが、学説は概して、大企業による政治献金は腐敗のおそれがあるとともに、個人による参政権行使その他による政治参加の意義を減殺し、株主の政治的信条とも衝突しうるとして批判的である。しかし、（大）企業だけを標的とする従来の学説の議論は理論的にやや難がある。会社は営利目的であるから政治的行為の自由を認める必要はないともされるが、会社であっても規制緩和（あるいは強化）の要望など政策の行方には大きな関心があろう。その意味で、（大）企業を特別に規制の対象とするのであれば、そのための理論を深める必要がある。実際の政治献金規制は、政治団体を除く団体一般に対し、政党・政治資金団体以外の者への政治活動に関する寄付を禁止する（政治資金規正法二一条一項）が、実効性については批判が強い。

▼**評釈**――毛利透・百選Ⅰ8、曽我部真裕・判プラ12、高橋英治・法教369号

私人間における人権(1)……三菱樹脂事件

15 最大判昭和48・12・12民集二七巻一一号一五三六頁

関連条文　憲法一四条・一九条

①憲法上の人権規定は私人間にも適用されるか。②企業が思想・信条を理由に労働者の雇入れを拒否することは適法か。

事実　Xは大学卒業と同時にY（三菱樹脂）に三か月の試用期間を設けて採用された。しかしXは採用試験の際に提出した身上書や面接試験において、学生運動や生協理事としての活動を秘匿したことを理由に、試用期間の満了直前に本採用を拒否する旨の告知を受けた。そこで、Xは労働契約関係の存在の確認を求めて提訴した。一審はYのXに対する解約申入は解雇権の濫用にあたり無効であるとして、Xの請求を一部認容した。二審も一審判決を支持した。このためYが上告した。

裁判所の見解　破棄差戻。①憲法一四条・一九条は、他の自由権規定と同じく、もっぱら国または公共団体と個人との関係を規律するものである。個人の自由や平等は、私人間では相互に矛盾・対立する場合があるが、この対立の調整は原則として私的自治に委ねられ、一方の他方に対する侵害の態様や程度が社会的に許されうる一定の限界を超える場合にのみ、法が介入しその間の調整をはかる。従って、憲法上の人権規定を私人間にも適用ないし類推適用すべきものと解することは、当をえた解釈といえない。私的支配関係においては、個人の基本的な自由や平等に対する具体的な侵害またはそのおそれがあり、その態様、程度が社会的に許容しうる限度を超えるときは、これに対する立法措置によってその是正を図ることが可能であるし、また、場合によっては、私的自治に対する一般的制限規定である民法一条、九〇条や不法行為に関する諸規定等の適切な運用によって、一面で私的自治の原則を尊重しながら、他面で社会的許容性の限度を超える侵害に対し基本的な自由や平等の利益を保護し、その間の適切な調整を図る方途も存する。

②憲法二二条、二九条等は、広く経済活動の自由を保障する。それゆえ、企業者は、経済活動の一環としてする契約締結の自由を有し、原則として自由に労働者の雇傭を決定できるのであって、企業者が特定の思想・信条を有する者をそのゆえをもって雇い入れることを拒んでも、それを当然に違法とすることはできない。また、労働基準法三条は労働者の信条によって雇入れそのものを制約する規定ではないし、思想、信条を理由とする雇入れの拒否を直ちに民法上の不法行為・公序良俗違反と解することもできない。したがって、企業者が、労働者の採否決定にあたり、労働者の思想・信条を調査し、その者から関連事項に関する申告を求めることも、違法行為ではない。

③法は、雇入れ後の段階については、一定の限度で企業者の解雇の自由に制約を課すべきであるとする。Xに対する本件本採用の拒否は、留保解約権の行使、すなわち雇入れ後における

解雇にあたり、これを通常の雇入れの拒否の場合と同視できない。また、留保解約権に基づく解雇は、通常の解雇と全く同一に論ずることはできず、前者については後者の場合よりも広い範囲における解雇の自由が認められる。留保解約権の行使は、その趣旨・目的に照らして、客観的に合理的な理由が存し社会通念上相当として是認されうる場合にのみ許される。

解説　憲法上の人権規定は公権力を制約するものである。それらの規定が私的権力にも適用されるかを論じたのが、私人間効力論である。学説では、直接適用説（憲法上の人権規定は私人間にも直接適用される）、間接適用説（民法九〇条のような私法の一般条項などの法律の概括的条項に、憲法の趣旨を取り込んで解釈・適用する）、無適用説（憲法上の人権規定は私人間には適用されない）などが存在し、この中で間接適用説が長く通説の地位を獲得してきた。しかし、近年は無適用説の再評価等によって活発な議論が展開され、間接適用説が確固たる通説の地位にあるとは言えない状況にある。

本判決はこの分野の重要判例として理解されてきた。本判決は、まず、憲法上の人権規定が公権力を制約するものであることを示し、私人間の問題は原則として私的自治に委ねられるとする。その上で、私人間に法が介入しなければならないときは、立法か、私的自治に対する一般的制限規定の適切な運用を行うことで対処する旨述べる。そしてこの最後の箇所、すなわち「私的自治に対する一般的制限規定である民法一条、九〇条や不法行為に関する諸規定等の適切な運用によって……適切な調整を図る方途も存する」という説示こそ、最高裁が間接適用説を採用したことを示す箇所だと考えられてきた。

しかし、このような理解については、近年、疑義が出されている。前述の箇所は、私人間の問題については民法の規定を適切に運用する旨を述べているにすぎない。つまり、ここには憲法上の人権規定を私法の一般条項に意味充填することが何ら示されていないのである。間接適用説の核心が憲法上の人権の価値を民法上の規定に読み込むこと（価値充填・意味充填）にあるならば、その趣旨を明記しない本判決は、間接適用説ではなく、無適用説を採用したものと読むことができる。私人間の問題については原則として私的自治に委ねられ、しかし法の介入が必要な場合は立法か一般条項の使用で対応するという考え方は、無適用説の基本的な考え方ともいえるはずである。

本判決は、私人間の人権保障に関する一般的な説示の後、②において、経済活動の自由を根拠にして、企業は自由に労働者の雇傭を決定でき、思想・信条を理由に採用を拒否しても当然に違法とはならないとする。このことから、本判決は企業が労働者の思想・信条を調査することや、労働者からその関連事項の申告を求めることは違法ではないことを導く。しかし、とりわけ後者については、学説からの批判も強い。

また、③は雇入れ前と後の段階を区別して、後の段階では、企業の解雇の自由に制約を課すべきであるとして、思想・信条を理由とする労働者の解雇は違法であることを示している。本判決は、本件本採用の拒否が雇い入れ前の採用拒否ではなく、雇入れ後における解雇にあたると判断しつつも、それは通常の雇入れ後の解雇とも異なるものと評価して、留保解約権の行使が適法かどうかを判断するための基準を示した。

▼**評釈**——川岸令和・百選Ⅰ9、野坂5

私人間における人権(2)……昭和女子大事件

16 最3判昭和49・7・19民集二八巻五号七九〇頁

関連条文　憲法一九条・二一条

①私立大学と在学生の間の関係に憲法上の人権規定は適用されるか。②大学は在学生を規律する包括的権能を持つか。

事実　比較的保守的な校風のY（私立大学）は、生活要録を定め、在学生の政治活動を広く制限していた。在学生Xらは、生活要録の規定に反し、無届で政治活動を行い、無許可で政治団体に加入した。YはXらに対し政治団体からの脱退等を求めたが、Xらはラジオ等でYの対応を批判したため退学処分を受けた。そこでXらは生活要録が憲法一九条、二一条に反することを理由に身分確認訴訟を起こした。一審はXの請求を認容し、二審はこれを取り消した。Xが上告した。

裁判所の見解　上告棄却。①憲法一九条、二一条等の自由権規定は、国又は公共団体の統治行動に対して個人の基本的な自由と平等を保障することを目的とした規定であって、私人相互間の関係について当然に適用ないし類推適用されるものでない。ゆえに私立大学の学則の細則である生活要録の規定について直接憲法の規定に違反するか否かを論ずる余地はない。②大学は国公立私立を問わず、学則等の制定によって在学する学生を規律する包括的権能を有する。特に私立学校には、建学の精神に基づく独自の伝統・校風と教育方針を学則等において具体化・実践することが認められる。この包括的権能は、無制限ではなく、在学関係設定の目的と関連し、かつ、その内容が社会通念に照らして合理的と認められる範囲においてのみ是認される。ゆえに比較的保守的な校風の私立大学が教育的見地から、学生の政治的活動につきかなり広範な規律を及ぼすとしても、それが直ちに社会通念上不合理な制限であるとはいえない。③本件退学処分は、社会通念上合理性を欠くものとはいえず、懲戒権者の裁量権の範囲内にある。

解説　本判決は、①において、三菱樹脂事件判決（15判決）を先例として引用し、私立大学における学則の細則は直接の憲法問題にならないことを示した。その上で②において、大学は在学生を規律する包括的権能を有することを認めた。このことから本判決は、学生の政治的活動に対して制約を課することについて、大学の広い裁量を容認した。

間接適用説を支持する論者からはしばしば、本判決の憲法適用に対する消極姿勢が批判され、憲法の趣旨は私立大学の学則やそれに基づく処分にも及ぼされるべきであると説かれる。間接適用説は人権規定を私法の一般条項にどの程度読み込むかによって結論が変わるものだが、この説からすれば、私立大学の「公的性質」を踏まえ、憲法上の人権規定は在学生に対する大学の包括的権能を制約づけうるものとして捉えられよう。しかし、本判決はその制約可能性について全く言及しなかった。

▼**評釈**――木下智史・百選Ⅰ10、宍戸常寿・判プラ15

私人間における人権(3)：女子若年退職制……日産自動車事件

17 最3判昭和56・3・24民集三五巻二号三〇〇頁

私企業の男女別定年制は、民法九〇条の公序良俗に反するか。この公序良俗と憲法一四条の趣旨とはいかなる関係にあるか。

事　実　Y社の就業規則は、同社の定年を男子は五五歳、女子は五〇歳と定めていた（一審判決後に男子は六〇歳、女子は五五歳に改訂）。同規則により退職を命じられた女性従業員Xが、雇用関係存続確認等を求めて出訴し、同規則の男女別定年制の不合理性を争った。一審、二審とも、女子の定年を男子より五歳低く定めた部分は、公序良俗を定める民法九〇条に違反し無効であると判示した。このためYが上告した。

裁判所の見解　上告棄却。女子従業員各個人の能力等の評価を離れて、女子全体をY社に対する貢献度の上がらない従業員と断定する根拠はないこと、六〇歳前後までは、男女とも通常の職務であれば企業経営上要求される職務遂行能力に欠けるところはないことなど、Y社の企業経営上の観点から定年年齢において女子差別を行う合理的理由は認められないという、原審の判断は正当である。したがって、女子の定年年齢を男子より低く定めた部分は、もっぱら女子であることのみを理由として差別したことに帰着するものであり、性別のみによる不合理な差別を定めたものとして民法九〇条の規定により無効である（憲法一四条一項、民法一条ノ二参照）。

関連条文　憲法一四条、民法一条の二（平一六年改正前）・九〇条

解　説　従来、私企業において女子結婚退職制や男女別定年制などの男女格差が存在していた。しかし、男女雇用機会均等法の施行以前、労働基準法四条の男女同一賃金原則以外に職場での女性差別を禁止する明文規定はなかった。こうした中で判例は、住友セメント事件判決（東京地判昭和41・12・20判時四六七号二六頁）で女子結婚退職制について、本判決で男女五歳格差の定年制について、民法九〇条に反し無効であると判断した。これらの裁判では、差別的取扱いを禁止する具体的立法が無かったゆえに、憲法一四条の私人間効力や民法九〇条の適用が争点となった。

三菱樹脂事件判決（15判決）は、民法九〇条等の適切な運用によって、私的自治原則の尊重と、社会的許容性の限度を超える侵害からの自由・平等の保護との間の適切な調整を図る方途が存する旨述べていた。同判決を引用こそしないが、本判決もこの趣旨を踏襲する。したがって、前記趣旨が間接適用説を意味するならば、本判決も間接適用説の立場に立ち、末尾括弧内の「憲法一四条一項……参照」は民法九〇条への価値充填を説明したものと理解する。これに対して、前記趣旨が無適用説を意味するならば、本判決も無適用説の立場に立ち、末尾の「憲法一四条一項……参照」は憲法一四条と民法一条ノ二（現二条）の公序・道徳的哲学の一致を示したものと理解できよう。

▼**評釈**――春名麻季・百選Ⅰ11、宍戸常寿・判プラ16

公務員の政治的表現の自由(1)……猿払事件

18 最大判昭和49・11・6刑集二八巻九号三九三頁

関連条文　憲法二一条、国公法一〇二条一項・旧一一〇条一項

公務員の政治的行為を禁止する国公法等の規定は合憲か。

事　実　北海道宗谷郡猿払村の郵便局員Xは、衆議院議員選挙に際し、日本社会党を支持する目的で、同党公認候補者の選挙用ポスターを自ら公営掲示場に掲示したり、他に配布したりした。この行為が一般職の国家公務員の政治的行為を禁止する国家公務員法一〇二条一項と、同項の委任に基づきその政治的行為の内容を定める人事院規則一四―七に違反するという理由で起訴された。一審・二審は、国公法旧一一〇条一項一九号所定の刑事罰が本件行為に適用される限度で憲法二一条・三一条に違反すると判断しXを無罪とした。検察官が上告。

裁判所の見解　破棄自判。①政治的行為は、政治的意見の表明としての面を有する限りにおいて憲法二一条による保障を受けるが、国公法一〇二条一項及び規則による政治的行為の禁止は、公務員のみに対して向けられている。公務員の政治的中立性を損うおそれのある公務員の政治的行為を禁止することは、それが合理的で必要やむをえない限度にとどまるものである限り、憲法上許容される。この判断にあたっては、禁止の目的の正当性、この目的と禁止される政治的行為との関連性、政治的行為を禁止することにより得られる利益と禁止することにより失われる利益との均衡の三点から検討することが必要である。

②（イ）もし公務員の政治的行為のすべてが自由に放任されると、公務員の政治的中立性が損われ、公務の運営に党派的偏向を招くおそれがあり、行政の中立的運営に対する国民の信頼が損われる。また、行政の中立的運営が歪められる可能性が増大すれば、行政組織の内部に政治的対立を醸成し、そのため行政の能率的で安定した運営は阻害され、ひいては議会制民主主義を基調とする国の政策遂行に重大な支障をきたすおそれがある。このような弊害を防止し、行政の中立的運営とこれに対する国民の信頼を確保するため、公務員の政治的中立性を損うおそれのある政治的行為を禁止することは、公務員を含む国民全体の共同利益を擁護するための措置といえるのであって、その目的は正当である。（ロ）弊害の発生を防止するために政治的行為を禁止することは、禁止目的との間に合理的な関連性があるものと認められるのであって、たとえその禁止が、公務員の職種・職務権限、勤務時間の内外、国の施設の利用の有無等を区別することなく、あるいは行政の中立的運営を直接、具体的に損う行為のみに限定されていないとしても、合理的な関連性は失われない。（ハ）禁止により失われる利益は、公務員の政治的行為の中の意見表明そのものの制約ではなく、行動のもたらす弊害の防止を伴う限度での間接的、付随的な制約に過ぎず、他面において、得られる利益は、公務員の政治的中立性を

維持し、行政の中立的運営とこれに対する国民の信頼を確保するという国民全体の共同利益なのであるから、得られる利益は失われる利益に比してさらに重要であり、その禁止は利益の均衡を失するものではない。(二) 以上より、国公法一〇二条一項等は、合理的で必要やむをえない限度を超えるものとは認められず、憲法二一条に違反しない。

解説 本件では、国家公務員の政治的行為を一律に禁止する、国公法一〇二条一項と人事院規則一四—七の憲法適合性が争われた。本判決は、この判断を行う上で、合理的関連性の基準、すなわち、①規制目的の正当性、②規制目的と規制手段との間の合理的関連性、③禁止によって得られる利益と失われる利益の均衡、という三点を検討する基準を採用した。これに基づいて、①については、行政の中立的運営の確保とこれに対する国民の信頼を目的と認定した上で、これを正当なものと評価し、②については、右規制目的と政治的行為の禁止との間に合理的関連があるとし、③については、二つの利益が均衡していると判断して、本件禁止規定は合憲であると論結した。

この判断には、学説から多くの批判が出されてきた。第一は、判断内容に対する批判である。すなわち、公務員の政治的行為の「すべて」が自由に放任されるという前提から出発することの不適切さや、目的の正当性を導く上で言及される諸事項の因果関係の不明確さ、そして国家公務員の政治的行為を一律に禁止し、違反者に刑事罰を科する規定を合憲としたことへの批判である。第二は、制約の捉え方に関する批判である。本判決は本件規定について、表現の自由に対する間接的・付随的制約であると理解し、これに合理的関連性の基準という緩やかな基準を用いた。これに対して、本件規定はそもそも表現に対する間接的・付随的制約ではなく、直接的制約であると理解して、それゆえ厳格審査を行うべきであったと説く見解もある。

第三は、基準それ自体への批判である。学説の理解する審査基準は、厳格度の高低にかかわらず、目的手段審査、すなわち規制により得られる利益と失われる利益の衡量について目的と手段の両面からの審査を想定する。しかし、本判決が採用した同基準は、目的と手段の審査の他に、利益の均衡という第三の審査を要求している。このことから合理的関連性の基準は、結果的にアドホックな利益衡量になっているという批判がある。

公務員の政治行為に対する規制の憲法適合性が問題となる事案では、本判決が長い間リーディング・ケースであると理解されてきた。政治的行為を理由に懲戒処分を受けた国家公務員がその取消しを求めた、全逓プラカード事件判決(最判昭和55・12・23民集三四巻七号九五九頁)は、本判決を先例として引用する。しかし、国家公務員の政治的行為禁止違反が問われた堀越事件(19判決)において、最高裁は合理的関連性の基準を用いることなく、また、本判決を正面から覆すことなく、本件事案と堀越事件の事案とを区別し、無罪判決を下した。本判決の射程については、今後の判例の展開を待つことになる。もっとも、合理的関連性の基準は、戸別訪問禁止規定合憲判決(54判決)や広島市暴走族追放条例事件(127判決)など公務員の政治的行為に対する規制以外の場面でも用いられている。

人事院規則への委任に関しては231判決を参照されたい。

▼**評釈**——青井未帆・百選Ⅰ12、野坂20

公務員の政治的表現の自由(2)……堀越事件

19 最2判平成24・12・7刑集六六巻一二号一三三七頁

関連条文　憲法二一条一項・三一条、国公法一〇二条一項・旧一一〇条一項

国公法・人事院規則が禁止する「政治的行為」とは何か。

事　実　社会保険事務所に年金審査官として勤務していた厚生労働事務官Xは、平成一五年施行の衆議院議員総選挙に際し、日本共産党の機関紙等を配布し、国家公務員法一〇二条一項、人事院規則一四―七に当たるとして起訴された。第一審はXを有罪、第二審は無罪とした。国が上告した。

裁判所の見解　上告棄却。①国公法一〇二条一項の「政治的行為」とは、公務員の職務の遂行の政治的中立性を損なうおそれが実質的に認められるものを指し、人事院規則一四―七第六項七号、一三号（五項三号）も、このおそれが実質的に認められる行為の類型を規定する。そのおそれが実質的に認められるかどうかは、当該公務員の地位、その職務の内容や権限等、当該公務員がした行為の性質、態様、目的、内容等の諸般の事情を総合して判断する。

②公務員の職務の遂行の政治的中立性を保持することで行政の中立的運営を確保し、これに対する国民の信頼を維持することは、憲法の要請にかなう国民全体の重要な利益である。他方、禁止の対象は公務員の職務の遂行の政治的中立性を損なうおそれが実質的に認められる政治的行為に限られるため、その制限は必要やむを得ない限度にとどまり、本件罰則規定は、不明確なものでも、過度に広汎な規制でもない。

③Xの本件配布行為は、管理職的地位になく、その職務の内容や権限に裁量の余地のない公務員によって、職務と全く無関係に、公務員により組織される団体の活動としての性格もなく行われたものであり、公務員による行為と認識し得る態様で行われたものでもないから、公務員の職務の遂行の政治的中立性を損なうおそれが実質的に認められるものとはいえず、本件配布行為は本件罰則規定の構成要件に該当しない。

解　説　本判決は、本件罰則規定の合憲性について、規制目的の正当性と手段の必要性・合理性を導く上で、よど号記事抹消事件判決（21判決）が示した利益衡量を用いた（裁判所の見解②はその具体的検討）。そこには猿払事件判決（18判決）が用いた「間接的・付随的制約」や合理的関連性の基準は登場しない。また本判決は、裁判所の見解①のように本件罰則規定の「政治的行為」を限定解釈して、本件配布が組織としての活動でないこと等を理由に「政治的行為」に当たらないとした。猿払事件判決からすれば、本件事案のXの行為も「政治的行為」に該当しそうだが、労働組合の機関決定に基づき、公務員が特定の政党の候補者を積極的に支援することが一般人にも容易に認識される行為を「政治的行為」とした猿払事件の事案と、本件の事案とは区別できる（千葉補足意見参照）。

▼**評釈**――長谷部恭男・百選Ⅰ13、宍戸常寿・判プラ23

刑事収容施設被収容者の人権(1)：未決拘禁者の喫煙禁止

20 最大判昭和45・9・16民集二四巻一〇号一四一〇頁

関連条文　憲法一三条、旧監獄法施行規則九六条

在監者に対する喫煙を禁止した旧監獄法施行規則九六条は、憲法一三条に違反するか。

事実　Xは刑務所での未決拘禁中に喫煙を許されなかったことから禁煙の解除を請願したが、回答のないまま釈放時まで禁煙状態が続いた。そこでXは旧監獄法施行規則九六条の違憲無効を主張し、国に対し損害賠償を請求した。一審、二審ともにXの請求を棄却したことから、Xが上告した。上告棄却。

裁判所の見解　①監獄内では、被拘禁者の収容・管理にあたり、その正常な状態を保持するため、被拘禁者の身体の自由を拘束するだけでなく、必要な限度で被拘禁者のその他の自由に合理的制限を加えることもやむをえない。右制限が必要かつ合理的なものであるかどうかは、制限の必要性の程度と制限される人権の内容、これに加えられる具体的制限の態様との較量の上に立って決せられる。②喫煙を許すと、罪証隠滅や火災発生時の被拘禁者の逃走が予想され、かくては、直接拘禁の本質的目的を達成できないことは明らかである。他面、煙草は生活必需品とまでは言えないことから、喫煙の自由は、憲法一三条の保障する基本的人権の一に含まれるとしても、あらゆる時、所において保障されなければならないものではない。ゆえに拘禁の目的と制限される基本的人権の内容、制限の必要性などの関係を総合考察すると、前記喫煙禁止は必要かつ合理的なものである。

解説　在監関係は従来、特別権力関係にあると理解され、①公権力の包括的支配権、②法律の根拠のない人権の制限、③司法審査の排除が認められてきた。現在の学説では、伝統的な特別権力関係は日本国憲法に妥当しないとして否定され、刑事収容施設被収容者の人権制約の根拠については「憲法秩序の構成要素」に求める見解が主流である。この点につき本判決は、特別権力関係論を拒否するか否かを明示しないが、喫煙に対する制限の合理性と必要性について審査をした。

本判決は、喫煙が憲法一三条で保障されると仮定した上で、規制の必要性・合理性を、制限の必要性の程度と制限される人権の内容、これに加えられる具体的制限の態様との較量によって判断する。ただし実際には、罪証隠滅・逃走の恐れや喫煙の自由の保障の必要性といった一般的な内容に基づき較量が行われ、Xの状況に即した説明や障害が生じる「相当の蓋然性」の検討はない。また学説からは、LRAの基準に照らして、時間や場所を定めて喫煙を認めたとしても拘禁目的を達成できると考え、喫煙全面禁止を批判する見解もある。なお、現在は、受刑者以外の被収容者は原則として嗜好品の使用を許可されるが、煙草は除外されている。

▼**評釈**——山本龍彦・判プラ26

刑事収容施設被収容者の人権(2)：未決拘禁者の新聞閲読制限……よど号記事抹消請求事件

21 最大判昭和58・6・22民集三七巻五号七九三頁

関連条文　憲法一九条・二一条、旧監獄法三一条二項

未決拘禁者の閲読の自由に対する制限規定は合憲といえるか。

事実　公安事件関係の被告人として拘置所に未決拘禁されていたXらは、私費で新聞を定期購読していたところ、拘置所長が「よど号」乗っ取り事件の関係記事一切を墨で塗りつぶして抹消した。このためXらは、抹消の根拠となった旧監獄法三一条二項等が憲法一九条、二一条に違反し、拘置所長の抹消処分は違法であるとして、国家賠償を求めて出訴した。一・二審はXの請求を棄却したことから、Xが上告した。

裁判所の見解　上告棄却。①閲読の自由は、憲法一九条・憲法二一条の派生原理として当然に導かれる。被拘禁者の閲読の自由に対する制限が許されるためには、被拘禁者の性向、行状、監獄内の管理、保安の状況、当該新聞紙、図書等の内容その他の具体的事情のもとにおいて、その閲読を許すことにより監獄内の規律及び秩序の維持上放置できない程度の障害が生ずる相当の蓋然性があると認められることが必要であり、かつ、右の制限の程度は、右障害発生の防止のために必要かつ合理的な範囲にとどまるべきである。②本件法令等は、①の要件及び範囲内でのみ閲読の制限を許す旨を定めたものと解するのが相当であり、かつ、そう解しうるから、右法令等は憲法に違反しない。③前記障害が生ずる相当の蓋然性の存否、及び当該防止措置の必要性については、監獄内の実情に通暁する監獄の長の認定・判断に合理的根拠が認められる限り、長の措置は適法とするべきである。監獄長の本件判断には、合理的根拠が認められることから裁量権の逸脱・濫用はない。

解説　本判決は、喫煙禁止事件判決（20判決）を引用して比較較量による判断を踏襲した上で、閲読の自由に対する制限及びそれに基づく処分の判定に「相当の蓋然性」の基準を採用した。この基準は、閲読により監獄内の秩序・規律が害される一般的・抽象的なおそれがあるというだけでは不十分とすることから、比較較量を厳格化し、厳格度の比較的高い基準といえる。しかし本判決は、「相当の蓋然性」の有無の判断を裁判所が独自に行うのではなく、所長の裁量に委ね、それが合理的であれば拘置所長の判断を適法と理解する。これは長の判断を広く容認する結論を導く。

本判決は、閲読の自由が憲法一九条・憲法二一条の派生原理として保障されること、及びこの自由が未決拘禁者にも保障されることを明らかにした。しかし、閲読の制限を原則とし制限される場合が不明確といえる、監獄法三一条二項、及び監獄法施行規則八六条一項については、合憲限定解釈を施して救済した。なお現在では、刑事収容施設及び被収容者等の処遇に関する法律によって、本判決の趣旨に適合した内容に改められた。

▼**評釈**――稲葉実香・百選Ⅰ14、宍戸常寿・判プラ24

刑事収容施設被収容者の人権(3)：受刑者の信書発信不許可

22 最1判平成18・3・23判時一九二九号三七頁

関連条文　憲法二一条、旧監獄法四六条二項、国賠法一条一項

①旧監獄法四六条二項は憲法二一条に違反するか。②本件発信不許可は国家賠償法上違法か。

事実　受刑者Xは、国会議員宛に請願書を送付し、また検察庁宛に告訴告発状を送付した。そしてXは、これらの請願書や告訴告発状の内容についての取材・調査・報道を求める新聞社宛の手紙の発信許可を刑務所長に求めたが、刑務所長は旧監獄法四六条二項（受刑者等には親族以外の信書の発受を原則禁止とした）に基づき本件信書の発信を不許可とした。Xは国家賠償を求めて提訴した。一審・二審ともにXの請求を棄却したため、Xが上告および上告受理申立をした。

裁判所の見解　破棄自判。①憲法二一条の趣旨・目的から、受刑者のその親族でない者との間の信書の発受は、受刑者の性向、行状、監獄内の管理、保安の状況、当該信書の内容その他の具体的事情の下で、これを許すことにより、監獄内の規律・秩序の維持、受刑者の身柄の確保、受刑者の改善・更生の点において放置できない程度の障害が生ずる相当のがい然性があると認められる場合に限り制限が許される。その場合でも、制限の程度は上記障害の発生防止のために必要かつ合理的な範囲にとどまる。監獄法四六条二項は、上記要件及び範囲でのみその制限が許されることを定めたものと解するのが相当であって、憲法二一条等に違反しない。②本件において、刑務所長は上記要件を考慮せずに本件信書の発信を不許可としたこと、及び発信を許すことによって刑務所内に上記障害が生ずる相当のがい然性があるといえないことは、明らかである。ゆえに本件発信不許可は、裁量権の逸脱・濫用があり、国家賠償法一条一項の適用上違法である。

解説　本判決は、喫煙禁止事件判決（20判決）及びよど号記事抹消請求事件判決（21判決）を引用して、後者が明示した「相当のがい然性」の基準を用いて審査を行う。そして本判決は、憲法二一条から信書の発受の必要性を広く認めた上で、旧監獄法四六条二項について、監獄内の規律および秩序維持等の点で上記の障害が生ずる「相当のがい然性」のあるときに限り、受刑者の信書の発受を「必要かつ合理的な範囲」で制限できる旨の規定と理解して合憲と判断した。素直に読めば信書の発受に対して広範な制限のある条文について、本判決は合憲限定解釈を施して制限を例外的な場面に限定した。また本判決は、本件不許可処分について、所長が「相当のがい然性」に関する判断をしなかった点に裁量権の逸脱・濫用を認めて国賠法上の違法を認定した。なお、受刑者の信書の発受に関する現行規定については、刑事収容施設及び被収容者等の処遇に関する法律一二六条以下を参照されたい。

▼**評釈**——井上禎男・法セ619号

新しい人権(1)：私生活上の自由と肖像権

23 最大判昭和44・12・24刑集二三巻一二号一六二五頁

①憲法一三条は承諾なしに容ぼう等を撮影されない自由を保障するか。②警察が本人の同意なく無令状で個人の容ぼう等の写真を撮影することはどのような場合に許されるか。

関連条文　憲法一三条、三五条

事実　警察官Aは一九六二年六月、京都府学生自治会連合が主催するデモ行進が、公安委員会の付した「行進隊列は四列縦隊とする」という条件等に違反したと判断して、デモ先頭の行進状況を歩道上から撮影した。デモ参加者であるYは、Aに抗議して傷害を負わせたとして、傷害罪・公務執行妨害罪で起訴されたため、Aの写真撮影の適法性を争った。

裁判所の見解　①憲法一三条は国民の私生活上の自由が国家権力の行使に対して保護されるべきことを規定しており、その私生活上の自由の一つとして、何人も承諾なしにみだりにその容ぼう等を撮影されない自由を有する。これを肖像権と称するかどうかは別として、警察官が正当な理由もなく個人の容ぼう等を撮影することは、憲法一三条の趣旨に反し許されない。②この個人の自由も公共の福祉のため必要のある場合には相当の制限を受ける。(a)現に犯罪が行なわれもしくは行なわれたのち間がないと認められる場合で、(b)証拠保全の必要性および緊急性があり、(c)その撮影が一般的に許容される限度をこえない相当な方法で行なわれる警察官による写真撮影は、撮影される本人の同意がなく、また裁判官の令状がなくても、憲法一三条、三五条に違反しない。（Yは有罪。）

解説　憲法一三条は、他の憲法条項が規定していない人権を補充的かつ具体的に保障するものと解されている。こうした学説の立場からは、公権力による容ぼう等の撮影は、「新しい人権」である肖像権（またはプライバシー権）の侵害に当たることになる。本判決は同条の裁判規範性を正面から認めたものであるが、そこで保護されているのは「私生活上の自由」一般であり、その一つとしてみだりに容ぼう等を撮影されない自由が導かれると論じることで、「肖像権」を正面から肯定することには慎重な姿勢を取っている（争点①）。

本判決が警察の写真撮影の許容限度について挙げた(a)～(c)は、比例原則を忠実に具体化したものと評価できる。その後の判例は、同じ三要件によって自動速度監視装置による運転者の写真撮影の適法性を認めている（最判昭和61・2・14刑集四〇巻一号四八頁）。他方、本判決は警察による写真撮影を現行犯・準現行犯の場合に限る趣旨ではなく、被疑者確認のための隠し撮り等の適法性は、本判決よりも緩やかに判断されている（最決平成20・4・15刑集六二巻五号一三九八頁）。また本判決が、公道上の容ぼうが対象だとはいえ、その撮影に対して明確な法律の根拠を求めなかった点は、疑問が残る（争点②）。

▼**評釈**――實原隆志・百選Ⅰ16、竹中勲・基本判例9

新しい人権(2)：前科照会とプライバシー

24　最3判昭和56・4・14民集三五巻三号六二〇頁

関連条文　憲法一三条

①前科・犯罪経歴はプライバシーとして法的に保護されるか。②公務所が弁護士会からの照会に応じて保有する前科等を開示することはプライバシーを侵害し許されないか。

事　実　A自動車教習所から解雇されたXは、京都地方裁判所により地位保全の仮処分を受け、解雇の効力を争っていた。Aの代理人であるB弁護士は弁護士法二三条の二により、京都弁護士会に対してXの前科等の照会を申し出たが、その申出書の照会を必要とする事由には「中央労働委員会、京都地方裁判所に提出するため」とだけ記載されていた。京都市C区長は一九七一年六月、Bの照会申出書を添付した弁護士会の照会に応じて、Xに道路交通法違反一一犯等の前科があることを報告した。このためXは、A社より予備的解雇がなされる等の不利益を受けたので、京都市に損害賠償等を求めた。

裁判所の見解　①前科・犯罪経歴は人の名誉・信用に直接にかかわる事項であり、前科等のある者もこれをみだりに公開されないという法律上の保護に値する利益を有する。②市区町村長は、選挙資格の調査のために作成保管する犯罪人名簿に記載されている前科等をみだりに漏えいしてはならない。前科等の有無が訴訟等の重要な争点となっていて、市区町村長に照会して回答を得るのでなければ他に立証方法がないような場合には、市区町村長は弁護士法二三条の二に基づく照会に応じて前科等につき報告することも許されないわけではないが、その取扱いには格別の慎重さが要求される。本件のような場合に市区町村長が漫然と弁護士会の照会に応じ、犯罪の種類・軽重を問わず前科等のすべてを報告することは、公権力の違法な行使に当たる。（Xの請求認容。）

解　説　前科等は他人に知られたくない情報の中でも機微度の高いもの（センシティヴ情報）に当たる。本判決は名誉・信用に直接関わることを理由に、前科等を公開されない法律上の利益を認めた。これに対して伊藤正己裁判官の補足意見は、前科等がプライバシーに当たると論じているが、いずれも憲法一三条に言及していない（争点①。91判決参照）。

本件の争点は、弁護士会の照会に対して、公務所が前科等を回答して良いかどうかであった。本判決は前科照会を全面的に否定しなかったものの、公務所に対して前科等を慎重に扱うよう求め、区長が照会の必要性を十分審査せずに回答した点に、違法性を認めたのである。他方で伊藤補足意見は、前科等の公開はプライバシーに優越する利益のために必要最小限の範囲で許される、という厳格な枠組みを示している（争点②）。そもそも個人情報保護の観点からは、各自治体が法令の根拠のないまま犯罪人名簿を調製しているという現状にも、問題がある。

▼評釈――丸山敦裕・百選Ⅰ17等

新しい人権(3)：個人情報の第三者提供とプライバシー……早稲田大学江沢民講演会事件

25 最2判平成15・9・12民集五七巻八号九七三頁

関連条文 憲法一三条

①氏名・住所等はプライバシーとして法的に保護されるか。
②プライバシーに係る情報を本人の同意なく第三者提供することは、プライバシー侵害に当たるか。

事実 学校法人Yの設置する早稲田大学は、一九九八年一一月に江沢民中華人民共和国主席の講演会を開催する際に、参加申込者に学籍番号・氏名・住所・電話番号を記入させた名簿の写しを、警備を担当する警視庁に提出した。同大学の学生で講演会に参加したXは、本件名簿の写しの無断提出がプライバシー侵害に当たるとして、Yに損害賠償を求めた。

裁判所の見解 ①学籍番号・氏名・住所・電話番号はYが個人識別等を行うための単純な情報であり、その限りで秘匿の必要性は高くないが、このような個人情報についても、自己が欲しない他者にみだりにこれを開示されたくないと考えることは自然であり、その期待は保護されるべきだから、本件個人情報はXのプライバシーに係る情報として法的保護の対象となる。②このようなプライバシーに係る情報は、取扱い方によっては個人の人格的な権利利益を損なうおそれがあるから、慎重に取り扱われる必要がある。YはXの意思に基づかずにみだりに本件個人情報を他者に開示することは許されないところ、警察に開示することをあらかじめ明示する等、開示について承諾を求めることは容易であった。YがXらの同意を得る手続を執らずに無断で本件個人情報を警察に開示したことは、Xが任意に提供したプライバシーに係る情報の適切な管理についての合理的な期待を裏切るものであり、Xのプライバシー侵害に当たる。（Xの請求を棄却した原判決を破棄差戻。）

解説 本件で問題となった氏名・住所等は、24事件での前科のように、それ自体としてはセンシティヴ情報ではない。しかし本判決は自己の欲しない第三者に開示されないことへの本人の期待を保護するという立場から、これらの個人識別情報も「プライバシーに係る情報」に当たるとした。プライバシーの内容を、私生活の平穏（90判決参照）から一歩進んで、自己情報のコントロール権として理解する学説（佐藤一八二頁）になじむ理解を示したものといえよう（争点①）。

プライバシーの公表の違法性の判断では表現の自由との衡量が必要だが（91判決等）、本件で争われたのは特定の第三者への提供という侵害類型である。本判決は、要人警備のためという対立利益との衡量をせず、Yが事前に提供への同意を取得することが容易だったという事情から、プライバシー侵害を認めており、ここでも本人のコントロールを重視している。本判決の方向性は、個人情報保護法のしくみとも共通しており、憲法上のプライバシー権の理解にも影響を与えている。

▼**評釈**――棟居快行・百選Ⅰ18

新しい人権⑷：住基ネットとプライバシー

26　最1判平成20・3・6民集六二巻三号六六五頁

関連条文　憲法一三条

①憲法一三条は自己情報コントロール権を保障するか。②住基ネット上の個人情報はどの程度秘匿されるべきか。③住基ネットはプライバシーを侵害し憲法一三条に反するか。

事実　住民基本台帳法の一九九九年改正により導入された住基ネットは、氏名・生年月日・性別・住所の基本四情報に住民票コード等を加えた本人確認情報を、市町村・都道府県・国の機関等が共有して本人確認を行うためのしくみである。Xは、住基ネットによる個人情報の管理・利用等はプライバシー権を侵害するとして、住民基本台帳を保管するY市に対しXの住民票コードの削除を求めた。原審（大阪高判平成18・11・30判時一九六二号一一頁）は、自己情報コントロール権の侵害を認めて削除請求を認容したため、Yが上告した。

裁判所の見解　①憲法一三条の保護する国民の私生活上の自由の一つとして、何人も個人に関する情報をみだりに第三者に開示又は公表されない自由を有する。②住基ネットによって管理・利用等される基本四情報は社会生活上一定の範囲の他者に開示されることが予定されている個人識別情報であり、個人の内面に関わる秘匿性の高い情報ではない。本人確認情報の管理・利用などを目的として付番された住民票コードの秘匿性の程度も、本人確認情報と異ならない。③住基ネットによる本人確認情報の管理・利用等は法令等の根拠に基づき住民サービスの向上及び行政事務の効率化という正当な行政目的の範囲内で行われる。システム技術上又は法制度上の不備のために、本人確認情報が法令等の根拠に基づかずに又は正当な行政目的の範囲を逸脱して第三者に開示又は公表されるといった具体的な危険はない。行政機関が住基ネットによりXの本人確認情報を管理・利用等する行為は、本人の同意がないとしても、憲法一三条に反しない。（Xの請求棄却。）

解説　本判決は「私生活上の自由」（23判決参照）の一つとして「個人に関する情報をみだりに第三者に開示又は公表されない自由」を認めたにとどめ、自己情報コントロール権には言及しなかった（争点①）。そして本人確認情報は、秘匿性の低い個人識別情報にすぎず（争点②）、正当な行政目的の範囲内で管理・利用等されており、住基法は目的外利用やデータ・マッチング等を禁止しており個人情報の漏えい等の具体的危険はないとした（争点③）。漏えい等の具体的危険がある場合には違憲となり得るという前提を採った点は、新しいプライバシー権理解を示唆するものとして注目された。なお、最判令和5・3・9民集七七巻三号六二七頁は、マイナンバー制度について、不当なデータマッチング等の危険を本判決よりも丁寧に検討した上で、合憲の結論を導いた。

▼評釈――山本龍彦・百選Ⅰ19

新しい人権(5)：自己決定権……丸刈り校則事件

27 熊本地判昭和60・11・13判時一一七四号四八頁

関連条文　憲法一三条、一四条、二一条、三一条

①男子生徒に丸刈りを強制する公立中学校の校則は、法の下の平等や表現の自由の保障に反するか。②丸刈りを強制する校則の制定は、校長の裁量権を逸脱するか。

事　実　熊本県Y_1町立中学校の校長Y_2は一九八一年四月、「丸刈、長髪禁止」とする服装規定（本件校則）を定めた。長髪を続けていた同校の学生Xは、級友から嫌がらせを受け、Y_2等から不当な仕打ちを受けたとして、Y_1・Y_2に対し本件校則の無効確認、Y_1に対し損害賠償を求めた。

裁判所の見解　①男性と女性には髪形について異なる慣習があるから、髪形につき男子生徒と女子生徒で異なる規定をおいても合理的な差別であり憲法一四条に反しない。特殊な場合を除き髪形が思想等の表現であるとはいえず、中学生において髪形が思想等の表現である場合は希有だから、本件校則は二一条に反しない。②中学校長は生徒を規律する校則を定める包括的な権能を有する。具体的に生徒の服装等をどの程度・方法で規制するのが適切かは教育上の措置に関するものであり最終的には校長の専門的・技術的な判断に委ねられるべきだから、その内容が著しく不合理でない限り校則は違法ではない。本件校則は生徒の非行化の防止等の教育目的で制定されたものである。他方、丸刈りが最も中学生にふさわしい髪形であるという社会的合意はなく、頭髪の規制によって直ちに生徒の非行が防止されるともいえず、熊本市内でも長髪を許可する学校が増えていることからすると、本件校則の合理性には疑いを差し挟む余地がある。しかし丸刈りは今なお男子生徒の髪形の一つとして認められており、また本件校則には違反者に対する措置について定めがなく、校長らは違反者に対し指導や訓告の措置をとるにとどめ、バリカン等で強制的に丸刈りにする等はしていない。こうした丸刈りの社会的許容性や本件校則の運用に照らすと、本件校則の内容は著しく不合理とはいえない。（本件校則の無効確認は却下、損害賠償請求は棄却。）

解　説　憲法一三条の保障内容については、プライバシー等に限定する人格的利益説と、髪型・服装・喫煙等の自由をも含む一般的自由説の対立がある。これに対して本判決は男子学生にのみ丸刈りを強制することも合理的差別であり、また髪型の自由が憲法二一条で保護されないとした上で（争点①）、校則による髪型の規制の適法性を、憲法一三条に触れずに裁量権の逸脱という枠組みで緩やかに判断した（争点②）。その後の最高裁も、校則による髪型やバイクの規制や違反者に対する自主退学勧告の適法性を、緩やかに認めている（最判平成3・9・3判時一四〇一号五六頁、最判平成8・7・18判時一五九九号五三頁。なお喫煙の自由について20判決参照）。

▼評釈――江藤祥平・百選ⅠA5等

新しい人権(6)：自己決定権……輸血拒否事件

28 最3判平成12・2・29民集五四巻二号五八二頁

関連条文 憲法一三条

①治療に対する患者の自己決定は法的に保護されるか。②医師は、宗教上の信念から輸血拒否の意思を有する患者に対して、治療方針に関する説明義務を負うか。

事実 エホバの証人の信者であるXは、宗教上の信念から輸血を拒否するという固い意思を有していた。悪性の肝臓血管腫との診断を受けたXは、一九九二年八月、無輸血手術の実績のある東京大学医科学研究所附属病院（医科研）に入院し、医師Aに輸血拒否の意思を伝えた。医科研は、「エホバの証人」の信者の輸血拒否の意思を尊重し、できる限り輸血しないが、輸血以外には救命手段がない事態に至ったときは、患者及びその家族の諾否にかかわらず輸血する方針（本件方針）を採っていたが、A等はXの治療拒否を懸念して本件方針をXに説明しなかった。A等は同年九月、輸血が必要な事態が生ずる可能性があることを認識しその準備をした上でXに手術を施行し、輸血しない限りXを救うことができない可能性が高いと判断して輸血をした。手術後に輸血の事実を知ったXは、国とA等に対して損害賠償を請求した。

裁判所の見解 ①患者が、輸血を受けることは自己の宗教上の信念に反するとして、輸血を伴う医療行為を拒否するとの明確な意思を有している場合、このような意思決定をする権利は、人格権の一内容として尊重される。②Xが宗教上の信念から輸血拒否の固い意思を有しており、無輸血手術を期待して入院したことをA等が知っていた本件では、A等はXに対し本件方針を説明して、A等の手術を受けるか否かをX自身の意思決定に委ねるべきだった。A等は、右説明を怠ったことにより輸血を伴う可能性のあった本件手術を受けるか否かについて意思決定をする権利を奪った点で、Xの人格権を侵害した。（Xの請求認容。）

解説 自己決定権は「新しい人権」の一つとして、憲法一三条により保障される。その内容には(a)生命・身体の処分、(b)家族の形成・維持、(c)リプロダクションに関わる事項等があるが、本件では(a)のインフォームド・コンセントと治療拒否の権利が争われた。原審（東京高判平成10・2・9判時一六二九号三四頁）はライフスタイルに関する自己決定権を正面から認め、手術に対する患者の同意権と医師の説明義務を導いた。これに対して本判決は本件の事情に則して、宗教上の信念に基づく輸血拒否を人格権の一部として認めたにすぎない（争点①）。争点②についても、患者の自己決定と医師の救命義務について一般論を示さず、本件の事情を重視して手術を受けるか否かの患者の意思決定を尊重している。本判決の射程は、憲法論に深入りしなかった点を含め、限られたものである。

▼**評釈**――淺野博宣・百選Ⅰ23等

新しい人権(7)：人格権……車内広告放送と「とらわれの聴衆」事件

29 最3判昭和63・12・20判時一三〇二号九四頁

関連条文　憲法一三条、一九条、二一条

①静謐のプライバシーは法的に保護されるか。②「とらわれの聴衆」に対する表現活動をどのように評価すべきか。

事実　大阪市営高速鉄道（地下鉄）を経営する大阪市は業務上の車内放送を自動化し、一九七三年以降はその費用を賄い収益を上げるため、業務放送と合わせて商業宣伝放送を実施した（一九七七年以降は商業宣伝放送の内容を控え目なものに改めた）。地下鉄で通勤するXは、乗客として車内に拘束された状態で本件放送の聴取を一方的に強制されることは人格権の侵害に当たるとして、市の不法行為・債務不履行を理由に、本件放送の差止め、損害賠償を求めた。

裁判所の見解　本件事実関係の下では、地下鉄列車内の商業宣伝放送は違法といえず、市は不法行為・債務不履行の各責任を負わない。（Xの請求棄却。）

伊藤正己裁判官の補足意見　①他者から自己の欲しない刺戟によって心の静穏を乱されない利益は広い意味でのプライバシーと呼ぶことができ、人格的利益として重要であって、包括的な人権としての幸福追求権（憲法一三条）に含まれると解することもできないではないが、精神的自由権としての優越的地位は有さず、対立する利益との較量にたって侵害を受忍しなければならないこともある。プライバシーの保護は公共の場所では希薄となり受忍すべき範囲が広くなるから、一般の公共の場所では、本件のような放送はプライバシーの侵害とならない。②本件商業宣伝放送は地下鉄の車内での放送であり、これを聞くことを事実上強制されるという「とらわれの聞き手」の問題がある。表現の自由が強い保障を受けるのは「思想表現の自由市場」を前提にしており、特定の表現のみが受け手に強制的に伝達されるところでは表現の自由が制約を受ける範囲は大きい。こうした聞き手の状況はプライバシーの利益との調整に際して考慮される一つの要素であり、本件放送が一般の公共の場所においてプライバシーの侵害とならないとしても、「とらわれの聞き手」に対しては異なる評価を受けることもある。

解説　本判決は原判決を正当と是認するにとどめたが、伊藤補足意見は重要な憲法論を示した。同意見は静謐のプライバシーが憲法一三条によって保障される可能性を認め、侵害の違法性を、騒音公害の場合等と同じく侵害行為の相関関係で判断すべきであるとする。これに対して心の静謐の侵害は憲法一九条の、情報受領の強制は二一条の問題とする見解もある（争点①）。また同意見は「とらわれの聴衆」に対する表現行為が広範な規制を受ける可能性を認める。こうした事態は公立学校・刑事収容施設等の場で起きやすく、「政府言論」、さらにSNSにも密接に関わることに注意が必要である。

▼**評釈**——紙谷雅子・百選Ⅰ20等

新しい人権(8)：人格権……大阪空港騒音公害訴訟

30 最大判昭和56・12・16民集三五巻一〇号一三六九頁

①本件空港の離着陸のためにする供用は公権力の行使の側面を有するか。②人格権・環境権に基づく本件空港の使用差止請求は適法な民事上の請求か。

事実　大阪国際空港は一九六四年のジェット機の就航、一九七〇年の三千メートル滑走路の供用開始等に伴い、深刻な騒音被害をもたらした。近隣住民であるX等は、空港の設置・管理者である国に対して、人格権・環境権に基づく午後九時から午前七時までの飛行の差止め、過去及び将来の損害賠償を求めた。原審（大阪高判昭和50・11・27判時七九七号三六頁）は人格権を根拠に民事差止めを認め、国が上告した。

裁判所の見解　①営造物管理権の本体は公権力の行使を本質的内容としない非権力的な権能であるが、空港についてては航空行政権と空港管理権の関係を検討する必要がある。法が一定の公共用飛行場を国営空港として運輸大臣（当時）が設置・管理すべきとした理由は、航空行政権の行使としての政策的決定の確実な実現等を可能とするためである。この趣旨によれば、航空機の離着陸の規制そのもの等の事項については、空港管理権に基づく管理と航空行政権に基づく規制が分離独立して行われ矛盾乖離が生じないよう、両者が不即不離、不可分一体的に行使実現されていると解すべきである。②本件空港を航空機の夜間の離着陸に使用させないという不作為の給付請求権を主張するX等の差止請求は、不可避的に航空行政権の行使の取消変更ないしその発動を求める請求を含む。行政訴訟の方法により何らかの請求ができるかどうかはともかく、通常の民事上の請求としてこうした主張は成立しない。（差止請求と将来の賠償請求は却下、過去の賠償請求は認容。）

解説　環境権は、高度成長に伴う公害の発生に対する「新しい人権」として提唱され、環境破壊を予防・排除する面では人格権（憲法一三条）、公権力による環境の保全・改善を求める面では生存権（二五条）を根拠にする、と解されている。本件原審は航空機騒音に対して人格権に基づく民事差止めを認めたが、本判決は人格権・環境権論に立ち入らず、差止めを不適法とした。その理由は、本件空港の供用では、非権力的作用である営造物管理権と公権力である航空行政権が一体的に行使されているという理解にある（争点①）。そこから本件差止請求は公権力の行使に対するものであり行政訴訟によるべきで、民事訴訟としては不適法とされた（争点②）。しかし代わりにどのような訴えで差止めを求めることができるのかは不明であり、本判決は裁判を受ける権利を侵害するものであろう。厚木基地訴訟判決（最判平成5・2・25民集四七巻二号六四三頁）等も、本判決に依拠して民事差止めを認めていない。

関連条文　憲法一三条、二五条、三二条

▼**評釈**——渋谷秀樹・百選Ⅰ24等

新しい人権(9)：人格権……性同一性障害特例法事件

31　最大決令和5・10・25裁判所ウェブサイト

関連条文　憲法一三条、性同一性障害特例法（法）三条一項四号

①憲法13条は身体への侵襲を受けない自由を保障するか。②右自由の制約の有無及びその合憲性の判断枠組はどのようなものか。③性同一性障害者の性別変更について、生殖腺除去手術を要件とすることは憲法13条に反するか。

事　実　生物学的な性別は男性であるが心理的な性別は女性であるXについて、性別の取扱いの変更の審判を申し立てたところ、原審はXが生殖腺除去手術を受けておらず性同一性障害特例法（法）三条一項四号（本件規定）の要件を満たさないとして申立てを却下したため、Xが特別抗告。破棄差戻し。

裁判所の見解　①自己の意思に反して身体への侵襲を受けない自由は、人格的生存に関わる重要な権利として憲法一三条により保障される。②本件規定は、治療としては右手術を要しない性同一性障害者に対し、性自認に従った性別の取扱いを受けるという重要な法的利益の実現のために手術を受けることを余儀なくさせる点で、右自由を制約する。右制約は、性同一性障害者一般に対して手術を直接的に強制するものでないとしても、必要かつ合理的でなければならず、それは本件規定の目的のために制約が必要とされる程度と、制約される自由の内容・性質、具体的な制約の態様・程度等の較量により判断される。③制約の必要性について、本件規定は性別変更前の生殖機能により子が生まれることで社会に混乱が生じうること、生物学的性別に基づき男女の区別がされてきた中で急激な変化を避ける必要があること等の配慮に基づいていたが、成年の子がいる者の性別変更を可能とした平成二〇年改正により社会的混乱は生じず、性同一性障害者への理解も広がった。制約の程度について、法制定当時は右手術を含む性別適合手術が段階的治療における最終段階の治療として位置付けられていたが、その後医学的知見が進展し、生殖腺除去手術を求めることは医学的にみて合理的関連性を欠くようになり、右自由を放棄して強度な身体的侵襲を甘受するか性別変更審判を受けることを断念するか、過酷な二者択一を迫る過剰な制約となった。本件規定による右自由の制約は現時点で必要性が低減しその程度が重大であり、必要かつ合理的ではない。

解　説　本決定に先立つ最決平成31・1・23判時二四二一号四頁は、本件規定の合憲性は不断の検討を要するとしていた。本決定は、身体への侵襲を受けない自由が憲法上保障される（論点①）とし、手術を受けるか性別変更を断念するかという二者択一状況から、制約を認めた（論点②）。そして法制定後の事情の変化や医学的知見の進展を理由に、本件規定を違憲と判断した（論点③）。なお法三条一項五号が定める性器外観要件について、本決定は憲法判断をしていない。

▼**評釈**——河嶋春菜・法セミ829号

平等原則と尊属殺重罰規定

32 最大判昭和48・4・4刑集二七巻三号二六五頁

関連条文 憲法一四条、刑法旧二〇〇条

尊属殺の法定刑を死刑又は無期懲役と定める刑法旧二〇〇条は憲法一四条に違反するか。

事　実　被告人Xは、一四歳の時から実父Aに姦淫され、数人の子を産んだ。Xは職場の同僚と結婚してAの支配を脱することを望んだが、Aがこれを拒みXを脅迫虐待したため、XはAを絞殺して自首した。刑法二〇〇条は尊属殺に対する法定刑として死刑または無期懲役を定めているが、これは刑法上可能な刑の減軽を行っても懲役三年六月が下限となり、執行猶予の可能性を排除するものである。第一審は刑法二〇〇条を違憲と判断して一九九条の殺人罪を適用し、本件が過剰防衛でかつXが心神耗弱であったなどの認定から刑を免除した。これに対して第二審は、刑法二〇〇条を合憲として適用し、心神耗弱と情状酌量による減軽を加えて懲役三年六月の実刑判決を下した。Xが上告。

裁判所の見解　破棄自判（懲役二年六月執行猶予三年）。①憲法一四条一項は、事柄の性質に即応した合理的な根拠に基づくものでない限り差別的な取り扱いを禁止する趣旨と解すべきであり、同項後段列挙の事項は例示的なものである。刑法一九九条と並んで二〇〇条を加重的身分犯の規定として置くことは、一四条一項の意味における差別的取扱いにあたり、これが憲法に違反するかどうかは、この差別的取扱いが合理的根拠に基づくかどうかによって決せられる。②刑法二〇〇条の立法目的は、尊属を卑属またはその配偶者が殺害することを以て一般に高度の社会的道義的非難に値するものとし、かかる所為を通常の殺人の場合より厳重に処罰し、以て特に強くこれを禁圧するにある。ところで、尊属に対する尊重報恩は社会生活上の基本的道義というべく、このような自然的情愛ないし普遍的倫理の維持は刑法上の保護に値する。自己または配偶者の直系尊属を殺害することは人倫の大本に反しその反倫理性は特に重い非難に値する。このため、被害者が尊属であることを犯情の一つとして具体的事件の量刑上重視することが許されるのみならず、更に進んでこのことを類型化し、刑の加重要件とする規定を設けても、合理的な根拠を欠くものと断ずることはできない。③しかしながら、刑罰加重の程度が極端であって、前示の立法目的の達成手段として甚だしく均衡を失し、これを正当化する根拠を見出しえないときは、その差別は著しく不合理であり違憲無効とされる。刑法二〇〇条は一九九条と比べて刑種選択の範囲を極めて重い刑に限っており、その結果いかに酌量すべき事情がある場合でも刑の執行を猶予することができない。重い非難に値する行為を厳重に処罰することは、普通殺人罪の規定によっても達せられうる反面、尊属にも非があり、かかる重刑を以て臨むほどの峻厳な非難に値しない事例も存在する。このため二〇〇条は、法定刑を死刑または無期懲役に限っている点で、立法目的達成のために必要な限度を遥かに超えた著しく不合理な差別的取扱いを行うものであり、憲法一四条一項に違反して無効である（なお、一つの補足意見、四つの意見、一つの反対意見がある）。

解説　本件は最高裁が初めて法令違憲の判断を下した事例であり、平等原則の基本的な判断枠組みを設定したという意味でも、今日なお重要な先例的意義を有する判決である。一般に違憲判断に消極的とも言われる最高裁判例の中で平等原則が果たしてきた役割の相対的な大きさに鑑みれば（議員定数不均衡を含めれば、12件のうち6件が平等原則にかかわる）、本判決の意義と限界を問う意味はなお大きいと考えられる。

本判決はまず一四条一項を不合理な差別の禁止と理解し、後段列挙事由については例示説を採用する。これは本判決以前に既に大法廷判決が示していた立場を踏襲したものである。本判決の新しさは、この差別の合理性の具体的な判断基準にある。すなわちここでは、法律を立法目的（②）とその達成手段（③）という二つの要素へと分解し、そのそれぞれについて合理性を問うという枠組みが示されている。これは当時としては必ずしも自明ではなく、少数意見からは、刑罰の過重さは平等の問題ではないのではないか、との違和感が表明されてもいる。

この手段審査では、犯人が受けるべき非難の重さと法定刑の重さが均衡しているかが問われている。平等原則の意義を、「等しきものは等しく、異なるものはその違いに応じて異なって扱うべし」という要請として理解する場合には、具体的な取り扱いの差異が、事柄の性質に内在する差異に十分適切に対応しているかという問いは、実際には平等の問題の中心部分に含まれると考えられる。立法目的（立法者が着目した事柄の差異）と手段（実際の取り扱いの差異）の均衡の審査は、この意味で法秩序の整合性・一貫性を担保する機能を果たしうる。

これに対して、立法目的をいかに認定し、何を尺度にその合理性を判断するかについては、不明確さが残されている。判決が強調する道義や倫理については、実際はしばしば多様な見解が成り立つ。憲法の原理や理念を判断基準とする立場も、判決は採用していない。明確な客観的尺度がなく、立法者が明らかに不合理な目的を追究することが稀である以上、国会の判断が大幅に尊重される結果となるのは自然である。ここでは、目的と手段の均衡の審査もまた、この立法者の判断を前提に、立法者自身の首尾一貫性を問うにとどまらざるをえない。これに対しては、憲法の原理や理念の見地による、より実質的な統制方法を探ることが、後の事件や学説における重要な争点となっていく（とりわけこの点で新たな傾向を示唆する36、37事件も参照）。

▼**評釈**――渡辺康行・百選Ⅰ25等

給与所得課税と平等原則……サラリーマン税金訴訟

33　最大判昭和60・3・27民集三九巻二号二四七頁

関連条文　憲法一四条、所得税法の給与所得に関する諸規定（当時）

所得税の課税に際して、給与所得者に必要経費の実額控除を認めないことは、憲法一四条一項に違反しないか。

事実　原告Xは昭和三九年分の所得税について確定申告を行わなかったところ、被告Y（税務署長）から所得税決定と無申告加算税の賦課決定を受けた。Xは不服申立てを行い、次いで処分の取消しを求めて出訴した。一審・二審でXが敗訴し上告。最大の争点は、事業所得者等と異なり給与所得者には必要経費の実額控除が認められず、法定額の概算的な控除（給与所得控除）しか認められないことが、法の下の平等に違反するかである。

裁判所の見解　上告棄却。①憲法一四条一項は合理的理由のない差別を禁止するものにすぎない。憲法は租税法律主義を採用して、租税の内容自体には特段の定めを置いておらず、また租税立法は総合的な政策判断や専門技術的な判断が必要な領域であるため、裁判所は立法府の裁量的判断を尊重せざるをえない。このため租税法の分野における取り扱いの区別は、立法目的が正当であり、区別の態様が目的との関連で著しく不合理でない限り、その合理性を否定できない。②本件の控除制度は、租税負担を国民の間に公平に配分するとともに、租税の徴収を確実・的確かつ効率的に実現するものとして、その目的は正当である。③また実際の給与所得控除の額は、給与所得に係る必要経費の額との対比において相当性を欠くことが明らかであるとはいえない。このため、本件区別は合理的なものであり憲法一四条一項に違反しない（なお、四つの補足意見がある）。

解説　本件の主題は租税の領域で憲法上の平等の要請がいかなる形で妥当するかである。本判決はまず、この領域で立法府に広い裁量を認める立場を示した。この点で本判決は、平等原則を超えて、租税に関わる立法裁量一般に関わる先例としての扱いを受けることがある（136判決）。第二に、平等原則の適用に関しては、立法目的と具体的な区別の態様という二点から審査を行う。これは尊属殺違憲判決（32判決）の枠組みを基本的に踏襲するもので、最高裁の基本的判断手法を典型的に示す事例の一つといえる。もっとも、仮に本件の控除制度自体が不合理とはいえないとしても、個別事例において実際の必要経費が給与所得控除の額を大幅に上回る場合がありえないわけではない。この点、伊藤補足意見はかような場合には適用違憲となりうる旨を指摘しており、妥当な見解と考えられる。

▼**評釈**――君塚正臣・百選Ⅰ31等

信条による差別……日中旅行社事件

34　大阪地判昭和44・12・26判時五九九号九〇頁

関連条文　憲法一四条、労基法三条

企業が労働者をその政治的意見を理由に解雇することは、憲法一四条一項及び労基法三条に違反するか。

事実　株式会社Yは、日本と中国の友好を目的に訪中の斡旋などを行う旅行社である。一九六六年以降中国共産党と日本共産党との間に対立が生じ、従来の日中友好運動に亀裂が生じる中、Yは中国側を支持する立場に立った。Yの従業員Xは、日本共産党及びこれを支持する友好団体に所属しており、YはXにその離脱を要求したが、Xはこれを拒絶した。Yが営業所を閉鎖してXを解雇したため、Xが地位保全等の仮処分を求めて出訴。

裁判所の見解　一部認容。①本件解雇は、XがYと異なる政治的信条を有することを理由になされたと認められるところ、個々の具体的な政治問題についての意見や主張も憲法一四条一項の信条に含まれる。労基法三条の規定は憲法一四条の法の下の平等を私人間関係たる労働関係に適用したものであり、その「信条」は憲法一四条と同一であるから、使用者が労働者の政治的意見を理由に差別的取扱いをすることは労基法三条に違反する。YによるXの解雇は憲法一四条、労基法三条に違反し、公序良俗に反し民法九〇条によって無効である。②憲法および労基法三条が信条やイデオロギーによる労働者への差別を禁じている以上、労働者が特定のイデオロギーを支持することを存立の条件とする事業を営むことは許されない。しかし他方、憲法二二条は営業の自由を認めているため、公共の福祉に反しない限りかかる事業も認められるべきともいえる。この両者の要請を調整すると、例えば政党や宗教団体の宣伝布教を目的とする事業のように、その事業が特定のイデオロギーと本質的に不可分であり、労働者にその支持を求めることが事業の本質から見て客観的に妥当である場合のみ、労働者が特定のイデオロギーを支持することを条件とする事業の存立を認められる。本件はこのような場合にはあたらない。

解説　本件は平等原則の私人間適用の事例ではあるが、労基法三条が国籍、信条又は社会的身分を理由とした労働条件の差別を明示的に禁止しているため、実際には労基法三条の憲法適合的解釈が問題となる限度で憲法一四条が関係するにすぎない。本判決は労基法三条の信条の意義につき、憲法一四条の信条の解釈から答えを導く。さらに判決は、例外的に労働者に特定のイデオロギーへの支持を要求できる場合を導くために、憲法一四条と二二条の相互調整という論理を用いる。この意味で本件は、憲法による私人間関係の形成という志向を強く示す判決と見ることができる。四年後の三菱樹脂事件最高裁判決と比較して検討されるべきであろう。

▼**評釈**――木村俊夫・百選Ⅰ（四版）33等

性による差別：女性の再婚禁止期間

35 最大判平成27・12・16民集六九巻八号二四二七頁

民法七三三条が女性についてのみ六ヶ月の再婚禁止期間を定めるのは憲法一四条に違反するか

事実　民法七三三条一項（当時）は、女は婚姻の解消または取り消しの日から六ヶ月を経過した後でなければ再婚できない旨を定める。Xは、この規定のために再婚が遅れ精神的損害を被ったとして、国家賠償法一条に基づく損害賠償を請求して出訴。第一審・第二審とも請求棄却。Xが上告。

裁判所の見解　上告棄却。①婚姻制度の下における「婚姻をするについての自由」は、憲法二四条一項の趣旨に照らし十分尊重に値し、これに直接的な制約を課す本件規定の合理的根拠の有無は、事柄の性質を十分考慮に入れて検討する必要がある。立法目的に合理的な根拠があり、区別の具体的内容が立法目的との関連で合理性を有するかという観点から憲法適合性の審査を行うのが相当である。②その立法目的は、女性の再婚後に生まれた子につき父性の推定の重複を回避し、父子関係をめぐる紛争の発生を未然に防ぐことにあり、合理性を認めることができる。③民法七七二条二項が、婚姻成立後二〇〇日以降、婚姻の解消・取消後三〇〇日以内に生まれた子は婚姻中に懐胎したものと推定する旨規定することからすれば、一〇〇日の再婚禁止期間を設ければ父性の推定の重複は回避しうる。本件規定のうち一〇〇日の部分は立法目的との関連で合理性を有し憲法一四条一項にも二四条二項にも違反しない。④一〇〇日を超えた部分については、旧民法起草時や現民法への引き継ぎ時の後に生じた医療や科学技術の発達、社会の変化や諸外国の立法動向などに鑑みれば、本件の時点では合理性を欠いた過剰な制約となっており、憲法一四条一項と二四条二項に違反する。⑤法律の違憲性が明白であるにも拘わらず国会が正当な理由なく長期にわたって改廃等の立法措置を怠っていた場合には、国会議員の立法不作為が国賠法一条一項の適用上違法の評価を受けるが、本件はそのような場合には当たらない（なお、三つの補足意見、一つの意見、一つの反対意見がある）。

解説　民法旧七三三条について最高裁はこれまで違憲の主張を退けており（最三小判平成7・12・5判時一五六三号八一頁）、本判決は重要な転換を意味する。もっとも、本件と上記平成7年判決を比較すれば、その最大の違いは、後者が国賠法の違法性判断の枠内でのみ限定的に憲法判断を行うのに対し、本件が実体的な憲法判断に全面的に踏み込んだ点に求められる。他方、そこでの平等判断の枠組み自体は、目的手段審査、とりわけ手段審査における法制度の整合性の統制に重点があり、従来のオーソドックスな審査手法の枠内で、手堅く実質的な審査を行った点に意義を有する判決であると思われる。

▼評釈——糖塚康江・百選Ⅰ34、木下智史・平28重判（憲法6）等

関連条文　憲法一四条・二四条、民法七三三条（当時）・七七二条、国賠法一条

嫡出性の有無による差別(1):国籍取得差別

36 最大判平成20・6・4民集六二巻六号一三六七頁

外国人の母と日本人の父から生まれた非嫡出子について、後に嫡出子の身分を取得した場合にのみ届出による国籍取得を認める国籍法の規定は、憲法一四条一項に違反するか。

関連条文 憲法一四条、国籍法二条(当時)

事 実 国籍法二条一号は、子は出生の時に父または母が日本国民であるときは日本国民とするものと規定する。法律上の婚姻関係にない外国人の母と日本人の父から生まれた子は、父から胎児認知された場合を除き、出生時に父と法律上の親子関係を欠くため日本国籍を取得できない。この場合につき同法三条一項は、子が出生後に父母の婚姻と認知によって嫡出子の身分を取得した場合には、一定の要件の下で届出によって日本国籍を取得しうるものとした。Xは法律上の婚姻関係のない外国人の母と日本人の父の間に生まれ、出生後父から認知されたことを理由に法務大臣に国籍取得届を提出したが、父母が婚姻しておらず国籍取得の条件を欠くものとされたため、日本国籍を有することの確認を求めて出訴。第一審は請求認容、第二審は原判決を破棄し請求棄却。Xが上告。

裁判所の見解 破棄自判、控訴棄却。①憲法一〇条の規定は、国籍の得喪に関する要件を定めるにあたり、これを立法府の裁量判断に委ねる趣旨と解される。だが、このために生じた区別が合理的理由のない差別的取扱いとなる時は、憲法一四条一項違反の問題を生じる。すなわち立法府の裁量権を考慮しても、なおその立法目的に合理的根拠が認められない場合、またはその具体的区別と立法目的との間に合理的関連性が認められない場合には、合理的な理由のない差別として同項に違反する。日本国籍が重要な法的地位である一方、嫡出子としての身分が子自らの意思で変えることのできない事柄である以上、嫡出性の有無で国籍取得に区別を設けることの合理性は、慎重に検討する必要がある。②国籍法三条一項の立法理由は、嫡出子の身分を取得することによって家族生活を通じたわが国社会との密接な結びつきが生じることから、これを日本国民との法律上の親子関係に加えて国籍取得の要件とするものであり、その立法目的には合理的根拠が認められる。また、本件規定の設けられた当時の社会通念や社会的状況の下では、父母の婚姻を以てわが国との密接な結びつきの指標とすることは相応の理由があり、立法目的との間に合理的関連性があった。③しかしながらその後、わが国の社会的・経済的環境等の変化や国際化の進展に伴い、家族生活や親子関係の実態も国民意識も変化し多様化している。父母の法律上の婚姻を以てわが国との密接な結びつきが認められるとすることは、今日では必ずしも家族生活等の実態に適合しない。諸外国で非嫡出子差別の解消が進んでいることにも照らせば、本件取扱いの区別と立法目的との間に合理的関連性を見出すことはもはや難しい。また、日本人たる父から出生後認知されたにとどまる非嫡出子のみが重大な不利益を受けることは、立法目的との間に合理的関連性を見出しがたい。これらを考慮すれば本件取り扱いの区別は不合理な差別と言わざるをえず、国籍法三条一項がかかる区別を生じさせることは憲法一四条一項に違反する。④本件区別による違憲の状態を是正するには、父母の婚姻による嫡出子の身分の取得以外の他の要件を満たした者には、日本国籍の取得を認めるべきである（なお、四つの補足意見、一つの意見、二つの反対意見がある）。

解説　本判決は尊属殺重罰事件、二度の衆議院定数不均衡事件に次ぐ、最高裁による四度目の平等原則違反による法令違憲判決である。合理的区別論、目的審査・手段審査という枠組みは先例を踏襲しているが、いくつかの点で従来の判例を超える特色が示されている。まず注目されるのは審査基準であり（①）、ここでは国籍法制に関する立法裁量の存在が指摘されつつも、同時に被侵害利益の重大性や区別事由の悪質性という観点から慎重な検討が要求され、結果として従来よりも厳しい審査基準が示されていると見ることができる（具体的には、目的と手段の関連性につき、従来と異なり「著しく」不合理であることまでは要求されていない）。この意味で本件は同じく非嫡出子に関してその法定相続分の差別を合憲とした先例（最大決平成7・7・5民集四九巻七号一七八九頁）で積み残された課題に対して一歩踏み込んだものと評価しうる（なお法定相続分については最高裁は後に37事件で違憲判断に転じる）。では、具体的にいかなる点で審査が厳格化されているのか。違憲判断の決め手となったのは、立法当時に存在した目的と手段との合理的関連性が、時代の変化によって失われた、との評価である（③）。前記平7年決定では、社会や家族像の変化で立法の合理性に疑いが生じていることを指摘しつつ、違憲判断にまでは踏み切らない複数の補足意見が付されていたところ、本件では実体的判断基準の引き上げがかような踏み切りを後押ししたとも解しうる。

さらに注目されるのは、本判決の審査手法が、利益侵害や区別事由の悪質性を考慮することで、32判決や平7年決定から微妙に力点を変化させているのではないか、という点である。両事件とも手段審査は、法定刑や法定相続分の量的な差異を対象に、事柄の差異と取扱いの差異との均衡関係を問題とした。これに対して本件判断は、わが国と密接な結びつきのある者に日本国籍を与えるという目的に対して、選択された手段が十分効果的に目的を実現せずに一部の者のみに不要かつ過剰な不利益を与えている、という点に核心があるとも解しうる。これは実は比例原則の考え方に近い。本判決は、判例との連続性という外観を維持しつつ、今後の展開への萌芽を含むものと評価されよう。

▼**評釈**——石川健治・法教343、344、346号等

嫡出性の有無による差別(2)：法定相続分差別

37 最大決平成25・9・4民集六七巻六号一三二〇頁

関連条文　憲法一四条、民法九〇〇条（当時）

嫡出子であるか否かによって法定相続分に区別を設けることは憲法一四条に違反するか。

事　実　民法九〇〇条四号但書（当時）は、非嫡出子の法定相続分を嫡出子の二分の一と定める。平成一三年七月に死亡した被相続人Aの嫡出子Xらは、非嫡出子Yらに遺産分割の審判を申し立てた。Yらは前記規定の違憲無効を主張したが、第一審、第二審共にYの主張を退けた。Yが特別抗告。

裁判所の見解　破棄差戻し。①相続制度を定める際の立法府の合理的な裁量を考慮してもなお本件規定の区別に合理的根拠が認められない場合に、同規定は憲法一四条一項に違反する。相続に関わる諸事情が時代と共に変遷するものである以上、その合理性は、個人の尊厳と法の下の平等を定める憲法に照らして不断に検討・吟味されなければならない。②社会の動向、家族形態の多様化や国民意識の変化、諸外国の立法の趨勢、我が国の批准した条約やこれに基づく委員会の勧告、嫡出子・非嫡出子にかかわる法制等の変化や立法への動き、最高裁判例による度重なる問題の指摘等を総合的に考慮すれば、家族の中における個人の尊重がより明確に認識されてきたことは明らかで、子が自ら選択・修正できない事柄を理由にその子に不利益を及ぼすことは許されないという考えが確立されてきている。遅くともAの相続が開始された平成一三年七月当時において、本件規定には合理的根拠が失われ憲法一四条一項に違反していた。③平成一三年七月以降は本件規定は無効であったが、法的安定性の見地から、既に確定的となった法律関係に影響は及ばないと解するのが相当である（なお、三つの補足意見がある）。

解　説　本決定の結論が有する判例史上の画期的性格とは裏腹に、その論理構成自体は多くの曖昧さと不明確性を残す。本件規定を合憲としてきた従来の先例を判例変更することなく、社会的状況の変化を理由に新たな違憲判断を根拠づけており、この際規範的な判断基準が十分明瞭ではなく、32事件以来定着したはずの目的・手段審査も採用されていない。射程の大きな転換を避けつつ、総合考慮の枠内で徐々に価値評価の力点を変化させる（35、36事件のように社会の変化を斟酌しつつ）のが近時の判例の戦略であるとも見える。

その上で確認しうるのは、平等判断を導く規範的視点としての憲法の地位が、32事件で確立した判断枠組みと比べて確実に上昇しつつあることである。立法者による制度形成の一貫性・整合性の統制という従来の手法を、この新視点がいかなる形で変えていくことになるか、今後の展開と具体化が俟たれる。

▼**評釈**――高井裕之・百選Ⅰ27、野坂泰司・平25重判（憲法4）等

夫婦同氏制と家族生活の平等

38　最大判平成27・12・16民集六九巻八号二五八六頁

夫婦が同一の姓を称することを定める民法七五〇条は憲法一三条、一四条、二四条に違反するか

関連条文　憲法一三条・一四条・二四条、民法七五〇条、国賠法一条

事　実　Xらは、夫婦が婚姻の際に同一の姓を称することを要求する民法七五〇条が憲法等に違反し、これによって精神的損害を被ったとして、国賠法一条に基づく損害賠償を請求して出訴。第一審・第二審とも請求棄却。Xらが上告。

裁判所の見解　上告棄却。①氏名は人格権の一内容を構成するが、同時に氏は婚姻・家族に関する法制度の一部であるため、上記人格権の内容も法制度を俟って初めて具体的に捉えられる。現行法の下で、氏に社会の構成要素としての家族の呼称としての意義が与えられていること等に鑑みれば、婚姻の際に「氏の変更を強制されない自由」が憲法上の人格権の内容をなすとは言えない。本件規定は憲法一三条に違反しない。②本件規定は夫婦いずれの氏を選択するかを両者の協議に委ねており、男女間の形式的な不平等が存在するわけではない。本件規定は憲法一四条に違反しない。③本件規定は婚姻をすることについての直接の制約を定めたものではなく、憲法二四条一項の趣旨に沿わない制約を課したものとは言えない。④憲法二四条二項は、婚姻・家族に関する法制度の構築を第一義的には立法裁量に委ねつつ、個人の尊厳と両性の本質的平等によってこの裁量に限界を画している。この際二四条は、憲法上直接保障された権利とまでは言えない人格的利益をも尊重し、両性の実質的な平等が保たれること、婚姻することが不当に制約されないこと等にも十分配慮した法律の制定を求めている。夫婦同氏制の趣旨やその事実上の影響を総合的に考慮すると、それが直ちにこの意味で合理性を欠く制度であるとは認められず、本件規定は憲法二四条に違反しない（なお、一つの補足意見、二つの意見、一つの反対意見がある）。

解　説　法制度を前提として内容の定まる権利について、最高裁は内容形成に関する立法者の裁量を広く認めつつ、権利自体の直接的制約に当たる場合には比較的厳格な審査を行う傾向を示しており（35事件、42事件など）、本判決の①、③もその路線上にある。また、平等原則の審査の際に、形式上平等な制度が有する事実上の効果をどこまで斟酌しうるかについて、判例は抑制的な態度を崩さなかった（②）。これに対して本判決の新機軸をなすのは、二四条二項の再発見である（④）。裁量統制という枠組みの中で、厳格な意味で憲法上の権利とまで言えない種々の利益の総合考慮を図るという発想は、近時の最高裁の憲法判断に対する嗜好をよく示すものと思われる。今後、異なる事案や、更なる社会状況の変化が生じた事例で、本件の視角がいかなる効果を発揮しうるか注目される。

▼**評釈**――小山剛・平28重判（憲法7）等

遺族年金受給資格と男女平等

39 最3判平成29・3・21判時二三四一号六五頁

遺族補償年金の受給資格に男女間で差異を設けることは憲法に違反するか。

事実　地方公務員災害補償法三二条は、職員が公務災害等で死亡した際の遺族年金の受給資格を、「職員の配偶者、子、父母、孫、祖父母及び兄弟姉妹であつて、職員の死亡の当時その収入によつて生計を維持していたもの」とした上で、このうち妻以外については更に職員の死亡時に一定の要件に該当したことを要求しており、夫・父母・祖父母は60歳以上であったことが求められる。妻Aの死につき夫Xは遺族補償年金等の受給申請をしたが、不支給決定を受け、処分の取消を求めて出訴。妻と夫の取り扱いの差異が憲法一四条に違反するか等が争われた。第一審はXの請求を認容、第二審は請求棄却。

裁判所の見解　上告棄却。本件制度は、憲法二五条の趣旨を実現するために設けられた社会保障の性格を有する制度というべきところ、同法の規定は妻以外の遺族について一定の年齢に達していることを受給の要件としているが、男女間における生産年齢人口に占める労働力人口の割合の違い、平均的な賃金額の格差及び一般的な雇用形態の違い等からうかがえる妻の置かれている社会的状況に鑑み、妻について年齢要件を設けないことは、本件不支給処分の当時においても合理的な理由を欠くものとはいえない。

関連条文　憲法一四・二五条、地方公務員災害補償法三二条

解説　夫が扶養者となり妻が専業主婦として扶養を受けるという家族モデルを念頭に設計された制度が、時代の変遷による家族像の変化で合理性を失い、男女間の不合理な差別と化していないかが問われた本件で、最高裁はごく簡素な説示で違憲の主張を退けた。原審は、遺族補償年金を主に社会保障目的の制度と捉えた上で、この点で広範な立法裁量を認めた堀木訴訟（177事件）などを先例として引きつつ、本件でも立法裁量を広く認める立場を示す。その上で、「一般に独力で生計を維持することが困難であるもの」の生活を保護するという立法目的に対して、本件の妻と夫の区別が種々の社会情勢に照らして合理性を欠くとはいえない、と結論する。本件最高裁判決はこの判断を概ね肯認するものと読めるが、立法裁量の広狭ないし違憲審査基準を明示せず（先例として堀木訴訟を引く一方、「なんら合理的理由のない」場合のみ違憲となる等の言い回しを用いていない）、考え方に不明確性を残している。あえて原理的論点への態度を曖昧にして先例的射程を狭く取るこの種の判断方法に対して、更なる情勢変化による今後の結論変更を予感する見解（松本・判批）がある一方、裁判所が説明責任を果たしていない点が批判されてもいる（淺野・判批）。

▼**評釈**――松本和彦・法教442号、稲森公嘉・論ジュリ22号、淺野博宣・平成29年重判（憲法4）

重度障害者の選挙権：在宅投票制廃止・不存在の合憲性

40 最1判昭和60・11・21民集三九巻七号一五一二頁

関連条文　憲法一五条一項・三項・四四条、国賠法一条一項

①在宅投票制度の廃止は憲法に違反するか。②国会の立法行為（不作為）は国賠法一条一項の適用を受けるか。

事実　かつて公職選挙法等は、疾病や身体障害等を理由に投票所に出向くことが不可能な人の在宅投票制度を認めていたが、選挙の公正を保持する観点から一九五二年に廃止された（本件一審判決の半年前に、重度身体障害者については復活）。一九五五年頃から歩行困難になり投票ができなくなった原告は、在宅投票制度を廃止したままの状態は憲法に違反すると主張し、立法不作為について国賠法一条一項に基づき国に損害賠償を求めた。その上告審判決が本件である。

裁判所の見解　国会議員は、立法に関して、個別の国民の権利に対応した関係での法的義務を負うものではなく、国会議員の立法行為は、立法の内容が憲法の一義的な文言に違反しているにもかかわらず国会があえて当該立法を行うというごとき、容易に想定し難いような例外的な場合でない限り、国家賠償法一条一項の規定の適用上、違法の評価を受けない。憲法には在宅投票制度の設置を積極的に命ずる明文規定が存しないことに加え、憲法四七条は、投票の方法その他選挙に関する事項の具体的決定を原則として立法府である国会の裁量的権限に任せている。そこで、在宅投票制度を廃止し、その後、これを復活しなかった本件立法行為について、前示の例外的場合にあたると解すべき余地はなく、本件立法行為は国賠法一条一項の適用上違法の評価を受けない。

解説　本件では、在宅投票制度を廃止し、これを復活しないことの違憲性が争点となった。一審判決では制度廃止行為の違憲性と国賠法上の責任を認めたが、控訴審判決では立法不作為の違憲性を認めつつ、国賠法上の責任は認めなかった。これに対し最高裁は、在宅投票制度設置を命ずる憲法上の明文規定はないとし、憲法四七条の選挙事項法定主義を理由に国会の裁量を広く認めて選挙権侵害には言及せず、国会議員の立法不作為に関する国賠法上の違法認定についても非常に厳格な要件を示して責任を認めなかった（立法不作為に関する論点については211判決も参照）。その後、いくつかの下級審判決（熊本地判平成13・5・11判時一七四八号、東京地判平成14・11・28判タ一一一四号）が、立法不作為の国賠認定の可能性を切りひらいた。さらにその後の在外国民の選挙権をめぐる最高裁大法廷判決（42判決）は、国民の選挙権制限は原則として許されないとして選挙権の付与に関する立法裁量論を封じて選挙権侵害を認めたことに加え、立法不作為の国賠認定に関する本判決の論証を踏襲しつつも、事実上の判例変更を行ったと指摘されるほどの要件を示してその責任を認定した。

▼**評釈**――大石和彦・百選Ⅱ191、宍戸常寿・判プラ366等

精神的原因による投票困難と選挙権の実質的保障

41 最1判平成18・7・13判時一九四六号四一頁

関連条文　憲法一四条一項・一五条一項・三項・四三条一項・四四条、国賠法一条一項

①精神的原因を理由に外出困難な者に対する郵便投票制度等の不設置は選挙権侵害となるか。②そのことに関する立法不作為は、国賠法上の違法の評価を受けるか。

事実　一定の身体障害者の投票に関して郵便投票制度等の立法措置が講じられているのに対して、精神的原因による投票困難者の投票については（本件訴訟の一審判決後には日弁連や地方議会からの意見書の提出が見られたものの）特段の立法措置はとられていない。

精神的な原因により外出困難なXは、当該症状のある者への選挙権行使の機会の確保は憲法の命ずるところで、国会議員が本件選挙までに投票の機会を確保するための立法措置を執らなかったのは、立法不作為に該当し違憲であり、国賠法一条一項の規定の適用上、違法の評価を受けると主張して、慰謝料等の支払いを求めた。

裁判所の見解　国民が選挙権を行使できない場合、国は、そのような制限なしには選挙の公正の確保に留意しつつ選挙権の行使を認めることが事実上不可能ないし著しく困難と認められるときでない限り、国民の選挙権の行使を可能にする所要の措置を執るべき責務がある。しかし、精神的原因による投票困難者については、その精神的原因が多種多様で、その状態は必ずしも固定的ではなく、既存の公的な制度によって投票所に行くことの困難性に結び付くような判定を受けていない。また、精神的原因による投票困難者の選挙権の行使については、本件選挙までに、国会でほとんど議論されたことはなく、その立法措置を求める地方公共団体の議会等の意見書も、本件訴訟の一審判決後に初めて国会に提出されたことから、少なくとも本件各選挙以前に、精神的原因による投票困難者に係る投票制度の拡充が国会で立法課題として取り上げられる契機があったとは認められない。以上のようなことからも、本件立法不作為は、国賠法一条一項の適用上、違法の評価を受けるものではない。

解説　本件下級審は、在宅投票制度をめぐる最1判昭和60・11・21（40判決）の枠組みにより立法不作為の違憲国賠認定を退けた。これに対し本判決は、在外国民の選挙権をめぐる最大判平成17・9・14（42判決）の枠組みを用いて判断がなされたことが注目される。しかし、その枠組みの本件へのあてはめにおいて、①どの程度の精神的障害であれば投票所に行くことができないのかが認定困難なこと、②これまで国会でこうした問題が議論されてこなかったこと、といった点がネックとなり、請求は棄却された。

▼**評釈**――多田一路・法セ624号、青井未帆・判例セレクト二〇〇六（憲法1）、畑尻剛・平18重判（憲法2）等

在外国民の選挙権行使制限

42 最大判平成17・9・14民集五九巻七号二〇八七頁

関連条文 憲法一五条一・三項・四四条等、公選法二一条（当時）・四二条（当時）

①在外国民の選挙権の行使制限は、憲法に違反しないか。②それに関する立法不作為は国賠法上違法の評価を受けるか。

事実 公選法（旧）二一条一項は、選挙人名簿登録資格を「引き続き三箇月以上当該市町村の住民基本台帳に記録されている者」と規定し、在外国民は衆参両院議員の全選挙の投票ができなかった。一九九八年の同法改正では、衆参両院議員比例代表選挙が在外選挙制度の対象となったものの、選挙区の投票はなお制限された。そこで上告人は、在外国民の選挙権行使の制限の憲法適合性につき裁判所に判断を求めた。

裁判所の見解 「自ら選挙の公正を害する行為をした者等の選挙権について一定の制限をすることは別として、国民の選挙権又はその行使を制限することは原則として許されず、国民の選挙権又はその行使を制限するためには、そのような制限をすることがやむを得ないと認められる事由がなければならない」。「そのような制限をすることなしには選挙の公正を確保しつつ選挙権の行使を認めることが事実上不能ないし著しく困難であると認められる場合でない限り、上記のやむを得ない事由があるとはいえ」ない。内閣は、一九八四年に在外選挙制度創設のための公選法改正案を国会に提出（一九八六年廃案）したこと等を考えると、国会がその後一〇年以上も同制度を創設しなかったことにやむを得ない事由はない。また一九九八年公選法改正後に在外選挙が繰り返し実施されたことや通信手段が地球規模で目覚ましい発達を遂げたこと等を考慮すれば、候補者情報の適正な伝達の困難性はなくなった。名簿登録者の氏名自書が必要な二〇〇〇年以降の参議院議員比例代表選挙での在外投票が二回実施されており、遅くとも本判決後初の国政選挙では、選挙区選出議員の選挙につき在外国民投票を認めないことにやむを得ない事由はない。

立法不作為等が国民の憲法上の権利を違法に侵害することが明白であるにもかかわらず、国会が正当な理由なく長期にわたって立法措置を怠る場合などには、例外的に国賠法上の違法となるが、本件はそれにあたる。

解説 本判決では、在外国民の国政選挙での投票を認めていなかったことなどについて、関連する公選法の一部を違憲とした。投票方法等選挙に関する事項の決定は、従来、国会の広い裁量が認められる傾向にあった（40判決など）。これに対して本件の多数意見は、立法裁量を前提とせず、選挙権行使の機会制限となる点を重視し、制限の正当性につき厳しく審査する。そして人的・物的態勢を整えるための障害はもはや存在しないとして制限を違憲と判断した。本件訴訟における立法不作為の国賠認定については218判決の解説を参照。

▼**評釈**――野坂泰司・百選Ⅱ147、赤坂正浩・判評572号等

成年被後見人の選挙権制限

43 東京地判平成25・3・14判時二一七八号三頁

関連条文 憲法一五条・四三条・四四条、公選法一一条一項一号（当時）

成年被後見人の選挙権制限は、憲法に違反しないか。

事　実　公選法一一条一項一号（当時）は、成年被後見人は選挙権を有しないことを規定していた。後見開始の審判を受けて成年被後見人とされた原告は、同規定が憲法一五条等の規定に違反し無効であると主張し、行政事件訴訟法四条の当事者訴訟として、原告が次回の衆参議員選挙で投票できる地位にあることの確認を求めた。

裁判所の見解　（本件訴えは、裁判所法三条一項にいう「法律上の争訟」に該当するとの判断を前提に）本件選挙権制約の合憲性を検討するにあたっては、在外国民の選挙権制限をめぐる最高裁判決（42判決）の判断枠組みに基づき、そこで示された「やむを得ない事由」があるか否かについて検討する。

選挙権行使者について選挙権を行使するに足る能力を具備していないと考えられる、「事理を弁識する能力を欠く者」に選挙権を付与しないことは立法目的として合理性を欠くものとはいえない。しかし、成年被後見人については、民法が「事理を弁識する能力を欠く者」とは異なる能力を有する存在と位置付けていることに加え、憲法は、国民に能力や精神的肉体的状況等に様々な相違があることを当然の前提とし、国民である成年者に原則的に選挙権を保障しようとしている。成年被後見人に選挙権を付与することで選挙の公正の確保が事実上不能になり、あるいは著しく困難な事態が生じる証拠はなく、「選挙権を行使するに足る能力を欠く者」を選挙から排除するためには、（成年後見制度などの）他の制度を利用せず、端的にその者に制限を加える制度で運用することも可能である。以上から、成年被後見人から選挙権を一律に剥奪する規定を設けることに「やむを得ない」事由はなく、許容できない。

解　説　本件では、端的に成年被後見人の選挙権を制限する公選法一一条一項一号の合憲性が争点となった（本件が法律上の争訟になり得るか否かといった行政法上の論点は省略）。東京地裁は、在外国民の選挙権（行使）制限が問題となった42判決で示された、選挙権（行使）制限をめぐって「やむを得ない事由」があるか否かという判断枠組みを採用し、その下での審査を行い同事由はないとして違憲判断をした。もっとも、憲法上明記される「成年でない者」の選挙権制限を別にしても、「選挙権を行使するに足る能力を欠く者」への制限可能性を示した判断は必要であったのか、異論もあろう。

本判決は控訴されたが、判決直後（二〇一三年五月）に本選挙権を回復する公選法改正がされたこともあり和解が成立した。

▼**評釈**――榎透・判評659号、小泉良幸・新判例解説4号等

衆議院の定数不均衡と投票価値の平等

44　最大判昭和51・4・14民集三〇巻三号二二三頁　関連条文　憲法一四条一項等、公選法一三条（当時）・別表第一及び附則七〜九項（当時）

①衆議院議員選挙における一票の較差は、憲法に違反しないか。②違憲判断を理由とする選挙無効宣言の当否。

事　実　一九七二年一二月一〇日施行の衆議院議員総選挙では、公選法の議員定数配分規定による議員一人あたりの各選挙区間の一票の較差が最大四・九九対一に及んでいた。これについて憲法一四条一項に違反するとして、千葉県第一区の選挙人らが、公選法二〇四条に基づき、同選挙区の選挙の無効を主張した。

裁判所の見解　憲法一五条一項等の各規定は、各選挙人の投票価値の平等も要請するが、憲法四七条等の規定は、両院議員の各選挙制度の仕組みの具体的決定を原則として国会の裁量に委ねる。また憲法は、投票価値の平等につき選挙制度の決定において国会が考慮すべき唯一絶対の基準としてはいない。しかし、投票価値の不平等が、国会で通常考慮しうる諸般の要素を斟酌してもなお、一般的に合理性を有するとは到底考えられない程度にある場合、国会の合理的裁量の限界を超えたと推定される。本件選挙時の議員定数配分の較差は約五対一に達し、その不平等は一般的に合理性を有しない。

もっとも、違憲判断には、合理的期間内での是正が憲法上要求されるのにそれが行われない、という条件が必要となる。これにつき、本件議員定数配分規定は、かなり以前から選挙権の平等の要求に反すると推定される程度に達し、一九六四年の改正後本件選挙の時まで八年余にわたりこの点の改正が施されていない、との観点から、本件規定は要求される合理的期間内での是正がされなかった。

なお、議員定数配分は、単に憲法に違反する不平等を招来している部分のみでなく、全体として違憲の瑕疵を帯びる。そこで本件選挙を無効としても、かえって憲法の予定するところに適合しない結果を生ずる。これらの事情から、事情判決の法理にしたがい、本件選挙は憲法に違反する議員定数配分規定に基づいて行われた点につき違法である旨を判示するに留める。

解　説　本件判決は、最高裁が衆議院議員選挙の一票の較差につき初めて違憲判断を示した画期的判決である。ただし最高裁は、投票価値の平等を優先的に見るわけでなく、一つの斟酌すべき価値と捉え、国会の広い裁量権を前提とする判断をしたことから、その点学説から厳しく批判された。本判決ではこの他、定数配分全体が違憲か、係争選挙区のみが違憲か、といった議論が見られ、多数意見は前者に立つ。さらに本件では違憲判断をしつつも事情判決の法理が採用され、その後の選挙訴訟の違憲判断の場合に用いられることになった。

▼**評釈**——高田篤・百選Ⅱ148、野中俊彦・昭和51年重判（憲法2）、宍戸常寿・判プラ374等

衆議院議員選挙一人別枠方式の違憲性

45 最大判平成23・3・23民集六五巻二号七五五頁　関連条文　憲法一四条、公選法一三条、衆議院議員選挙区画定審議会設置法三条（当時）

衆議院議員小選挙区選挙の区割りに導入されている「一人別枠方式」は憲法に違反するか。

事実　一九九四年の法改正により衆議院議員選挙に導入された小選挙区制では、その区割りにおいて都道府県に予め一枠を配分する、いわゆる「一人別枠方式」が採用された。二〇〇九年八月施行の衆議院議員総選挙について、東京都の複数の選挙区の選挙人らは、一人別枠方式を含む選挙区割りに関する公選法等の規定は憲法に違反し無効であり、これに基づき施行された各選挙区での選挙も無効と主張した。

裁判所の見解　現在の選挙制度で議員は、全国民を代表して国政に関与することが要請されており、地域性に係る問題のために、殊更に、ある地域（都道府県）の選挙人と他の地域（都道府県）の選挙人との間に投票価値の不平等を生じさせるだけの合理性があるとはいい難い。しかも、本件選挙時には、一人別枠方式の下でされた各都道府県への定数配分の段階で、既に各都道府県間の投票価値にほぼ二倍の最大較差が生ずるなど、一人別枠方式が選挙区間の投票価値の較差を生じさせる主要な要因となっている。

本件選挙時、本件区割基準規定の一人別枠方式に係る部分は、憲法の投票価値の平等の要求に反するに至っており、同基準に従って改定された本件区割規定の定める本件選挙区割りも、憲法の投票価値の平等の要求に反するに至っている。しかし、いずれも憲法上要求される合理的期間内における是正がされなかったとはいえず、本件区割基準規定及び本件区割規定が憲法一四条一項等の憲法の規定に違反するとはいえない。

解説　一九九六年の衆議院議員総選挙で小選挙区制に基づく選挙が実施されて以降、本件を除き最高裁大法廷は、二度にわたり、選挙区割りの合憲性につき判断してきた（最大判平成11・11・10民集五三巻八号一七〇四頁、最大判平成19・6・13民集六一巻四号一六一七頁）。これらの判決では、補足意見や反対意見等が多く付されながら、多数意見はいずれも合憲としていた。これに対して本件の多数意見は、従来型の選挙事項法定主義に基づく立法裁量を承認し、数字として現れる「一票の価値の較差」の平等違反の有無につき直接判断しない。にもかかわらず、①投票価値の平等を基調とする選挙制度を採用する限り、一人別枠方式は一貫性のない不合理なものであること、②この方式はかつて一定の消極的な意義はあったものの、時の経過の中で現在ではその意義がなくなったこと、などを理由に「違憲状態」判断をする点が、画期的であった。

▼**評釈**——長谷部恭男・ジュリ1428号、片桐直人・速報判例解説9号、岡田信弘・平23重判（憲法1）等

定数不均衡と参議院の特殊性

46 最大判平成24・10・17民集六六巻一〇号三三五七頁

参議院議員選挙区選挙における議員定数配分規定（公選法一四条、別表第三）の合憲性

事実　二〇一〇年年七月一一日施行の参議院議員通常選挙当時、投票価値について、選挙区間における議員一人あたりの選挙人数の最大較差が一対五・〇〇に達していた。これについて東京都選挙区の選挙人が、公選法の定める議員定数配分規定について憲法一四条一項等に違反し無効であるとして、同選挙区における選挙の無効確認を求めた。

裁判所の見解　上告棄却。議員定数配分規定が憲法に違反するか否かの判断枠組みは、昭和58年（最大判昭和58・4・27民集三七巻三号三四五頁）以降の大法廷諸判決からの変更はない。ただし、平成16年（最大判平成16・1・14民集五八巻一号五六頁）以降の諸判決では、実質的に投票価値の平等の観点から、より厳格に評価されるようになった。両院の組織方法をめぐる憲法の諸規定と投票価値の平等との調和は国会の合理的裁量に委ねられるものの、長年の制度と社会の状況変化の考慮が必要であり、衆参の選挙制度が同質的になってきている点や、参議院の役割の増大、衆議院議員選挙の人口較差をめぐる区割り基準が厳格になったこと等から、参議院でも更なる投票価値の平等の要請に対する十分な配慮が求められている。また「参議院議員の選挙であること自体から、直ちに投票価値の平等の要請が後退してよいと解するべき理由は見出し難い」し、都道府県を選挙区単位とする憲法上の要請もなく、都道府県選挙区制を維持しつつ長年の投票価値の不平等を是正することも困難である。以上の事情等を考慮すると、（平成18年の4増4減の措置後でも）選挙区間における投票価値の不均衡はもはや見逃しえない程度に達し、これを正当化する特別の事情もない違憲状態にある。しかし、仕組み見直しの必要性が指摘されてからわずかで、参議院でも選挙制度改革へ向けた検討等が行われており、本件選挙までの間に定数配分規定を改正しなかったことを直ちに違憲とは断定できない。

解説　本判決の特徴は、参議院の独自性や都道府県単位の選挙制度について一定程度積極的な評価を行ってきたそれまでの諸判決に代え、投票価値の不平等が長年にわたって続いていることを問題視し、制度や社会の変化を理由に「参議院の独自性」といった表現をやめ、都道府県単位の選挙区の見直しを求め始めた点である。また、時間の経過の中で国会がいかにこの問題を扱ってきたのか自体を審査対象とする判断手法は、衆議院議員選挙の一人別枠方式の違憲性について検討した平成23年判決（45判決）のそれにも似ている。

関連条文　憲法一四条一項・一五条・四四条等、公選法一四条・別表第三

▼**評釈**——徳永貴志・百選Ⅱ150、新井誠・平24重判（憲法1）等

定数不均衡改正の合理的期間

47 最大判平成27・11・25民集六九巻七号二〇三五頁

衆議院議員定数配分規定は、憲法一四条一項に違反するか。

事　実　平成二三年判決（45判決）を受けて、旧区画審設置法三条二項の削除と都道府県選挙区数の〇増五減を内容とする①平成二四年改正法が制定された。その後、それを前提に選挙区間の人口較差を二倍未満とするよう十七都県四十二選挙区の区割りを改める②平成二五年改正法が制定された。しかし、平成二六年一二月一四日の衆議院議員総選挙は、①の0増5減の措置を採りつつも、②の区割り変更を行わないまま、実施された。その選挙当日における選挙区間の選挙人数較差は、二・一二九に達していた。この本件定数配分規定は違憲であるとして、選挙人らが選挙無効を提起した。

裁判所の見解　（従前の判例を踏まえ）憲法の選挙権の平等の要求に反する程度に至った場合でも、それで直ちに当該議員定数配分規定が憲法に違反するのではなく、憲法上要求される合理的期間内の是正が行われないときに初めて右規定が憲法に違反する。

本件では、〇増五減の対象県以外の都道府県では旧区割基準に基づく配分定数の見直しをしないまま選挙が実施された。結果、最大較差は二倍を超えたままであることなどを踏まえると、本件選挙時に至るまで、本件選挙で用いられた選挙区割りは「違憲状態」にある。この違憲状態を国会が認識できたのは平成23年判決以降であるが、漸次的見直しを重ねて問題を解決していくことが国会の現実的選択であるとする平成二五年判決（最大判平成25・11・26民集六八巻九号一三六三頁）の趣旨に沿った取組みが進められるなど、本件選挙に至るまでに上記較差を二倍未満にする努力が国会で行われている。そこで本件では、憲法上要求される合理的期間を徒過しておらず、本件議員定数配分規定が憲法一四項一項に反しない。

関連条文　憲法一四条一項、公職選挙法一三条一項、同法別表第一（当時）

解　説　一票の較差をめぐる訴訟で最高裁は、「違憲状態」が生じているか否かの判断をしつつ、その状態が生じていたとしても合理的期間の観点から国会の怠慢につき検討し、最終的に違憲となるか否かの判断を行ってきており、本判決もその姿勢を踏襲する。もっとも本判決は、この「合理的期間内における是正がされなかったと言えるか否か」については「単に期間の長短のみならず」、「諸般の事情を総合考慮して」その相当性を判断するとしている。そうなると、いかなる期間を徒過しようとも、「国会における是正の実現に向けた取組」（本判決）が少しでもされると（是正がされなくとも）「合理的期間内」であるとの判断が示される可能性が閉じられておらず、この枠組みを踏襲する限り、「違憲状態」判決から「違憲」判決へと進む場面が縮減されることも考えられる。

▼**評釈**——只野雅人・百選Ⅱ149、浅野博宣・判プラ303等

48 衆議院小選挙区比例代表並立制の合憲性

①最大判平成11・11・10民集五三巻八号一五七七頁、②最大判同日同一七〇四頁　関連条文　憲法一四条一項・一五条三項等、公選法

公選法が衆議院議員選挙において採用する重複立候補制についての合憲性（①判決）。公職選挙法が衆議院議員選挙において採用する小選挙区制の合憲性（②判決）。

事　実　選挙人は、改正公選法の衆議院議員選挙の仕組みに関する規定が憲法に違反し無効であるから、これに依拠する二〇〇六年一〇月二〇日施行の衆議院議員総選挙のうち、①の訴訟では、東京都選挙区における比例代表選挙が無効であると、②の訴訟では、同総選挙のうち東京都第五区における小選挙区選挙が無効であると主張され、それぞれ提起された選挙無効訴訟である。

裁判所の見解　（①判決）選挙制度の仕組みの具体的決定は国会の広い裁量に委ねられ、同時に行われる二つの選挙に同一の候補者が重複して立候補することを認めるか否かは、国会が裁量で決定できる。また政策本位、政党本位の選挙制度というべき比例代表選挙と小選挙区選挙とに重複して立候補できる者が候補者届出政党の要件と衆議院名簿届出政党等の要件の両方を充足する政党等に所属する者に限定されることには相応の合理性が認められ、不当に立候補の自由や選挙権の行使を制限するとはいえず、国会の裁量権の限界を超えるとは解されない。

（②判決）小選挙区制は、特定の政党等のみに有利な制度とはいえないことに加え、小選挙区制の下では死票が多い可能性があるとしても、各選挙区の最高得票者を当選人とすることが選挙人の総意を示していないとはいえない。小選挙区制は、選挙を通じて国民の総意を議席に反映させる一つの合理的方法といえ、これによる選出議員が「全国民の代表」という性格と矛盾抵触することはなく、小選挙区制の採用が、国会の裁量の限界を超えるとはいえず、憲法に違反しない。

解　説　本件①判決の原因となる重複立候補制は、既成政党に所属する候補者に有利になることにつき、制度導入当初から問題が指摘されていた。これにつき最高裁は、選挙制度設定における国会の裁量権を大前提にしつつ、政策本位、政党本位を理由に、重複立候補制を合理化する。しかし、政策本位と政党本位とは別個の性質を持ち、少なくとも政策本位の観点からの政党へのインセンティブは正当化されない。

他方、小選挙区制については、少数代表が排除されることの不当性が指摘されることもあるが、民意の表出手法には様々であり、憲法がそのうちの一つを一義的に正しいものと認定することは難しい。そこで、本件②判決については、必ずしも不合理とはいえないであろう。

▼**評釈**——植松健一・百選Ⅱ152、辻村みよ子・ジュリ1176号、浅野博宣・判プラ302等

参議院非拘束名簿式比例代表制の合憲性

49 最大判平成16・1・14民集五八巻一号一頁

参議院議員選挙における非拘束名簿式比例代表制は、憲法一五条、四三条一項に違反するか。

事実　二〇〇〇年の公職選挙法改正では、参議院議員選挙に非拘束名簿式比例代表制が導入された。この制度について選挙人らは、①選挙人の投票意思が代表者選出に忠実に反映しないことから選挙権を保障する憲法一五条に反し、②選挙人の投票意思が自己の当選させたくない個人名や政党名を記載した投票者の投票意思のために用いられることから直接選挙を保障する憲法四三条一項に反する、などとして二〇〇一年七月二九日実施の参議院議員選挙のうち比例代表選出議員の選挙無効を主張して出訴した。

裁判所の見解　議会制民主主義を支える不可欠な要素である政党を媒体にして国民の政治意思を国政に反映させる名簿式比例代表制を採用することは国会の裁量の範囲内である。この名簿式比例代表制は、政党の選択という意味を持たない投票を認めない政党本位の制度であることから、非拘束名簿式の場合に、参議院名簿登載者個人には投票したいが、その者の所属する参議院名簿届出政党等には投票したくないという投票意思が認められないことをもって、直ちに憲法一五条に違反するとまではいえない。また当該制度での当選者決定方式が、投票の結果すなわち選挙人の総意により当選人が決定される点で、選挙人が候補者個人を直接選択して投票する方式と異なるところはないことからも、直接選挙原則に反するとはいえず、憲法四三条一項に違反しない。

解説　本判決は、参議院議員選挙に導入された非拘束名簿式比例代表制の合憲性をめぐる最高裁による初の判断であった。本件では、投票の全てが名簿届出政党への投票と評価されてしまうことから、「名簿登載者個人には投票したいが、所属政党には投票したくない」といった選挙人の「真意」が歪められるといった懸念が示された。しかし、政党を前提とした制度設計の下で人々が諸々の事項を勘案して投票する以上、裁判所が非拘束名簿式を明らかに民意から逸脱した制度と認定するのは難しい。また直接選挙原則をめぐっては、反対概念となる間接選挙が憲法上禁止されるか否か自体、参議院の場合、特に議論される。そこで禁止説にたつとしても、本件非拘束名簿式では、通常想像される間接選挙とは異なり、普通選挙の下に有権者が議員選出選挙の選挙人として投票し、その総意で当選人を確定する点で、選挙人以外の第三者の意思は介入しておらず、直ちに直接選挙違反ともいいづらいのではないか。最高裁の判断は、それらを考慮した判断であったと思われる。

▼**評釈**――林知更・百選Ⅱ154、寺島壽一・平16重判（憲法4）、新井誠・法セ594号等

関連条文　憲法一五条・四三条一項、公選法四六条・八六条の三・九五条の三

政党からの除名と繰上補充の順位喪失

50 最1判平成7・5・25民集四九巻五号一二七九頁

裁判所は政党の除名処分の無効について審査できるか。

事実　Xは、一九九二年参議院議員（比例）選挙で落選した後、所属政党から除名された。翌年、名簿順位一位、二位の者が参議院議員を辞し衆議院選挙に立候補し、Xよりも下位の者が繰上当選とされた。Xは除名の無効を理由として、繰上当選人とされた者の当選無効を求め訴訟提起し、一審が認容したので、中央選挙管理会が上告した。

裁判所の見解　原判決破棄、Xの請求棄却。法が名簿届出政党等による名簿登載者の除名について選挙長ないし選挙会の審査の対象を形式的事項に限定するのは、政治結社の内部的自律権を尊重すべきだという趣旨であり、当選訴訟において、名簿届出政党から名簿登載者の除名届が提出されているのに、除名の存否ないし効力という政党の内部的自律権に属する事項を審理対象とすることは、立法の趣旨に反する。名簿届出政党等による名簿登載者の除名が不存在又は無効であることは、除名届が適法にされている限り、当選訴訟における当選無効の原因にならない。

解説　公選法九八条三項は、比例代表選挙に関して、名簿登載者が選挙後に除名等で党籍を失った場合には当選人になれないと規定する。そこで、裁判所が除名の不存在または無効を審査できるかが問題となる。最高裁は、政党本位の拘束名簿式比例代表制を採用したのは、議会制民主主義における政党の役割重視によるとして、政党には高度の自主性と自律性を与えて自主的に組織運営できる自由が保障されなければならないので、除名の当否も政党の自律的解決に委ねられ、選挙会の実質的審査は行政権の介入となり妥当でない、選挙会の決定が適法であれば、裁判所はそれ以外の事由に基づき当選決定を無効にしてはならないという立場に立つ。これは政党の内部自治と司法審査に関する先例である昭和63・12・20判決（203判決）に従うものである。他方、原審は、除名が国会議員選定の最も重要な一部に関わり、公的性質を有し、政党の内部事項にとどまらないとし、選挙秩序の維持・実現から、投票後の名簿登載者の除名は、民主的かつ公正な適正手続を遵守すべきだとして、遵守しないでされた除名は無効と解する。よって、選挙会の判断が誤っていなくても、当選人決定の有効性を裁判所が審査しうるとする。関連して、国民による直接選挙が憲法原則ならば、政党が選挙後に当選人決定に変更を加えられる現行制度は憲法上問題だとして、一般市民法秩序と無関係な内部的問題ではないという見解がある。

関連条文　憲法二一条・七六条、公選法九八条二項・三項・一一二条二項

▼**評釈**——高橋和之・平6重判（憲法7）、植村勝慶・平7重判（憲法7）、勝山教子・百選Ⅱ155

事前運動の禁止

51　最大判昭和44・4・23刑集二三巻四号二三五頁

公選法一二九条（事前運動禁止）は憲法二一条に違反するか。

事　実　Yが、新宿区議会議員選挙に際し、立候補届出前及び選挙運動期間中に、選挙人である知人の家を戸々訪問し、自己への投票を依頼し、選挙運動文書を配布したところ、公選法一二九条、一三八条、一四二条違反で起訴された。一審、二審はYを有罪としたので、Yは上告した。

裁判所の見解　上告棄却。①公選法一三八条及び一四二条が憲法二一条に違反しないことは当裁判所大法廷判決から明らかである。②常時選挙運動を行なうと不当、無用な競争を招き、不正行為の発生等により選挙の公正を害するおそれがあり、徒らに経費や労力がかさみ、経済力の差による不公平が生じ、ひいては選挙の腐敗をも招来するおそれがある。こうした弊害を防止して、選挙の公正を確保するには、選挙運動期間を限定し、かつ、その始期を一定して、各候補者が同一の条件の下に選挙運動に従事する必要がある。公選法一二九条は、右の要請に応える趣旨で、選挙の公正を保障することは、共の福祉を維持する所以であるから、表現の自由に対し許された必要かつ合理的な制限で、憲法二一条に違反しない。

解　説　解説は②公選法一二九条に限定する（①については、52判決及び54判決参照）。同条は、各選挙につき候補者の届出または名簿の届出のあった日から当該選挙の期日の前日までしか選挙運動ができないと定め、選挙運動期間以前の選挙運動（事前運動）を処罰する（同法二三九条一項一号）。本判決で、最高裁は公選法一二九条の合憲性について初めて判断した。最高裁は、常時選挙運動を行うと、①不当、無用な競争を招き、不正行為が発生し、②経費、労力がかさみ、経済力の差による不公平、選挙の腐敗を招来するので、選挙の公正が害されるとして、このような弊害防止が同条の趣旨であり、「必要かつ合理的な制限」として許されるとする。本判決はその後も援用されている（最3判平成14・9・10判時一七九九号一七四頁）。他方、多くの学説が、事前運動の合憲性に以下の疑問を提起する。①選挙運動の自由に対する規制の憲法適合性審査は、「必要最小限度」の基準または「より制限的でない他の選びうる手段」の基準を用いるべきである。②最高裁のいう弊害は合理的な立法事実に支えられていない（事前運動禁止は現職議員に有利に働く。実際に最も費用がかかるのは日常的政治活動で、政治献金規制を含めた法定選挙費用の問題として総合的に考えるべき）、③そもそも政治活動と事前運動との区別は困難である（区別が曖昧なまま規制を行うと取締りの恣意が働きやすい一方、萎縮効果が働く）、④情報受領期間が極端に制限され市民の政治的判断を阻害する。

関連条文　憲法二一条、公選法一二九条・一三八条・一四二条

▼**評釈**――越路正巳・百選Ⅱ（四版）162、榎透・百選Ⅱ（五版）169

選挙運動期間における文書図画頒布等の制限

52 最大判昭和30・3・30刑集九巻三号六三五頁

関連条文　憲法二一条、公選法一四六条

公選法一四六条は憲法二一条に違反するか。

事実　A労組書記長Yが、衆議院議員総選挙に際し、選挙運動期間中に、総評やA労組がB・C両候補者を推薦決定したという記事を掲載した労組機関紙を組合員らに配布し、公選法一四六条違反で起訴された。一審は、頒布禁止を免れる行為としてなしたという点につき犯罪の証明がないとして無罪としたが、二審は有罪とし、被告人が上告した。

裁判所の見解　憲法二一条は言論出版等の自由を絶対無制限に保障するものではなく、公共の福祉のため必要ある場合には、その時、所、方法等につき合理的制限があることは、当裁判所の判例である（昭和25・9・27大法廷判決参照）。公選法一四六条は、公職選挙につき文書図画の無制限の頒布、掲示を認めるときは、選挙運動に不当の競争を招き、選挙の自由公正を害し、その公明を保持し難い結果を来たすおそれがあると認めて、かかる弊害を防止するため、選挙運動期間中に限り、文書図画の頒布等につき規制をしたのであって、この程度の規制は、公共の福祉のため憲法上許された必要かつ合理的な制限である。

解説　本判決は、戸別訪問を合憲とした昭和25・9・27大法廷判決に依拠して、公選法一四六条は合憲とする。昭和二五年判決は、公共の福祉のために時、所、方法等については合理的制限が存するから、戸別訪問禁止が認められるとするだけで、戸別訪問が合理的制限に該当するかの検討がなされないのに対して、本判決は、無制限の頒布、掲示は選挙運動の無用の競争を招き、選挙の自由公正を害するとして、弊害防止のための一定の規制は必要かつ合理的制限であるとし、弊害の内容を示し、弊害防止のために必要かつ合理的制限であるから合憲だと判示した。その後も、文書頒布制限を争う裁判において、本判決は参照されてきた。学説は、民主主義に関わる選挙運動の重要性から、より厳格な審査基準で判断すべきであると批判し、弊害を立証する立法事実が存在するのか疑問視する。この点で、昭和57・3・23最高裁判決伊藤補足意見は、厳格な基準が適用されれば、文書図画による選挙運動へのきびしい制限は憲法に反する疑いが強くなるが、国会が選挙運動のルールを定める場合には、厳格な基準は適用されず、そのルールが合理的と考えられないような特段の事情のない限り、国会の定めるところが尊重され、公選法一四二条一項（改正前）の制限は、立法の裁量権の範囲を逸脱し憲法に違反するとはいえないと述べた。これは、昭和56・7・21日判決（根拠として憲法四七条に言及）と同旨である（54判決参照）。

▼**評釈**——上脇博之・百選Ⅱ156

選挙に関する報道・論評の規制

53 最1判昭和54・12・20刑集三三巻七号一〇七四頁

公職選挙法一四八条三項一号イが憲法二一条に違反しないか。

事実　公選法二〇一条の一四所定の機関紙ではなく、毎月三回以上、号を逐って定期的に有償頒布していない新聞紙Aの発行者Yが、県議会議員選挙に際し、立候補者の得票数予想や立候補者Bの批評をしたA号外を編集印刷したので、同法一四八条三項違反とされ、同法二三五条の二第二号に基づき起訴された。一審・二審とも有罪とし、Yが上告した。

裁判所の見解　公選法（昭和五〇年法律第六三号による改正前）一四八条三項は、選挙目当ての新聞紙等が選挙の公正を害し特定の候補者と結びつく弊害を除去するための規定で、脱法行為を防止する趣旨である。右の立法趣旨からすると、同法二三五条の二第二号のいう選挙に関する「報道又は評論」とは、当該選挙に関する一切の報道・評論ではなく、特定の候補者の得票につき有利または不利に働くおそれがある報道・評論をいう。構成要件に形式的に該当しても、真に公正な報道・評論であれば違法性が阻却される（刑法三五条）。右のように解する以上、同法一四八条三項一号イの「新聞紙にあつては毎月三回以上」は憲法二一条に違反しない。

解説　公選法は、新聞紙・雑誌が選挙に関する報道及び評論を掲載する自由を認め（一四八条一項、なお但書参照）、新聞紙・雑誌の販売業者は、新聞または雑誌を通常の方法で頒布しまたは都道府県選挙管理委員会の指定する場所に掲示できる（同二項）。しかし、特定候補者のための選挙運動を行う泡沫新聞が増加し、一九五二年法改正が行われ、掲載の自由が認められる「新聞紙又は雑誌」に条件を設けた（一四八条三項）。本件Aは「新聞紙にあっては毎月三回以上」定期に有償配布するものに該当しないため処罰対象となった（二三五条の二第二号）。立法趣旨は認められるとしても、手段として、記事の内容を問わず新聞紙の発行状況に基づく一律禁止は過度の規制ではないか問題である。選挙情報の提供は、主権者国民の判断資料を提供する点で民主主義の根幹に関わる重要なものであることから、制限的でない他の選びうる手段の有無が検討されるべきである。本判決の合憲限定解釈については、評価する見解も存在するが、疑問も提起されている。特定の候補者の得票に有利または不利に働くおそれがあるが真に公正な報道・評論とはいかなるものか、仮にそれが想定できるとしても一四八条一項但書とどういう関係にあるのか、限定解釈をすると一四八条一項との関係で三項の存在意義があるのか、一四八条三項の過度に広汎な規制は選挙に関わる表現活動に委縮効果を及ぼすのではないか等である。

関連条文　憲法二一条、公選法一四八条三項・二三五条の二第二号

▼**評釈**——木下智史・メ百89、山本浩三・マスコミ百選（二版）75、上脇博之・百選Ⅱ（五版）171

戸別訪問の禁止

54 最3判昭和56・7・21刑集三五巻五号五六八頁

公職選挙法一三八条一項は憲法二一条に違反しないか。

事実 Yが、一九七四年施行立川市議会議員一般選挙に際し、自己の投票を得る目的で、立候補届出前に、選挙人の家一一戸を戸々に訪問し、自己への投票を依頼したところ、公選法一三八条一項等に該当するとして起訴された。一審、二審は有罪としたので、Yは上告した。

裁判所の見解 上告棄却。公選法一三八条が憲法二一条に違反しないことは「当裁判所の判例（昭和四三年（あ）第二二六五号同四四年四月二三日大法廷判決・刑集二三巻四号二三五頁）の趣旨に徴し明らかであるから、所論は理由がなく（最高裁昭和五五年（あ）第八七四号同五六年六月一五日第二小法廷判決参照）」、Yの主張は単なる法令違反の主張で、適法な上告理由にあたらない。伊藤補足意見がある。

解説 公選法は、選挙運動について、欧米の議会制民主主義国では例をみない広範多様な制限（51・52判決及び国連自由権規約委員会勧告参照）を有し、一九二五年衆議院議員選挙法改正以来の規制枠組を継承する。昭和25・9・27大法廷合憲判決に対して下級審で違憲判決が登場し、昭和44・4・23大法廷合憲判決で一旦沈静化したが、再び違憲判決が登場し始め、昭和56・6・15大法廷合憲判決は、①戸別訪問の禁止は意見表明そのものの制約を目的とせず、意見表明の手段方法のもたらす弊害を防止し、目的は正当、②戸別訪問一律禁止と禁止目的との間に合理的関連性がある、③戸別訪問の禁止によって失われる利益は、単に手段方法の禁止に伴う限度での間接的、付随的な制約にすぎない反面、禁止により得られる利益は、選挙の自由と公正の確保で、得られる利益は失われる利益に比してはるかに大きい、④公選法一三八条一項は、合理的で必要やむをえない限度を超えず、憲法二一条に違反しないと、昭和44年判決を維持した（①〜③は猿払事件判決に依拠）。

本判決多数意見は昭和44年及び同56年判決を参照するもので、①間接的付随的制約としても、憲法二一条の合憲性判断基準として緩やかすぎる。②政治的表現の自由が最も強く要請される選挙においてすぐれた価値をもつ戸別訪問が禁止されることによって失われる利益は大きい（伊藤補足意見参照）という従前の批判が当てはまる。他方、伊藤補足意見は、選挙はあらゆる言論が必要最少限度の制約のもとに自由に競いあう場ではなく、選挙の公正を確保するために候補者は定められたルールに従って運動し、そのルールの内容は立法政策に広く委ねられるとする「選挙のルール論」によって合憲性を説明する。これに対しても学説からの批判（評釈参照）が存在する。

関連条文 憲法二一条、公選法一三八条一項

▼**評釈**——吉田善明・昭56重判（憲法5）、横大道聡・百選Ⅱ158

政見放送内容の変更

55 最3判平成2・4・17民集四四巻三号五四七頁

①日本放送協会が公選法一五〇条の二違反の部分の音声を削除して放送した行為は、不法行為にあたるか。②本件削除行為は検閲にあたるか。

事実　一九八三年実施参議院（比例）議員選挙の候補者X_1は、日本放送協会の放送設備においてX_1の所属政党であるX_2の政見の録画を行ったが、日本放送協会は、身体障害者に対する差別的表現となる部分の音声を削除して放送した。そこで、X_1は、削除行為は公選法一五〇条一項に違反し、政見をそのまま放送される権利を侵害する不法行為であると主張して損害賠償を請求した。一審は請求を一部認容したが、二審は、右削除部分は社会通念上政見放送として不相当であり、本件削除は緊急避難的措置として、違法性を欠くとして、原判決中第一審被告敗訴部分を取り消したので、Xらは上告した。

裁判所の見解　上告棄却。①政見放送において身体障害者に対する差別用語を使用した発言部分が公職選挙法一五〇条の二に違反する場合、右部分がそのまま放送されなくても、不法行為法上、法的利益の侵害はない。②日本放送協会は、行政機関ではなく、自治省行政局選挙部長に対しその見解を照会したとはいえ、自らの判断で本件削除部分の音声を削除してテレビジョン放送をしたので、検閲にあたらない。

解説　関連条文　憲法二一条、公選法一五〇条一項

①本判決は、公選法一五〇条の二で禁止された品位を損なう言動がそのまま放送される利益は、法的に保護された利益とはいえないので、そのまま放送されなかったとしても不法行為法上の法的利益の侵害があったとはいえないとして、不法行為の成立を否定し、一審・二審の争点であった、本件削除行為が公選法一五〇条一項に違反するかについては触れなかった。しかし、園部補足意見は、一般論として、候補者の政見は、いかなる内容のものであれ、政見である限り、日本放送協会等によりその録音又は録画を放送前に削除し又は修正することは、法一五〇条一項後段の規定に違反する行為であると述べた。政見放送としての品位の保持を候補者自身の良識に基づく自律に任せる一方、日本放送協会及び一般放送事業者の介入を禁止するのが公選法の枠組であり、政治上の表現の自由は民主政治の根幹であることから一般的に政見放送の事前抑制を認めるべきではないとする点で表現の自由の尊重にかなう一方、放送事業者を政見放送から生じうる法的責任から解放することができる（緊急避難的措置として例外的に事前抑制を認めることは、日本放送協会に過大な法的・社会的責任を負わせ妥当でない）。②検閲の要件については、税関検査事件（最大判昭和59・12・12＝111判決）に依拠する。

▼**評釈**――尾吹善人・平2重判（憲法5）、篠原永明・百選Ⅱ157、齊藤愛・メ百100

連座制

56 最1判平成9・3・13民集五一巻三号一四五三頁

拡大連座制は憲法二一条に違反するか。

事　実　Yは県議会議員選挙で当選したが、その選挙運動中、Yの選挙運動の組織的選挙運動管理者らが供応行為（公選法二二一条一項一号）で起訴され刑が確定したため、検察官が同二五一条の三第一項により、Yの当選無効及び立候補禁止の判決を求め、第一審は認容したので、Yは上告した。

裁判所の見解　上告棄却。公選法二五一条の三の規定は、民主主義の根幹をなす公職選挙の公明、適正を厳粛に保持するという極めて重要な法益を実現するためのもので、立法目的は合理的である。規制手段は、連座制の適用範囲に相応の限定を加え、立候補禁止の期間及びその対象となる選挙の範囲を限定し、免責の規定、連座制を免れる方途も設けているので、全体としてみれば、立法目的達成手段として必要かつ合理的であるから、公選法二五一条の三の規定は、憲法前文、一条、一五条、二一条及び三一条に違反しない。

解　説　連座制とは、候補者や立候補予定者と一定の関係を有する者が、悪質な選挙犯罪により有罪判決を受け、判決が確定したとき、候補者らが当該犯罪に関わっていなくても、候補者らの当選無効、立候補禁止という効果を生じさせる制度である。一九二五年の制定以来、たびたび強化されてきた。一九九四年の政治改革による改正の一つが公選法二五一条の三第一項で、連座の対象者を選挙運動の総括主宰者等重要な地位の者から、立候補予定者の親族、候補者及び立候補予定の秘書、組織的選挙運動管理者等に拡大した上、連座制の効果として五年間の立候補禁止を加えた。本判決は新しい連座制の合憲性について初めて判断した。

最高裁は、改正前の連座制に関する先例を参照しつつ、「合理性の基準」により、立法目的は合理的で、規制手段は必要かつ合理的だと判断したが、旧連座制と新連座制との違いゆえに、旧連座制の理由づけに依拠する点には疑問がある。旧連座制の正当化論拠は、犯罪行為が立候補者の当選に影響を与え、また、得票は選挙人の真意に基づくといえないので、当選は公正な選挙結果によるといえず当選無効にできるというものであるが、新連座制が将来の選挙における立候補を禁止する根拠は上記からは出てこない。選挙権および被選挙権を「個人的権利」と解する立場からは、立候補禁止という手段が必要不可欠であり、権利制約の程度が必要最小限度か否かを検討すべきだという批判がある。他方、権利性を前提としつつも、選挙権が選挙制度に本質的に依存関係に立つことを強調すると、選挙制度設計については立法裁量に委ねられることになる。

関連条文　憲法前文・一五条・二一条・三一条、公選法二五一条の三

▼**評釈**――本秀紀・平9重判（憲法10）、山元一・判例セレクト1997（憲法4）、藤野美都子・百選Ⅱ160

謝罪広告の強制と良心の自由

57 最大判昭和31・7・4民集一〇巻七号七八五頁

名誉毀損の回復方法として謝罪広告を新聞に掲載させることは憲法一九条に違反するか。

事実　Yは衆議院選挙に際して行われた政見放送の中でXが収賄を行っているかの印象を与える発言を行ったところ、これがXの名誉を毀損するものとしてYに対し新聞紙等に謝罪広告を掲載することを求める裁判が提起された。第一審、第二審判決ともこの訴えを認めたのでYは謝罪広告の強制は憲法一九条に違反するとして上告した。

裁判所の見解　謝罪広告を新聞紙等に掲載することを命ずることは従来判例学説の肯認するところである。もっとも、謝罪広告を命ずる判決にもその内容上新聞紙に掲載することが謝罪者の意思決定に委ねるのを相当とし、これを命ずる場合の執行も債務者の意思のみに係る不代替作為として間接強制によるを相当とするものもあるべく、時にはこれを強制することが債務者の人格を無視し著しくその名誉を毀損し意思決定の自由ないし良心の自由を不当に制限することになる、いわゆる強制執行に適さない場合に該当することもありうるであろうけれども、単に事態の真相を告白し陳謝の意を表明するにとどまる程度のものにあっては、これが強制執行も代替作為として民訴七三三条（現民執一七一条）の手続によることを得るものといわなければならない。

関連条文　憲法一九条、民法七二三条、民執法一七一条

解説　民法七二三条は名誉毀損に対する回復方法として金銭賠償以外の方法に途を開いている。謝罪広告はこの方法の一つとして古くから認められてきた。しかし、謝罪の意を強制的に表明させることは内心を強制的に告白させることであるから憲法一九条に違反しないのだろうか。またそもそも憲法一九条にいう「思想・良心」には謝罪は含まれるのだろうか。本判決はこの点に正面から答えるのを避け、「単に事態の真相を告白し陳謝の意を表明するにとどまる」ならば憲法一九条には違反しないとの答えを選んだ。謝罪の念が憲法一九条の保護領域に入るかどうかの議論を避け、程度論で謝罪広告の強制も許されるとしたのである。程度論であるから、許される程度と許されない程度が区別される。本判決は「単に事態の真相を告白し陳謝の意を表明する」ことを越えたものは強制に馴染まないと判断したとも読める。一方、田中耕太郎補足意見、栗山裁判官意見は憲法一九条にいう「良心」には謝罪の念は含まれないと論じ、逆に藤田八郎裁判官と垂水裁判官は「謝罪」、「陳謝」が内心の自由において重要な意味を持つ点を指摘して、法廷意見を批判する。だが、法廷意見は「思想・良心」の保護領域を確定することより現実的妥当な結論を探求する途を選んだとも言えよう。

▼評釈——小林良幸・百選Ⅰ33等

内申書の記載事項と思想内容の推知……麹町中学内申書事件

58 最大判昭和63・7・15判時一二八七号六五頁

関連条文　憲法一九条・二一条・二六条等

内申書備考欄に生徒の行動を記載することは当該生徒の思想を侵害するか。

事実　Xは都内の公立中学校に通学していたところ、同校で「校内において麹町中全共闘を名乗り、機関誌『砦』を発行した。学校文化祭粉砕を叫んで他校生と共に校内に乱入し、ビラまきを行った。大学生ML派の集会に参加している。学校側の指導説得を聞かないで、ビラを配ったり、落書きをした」等の行動記録が調査書備考欄に記載されていた。Xは受験した都立及び私立の高校すべてに不合格となったのはこの記載が理由であるとして千代田区及び東京都を相手に国家賠償請求を起こした。

裁判所の見解　これらいずれの記載もXの思想、信条そのものを記載したものでないことは明らかであり、この記載に係る外部的行為によってはXの思想、信条を了知しうるものではないし、またXの思想、信条自体を高等学校の入学者選抜の資料に供したものとは到底解することができない。調査書は学力検査の成績等と共に入学者選抜の資料とされることにかんがみれば、生徒の学力はもちろんその性格、行動に関しても、それを把握し得る客観的事実を公正に調査書に記載すべきであって、本件調査書の備考欄等の記載も客観的事実を記載したものであることは原判決の適法に確定したところである。

解説　学校教育法施行規則七八条は中学校校長が生徒の進学先高等学校に対して調査書を提出することを義務付けている。この調査書には必修科目の履修状況や授業日数と出欠状況あるいは生徒の在籍時における活動状況等が記載されることになっているのが通常である。この点、判決は「外部行為」あるいは「客観的事実」に関する記述と「生徒個人の内心にかかわる記述」の記述を区別し、本件記載は前者に分類されると考えた。それゆえに、高校側が入学者選抜の資料として用いたのはその「外部行為」もしくは「客観的事実」であって、「思想、信条自体」ではないとの結論が導き出される。つまり、「客観的事実」であれば入学者選抜の材料に使うことも許されるというのが本判決の立場である。この論理からすれば、高校側が合否判定の資料にしたのはXに関する「客観的事実」でしかないこと、そして「客観的事実」を合否判定に用いることは違法ではないとの結論が導き出される。多くの学説はこの「客観的事実」と「思想、信条自体」二分論に対して批判的である。しかし、この二分論は一連の「君が代裁判」における「間接影響理論」と同じ構造をもつものとして思想信条の自由に対する制限を正当化し続けている。

▼**評釈**――小島慎司・百選Ⅰ34

強制加入団体による政治献金……南九州税理士会事件

59 最3判平成8・3・19民集五〇巻三号六一五頁

関連条文　憲法一九条・二一条一項、民法四三条（現三四条）

強制加入団体は政治献金を行うことができるか。献金の原資を会員から強制的に徴収できるか。

事実　強制加入の公益法人である南九州税理士会は税理士法改正運動の活動資金に充てるため政治資金規正法上の団体である税理士政治連盟に政治献金をすること、およびその資金を特別会費として会員から強制的に徴収することを決議した。これに対して政治献金に反対する会員らが特別会費の納入を拒否したため、会則により会の役員選挙権・被選挙権停止処分が行われた。この会員らはこの決議が無効であること、特別会費の納入義務は会員の思想・良心の自由を侵害するものであることを主張して訴えを提起した。

裁判所の見解　税理士会は、会社とはその性格を異にする法人であって、その目的の範囲については会社と同一に扱うことはできない。税理士会の目的は、会則の定めをまたず、あらかじめ法において直接具体的に定められている。税理士会は、その目的の範囲についても、これを会社のような広範なものと解するならば、法の要請する公的な目的の達成を阻害して法の趣旨を没却する結果となることが明らかである。法が税理士会を強制加入の法人としている以上、その構成員である会員には、様々の思想・信条および主義・主張を有する者が存在することが当然に予定されている。従って、税理士会が意思に基づいてする活動にも、そのために会員に要請される協力義務にも自ずから限界がある。特に政党などの政治団体に対して金員の寄付をするかどうかは、選挙における投票の自由と表裏をなすものとして、会員各人が市民としての個人的な政治的思想、見解、判断等に基づいて自主的に決定すべき事柄であるというべきである。

解説　本判決は、強制加入の公益法人の政治活動とその会員への強制に関するリーディングケースである。判決は、税理士会のような強制加入の公益法人では目的の範囲を狭く解釈すること、そして、政治献金のような活動については、会員に協力義務を課すことができないことを明らかにした。この場合、政治献金は税理士会の目的の範囲外であり無効とすることでXらの協力義務を否定すれば十分であったが、判決は一歩進んで、政治献金のような活動は、個々人が自主的に判断すべき事柄であるとの観点から、その協力義務も否定した。このような解釈を突き詰めると、税理士会のような強制加入の公益法人は、政治献金を行う決議をすること自体が無効となる。仮に、会員の全員一致で特定政治団体への献金決議が行われたとしても、その決議には法的効力が認められない。本判決の意義はこのような厳格解釈にあるといえよう。

▼**評釈**――二本柳高信・百選Ⅰ36

強制加入団体による災害復興支援金の寄付……群馬司法書士会事件

60　最1判平成14・4・25判時一七八五号三一頁

関連条文　憲法一九条、民法四三条（現三四条）

司法書士会は友会の復興支援にあてるための寄付金を会員から強制徴収できるか。

事実　強制加入の公益法人である司法書士会（Y）が阪神淡路大震災で被災した他県の司法書士会（A）に対して「復興支援拠出金」を送金することを総会で決議し、そのための資金を会員から登記一件あたり五〇円強制徴収することとした。これに対してYの会員であるXらがかかる決議の無効を主張して、同決議に基づく債務の不存在確認を求めた。

裁判所の見解　本件拠出金は、被災したAの個人的ないし物理的被害に対する直接的な金銭補填または見舞金という趣旨のものではなく、経済的支援を通じて司法書士の業務の円滑な遂行による公的機能の回復に資することを目的とする趣旨のものであったというのである。司法書士会は、司法書士の品位を保持し、その業務の改善を図るため、会員の指導及び連絡に関する事務を行うことを目的とするものであるが、その目的を遂行する上で直接または間接に必要な範囲で、他の司法書士会との間で業務その他について提携、協力、援助等をすることもその活動範囲に含まれるというべきである。そして、三〇〇〇万円という本件拠出金の額については、それがやや多額にすぎるのではないかという見方があり得るにしても、その金額の大きさをもって直ちに本件拠出金の寄付が被上告人の目的の範囲を逸脱するものとまでいうことはできない。従って、Aに本件拠出金を寄付することは、Yの権利能力の範囲内にあるというべきである。Yは、本件拠出金の調達方法についても、それが公序良俗に反するなど会員の協力義務を否定すべき特段の事情がある場合を除き、多数決原理に基づき自ら決定することができるものというべきである。

解説　南九州税理士会判決では、税理士会の目的の範囲は狭く解釈されていたが、本判決は、このような厳格解釈を拒絶した。また、本判決は司法書士会の支出行為を道義的な見地からの資金援助とはとらえなかった。そうなると司法書士会の目的の範囲を超える危険性が生じるからである。つまり、本判決の結論は、司法書士会の支出行為を他会や他会所属の司法書士に対する「経済的支援を通じて司法書士の業務の円滑な遂行による公的機能の回復に資することを目的とする趣旨」のものととらえた上で、これを比較的緩やかな目的解釈で支えることで導き出されている。これに対して、深沢武久裁判官は本件支出が高額に上るという点から、横尾和子裁判官は本件支出行為が見舞金の性格をもつものであるという点から反対意見を述べている。学説の評価は分かれるが、目的の範囲の解釈については民法学説からの批判も強い。

▼評釈――古野豊秋・平14重判（憲法2）

自治会費名目による募金の強制徴収の可否

61 大阪高判平成19・8・24判時一九九二号七二頁

関連条文　憲法一九条、地自法二六〇条の二

地方自治法上の地縁団体は赤い羽根共同募金等への寄付金を強制的に徴収できるか。

事　実　地方自治法二六〇条の二に規定される地縁団体Yは二〇〇六年三月開催の定時総会において自治会費を二〇〇〇円増額し、その全額を赤い羽根共同募金等に寄付する旨の決議を行った。これに対してYの区域内に住所を有するXが当該議決は本来任意で行われるべき寄付を強制するものであり、Xらの思想信条の自由を侵害する無効なものであると主張した。

裁判所の見解　募金及び寄付金は、その性格からして、本来これを受け取る団体等やその使途いかんを問わず、すべて任意に行われるべきものであり、何人もこれを強制されるべきものではない。従って、その支払いを事実上強制するような場合には、思想、信条の自由の侵害の問題が生じうる。もっとも、思想、信条の自由について規定する憲法一九条は、私人間の問題に当然適用されるものとは解されないが、上記事実上の強制の態様等からして、これが社会的に許容される限度を超えるときは、思想、信条の自由を侵害するものとして、民法九〇条の公序良俗違反としてその効力を否定される場合があるというべきである。Yは強制加入団体ではないものの対象区域内の全世帯の約八八・六%が加入する団体であり、会員の脱会の自由が事実上強制されているものといわざるをえない。そうすると、本件決議に基づく増額会費名目の募金及び寄付金の徴収は、一律に事実上の強制をもってなされるものであり、その強制は社会的に許容される限度を超えるものというべきである。従って、本件決議は、Xらの思想、信条の自由を侵害するものであって、公序良俗に反し無効というべきである。

解　説　自治会、町内会のような地縁団体は一定の手続を踏むことで法人格を有する「地縁団体」としての認可を受けることができる（地自法二六〇条の二）。この地縁団体は行政機関ではないが、一種の公共機能を果たすものとして、民主的運営や住民への平等取り扱いの原則が求められる。地縁団体は、強制加入団体ではないが、判決は、脱会による不利益からすると実質上脱会の自由が制限されていると判断した。その上で、多様な思想の持ち主に対する配慮を求めている。この論理は国労広島地区本部事件最高裁判決に沿ったものである。ところで、本件で問題となった寄付は政治献金ではない。また復興支援金という微妙な性格を有する支出でもない。実質上の強制加入団体においては純然たる慈善事業への寄付でも会員の自発的意思に委ねるべきであるとしたところに本判決の意義がある。

▼**評釈**——橋本基弘・判評596号

君が代伴奏職務命令拒否と思想良心の自由

62 最3判平成19・2・27民集六一巻一号二九一頁

君が代を伴奏する旨の職務命令に違反した者を懲戒処分とすることは思想良心の自由を侵害するか。

事実　公立小学校の音楽教師であったXは、Xの勤務する小学校長Yから入学式において君が代の伴奏をする旨の職務命令を受けたがこれに従わなかったところ、地方公務員法三二条および三三条違反として戒告処分を受けた。Xはこの処分はXの思想良心の自由を侵害するものであり違法な処分であるとして取り消しを求めた。

裁判所の見解　学校の儀式的行事において「君が代」の伴奏を拒否することは、Xの歴史観や世界観に基づく選択ではあろうが、一般的にはこれと不可分に結びつくものとはいえず、本件職務命令が、直ちにXの歴史観や世界観それ自体を否定するものではない。「君が代」の伴奏をするという行為自体は、音楽専科の教諭等にとって通常想定されるものであって、上記伴奏を行う教諭等が特定の思想を有するということを外部に表明する行為であると評価することは困難である。「すべて公務員は、全体の奉仕者であって、一部の奉仕者ではない。」（憲法一五条二項）と定められているので、上司の職務上の命令には従わなければならない。学校教育法では、小学校教育の目標として、「郷土及び国家の現状と伝統について、正しい理解に導き……」と規定され、学習指導要領では、「国歌を斉唱するよう指導するものとする。」と定められていることから、この職務命令の目的・内容が不合理であるとはいえない。従って、この職務命令がXの思想・良心の自由を侵害するものとはいえない（藤田裁判官の反対意見がある）。

関連条文　憲法一五条二項・一九条、地公法三二条・三三条

解説　本判決が採用した論理はいささか難解であるが、ポイントは次の点にある。すなわち、Xが「君が代」の伴奏を拒否することがその思想と結びつくことを認めつつ、伴奏を強制してもそのことがXの思想を「直ちに」否定するものではないという点である。伴奏を拒絶する根底にある思想は認めるが、伴奏を強制してもその思想自体を否定するわけではないというわけである。これは、後の君が代裁判における「間接的影響」論に結びつく。これに対して藤田裁判官反対意見は、本件のポイントを「入学式においてピアノ伴奏をすることは、自らの信条に照らしXにとって極めて苦痛なことであり、それにもかかわらずこれを強制することが許されるかどうか」という点にあると指摘する。本件多数意見に従うなら、およそ思想信条の自由を侵害するような国家行為は想定しがたくなる。藤田裁判官反対意見にあるように、本件の真の争点は、個人の信条と強制される行為の間でどこまでの葛藤を強いることができるのかであったというべきであろう。

▼評釈——渡辺康行・ひろば61巻1号

君が代に対する起立斉唱の強制と憲法一九条

63 最2判平成23・5・30民集六五巻四号一七八〇頁

関連条文　憲法一九条

教員に対して君が代の規律斉唱を強制することは思想良心の自由を侵害しないか。

事実　公立高校の卒業式において、起立して君が代を斉唱すべき旨の職務命令に違反した教諭が、非常勤の嘱託職員採用試験において不合格とされたため、職務命令が憲法一九条に違反するとして損害賠償を求めた事例。

裁判所の見解　上告棄却。国旗としての「日の丸」の掲揚及び国歌としての「君が代」の斉唱は、慣例上の儀礼的所作としての性質を有するものであり、上告人の歴史観ないし世界観を否定することと不可分に結び付くものとはいえず、本件職務命令は、上告人の歴史観ないし世界観それ自体を否定するものということはできない。また、特定の思想を持つことを強制したり、これに反する思想を持つことを禁止したりするものではなく、特定の思想の有無について告白することを強要するものということもできないから、個人の思想及び良心の自由を直ちに制約するものと認めることはできない。もっとも、「日の丸」や「君が代」に対して敬意を表明することには応じ難いと考える者が、これらに対する敬意の要素を含む行為を求められることは、個人の歴史観ないし世界観に由来する行動（敬意の表明の拒否）と異なる外部的行為（敬意の表明の要素を含む行為）を求められることとなり、その限りにおいて、その者の思想及び良心の自由についての間接的な制約となる面があることは否定しがたい。このような間接的な制約が許容されるか否かは、職務命令の目的及び内容並びに上記の制限を介して生じる制約の態様を総合的に較量して、当該職務命令に上記の制約を許容し得る程度の必要性及び合理性が認められるか否かという観点から判断するのが相当である。

解説　本判決の結論は、思想良心の外部的行為に対する間接的な制約は利益衡量によってその合憲性を審査すると整理することができる。ピアノ伴奏事件は「君が代」の伴奏拒否が歴史観、世界観と結びつくものではないとしたが、本判決は起立斉唱行為を求める職務命令が「間接的な制約」になることを認めている。しかし、本判決によると「内部行為－外部行為」と「直接的制約－間接的制約」の組み合わせのうち、絶対的な自由と認められてきた思想良心の自由の保護範囲は、内部的行為に対する直接的制約に限定されることになりはしないか。本件事例のポイントは、起立斉唱を拒むことによって自己の内心を制裁をもって強制的に表明させられることが嫌なら職務命令に従えという「踏み絵」に近い構図にあったのではなかろうか。

▼**評釈**――戸波江二・平23重判（憲法6）

加持祈祷治療による傷害致死

64 最大判昭和38・5・15刑集一七巻四号三〇二頁

関連条文　憲法二〇条、刑法二〇五条

宗教上の加持祈祷によって人を死に至らしめた行為に対して刑事罰を科すことは信教の自由を違憲に侵害するか。

事　実　僧侶である被告人Xは、被害者Aの母親等の依頼で、異常な言動を示すようになったというAの治療を目的として、護摩を焚くなどの加持祈祷行為を行ったところ、Aは火傷のショック等が原因で死亡した。Xは傷害致死罪で起訴され、第一審・第二審ともに有罪とされた。Xが上告。

裁判所の見解　上告棄却。憲法二〇条一項、二項は信教の自由を保障しているが、およそ基本的人権は濫用してはならず、公共の福祉に反しない限りで尊重される（一二条、一三条）ものであって、絶対無制約ではない。本件では、Xの行為の動機、手段、方法及び暴行の程度などは、医療上一般に承認された治療行為とは到底認められず、それ故Xの行為は違法な有形力の行使にあたり、著しく反社会的なものである。これは憲法二〇条一項の信教の自由の保障の限界を逸脱しており、これを処罰することは憲法に違反しない。

解　説　日本国憲法による信教の自由の保障は欧米にその起源を持つが、ここでは信教の自由は、それまで国教ないし多数派の宗教のみに認められていた信仰の自由や宗教的行為の自由、宗教的結社の自由などを、少数派の宗教へも拡大していくことで成立した。ここから二つの問題が生じる。第一は信教の自由の保護範囲をどう画定するかであり、とりわけ伝統的に社会的に認められてきた礼拝行為などを超えて、宗教に動機付けられた行為がどの範囲まで保護されるかである。第二はその限界であり、とりわけ特定宗教の抑圧ではなく、諸宗教に対して平等に適用される法による信教の自由の制限について、その正当性をいかに判断するかである。これについて本判決は、憲法は信教の自由を保障しているが、これは公共の福祉によって制約される、との概括的な言明を行うにとどめており、上記の問いのいずれに対しても明確な解答を与えてはいない。具体的には、処罰対象となる行為が、その特質を総合的に判断するに著しく反社会的である、との評価から結論が導かれる。すなわち制約の合憲性を、行為の実質的な要保護性の有無によって判断し、この際にその反社会的性質の有無に照準を合わせる点で、「公共の福祉」論の憲法判断の枠組みとしての特質（とその欠点）を明瞭に示す判決と見ることができる。これに対して、後の65判決では、最高裁は別種の判断枠組みを採用することになる。

▼**評釈**――玉蟲由樹・百選Ⅰ38等

宗教法人の解散命令

65 最1決平成8・1・30民集五〇巻一号一九九頁

毒ガスによる大量殺人に関与した宗教法人に対する解散命令は、信者の信教の自由を違憲に侵害するか。

事実　宗教法人Yの役員らは、毒ガスによる大量殺人を計画し、Yの施設等を用いて準備を行い、これを実行した。これに対して検察官らは、宗教法人法八一条一項一号および二号前段（「法令に違反して、著しく公共の福祉を害すると明らかに認められる行為をした」時、また「第二条に規定する宗教団体の目的を著しく逸脱した行為をした」時に、裁判所が宗教団体の解散を命じうる旨を定める）に基づき裁判所にYの解散命令を請求した。第一審、第二審とも請求を認容し、Yが最高裁に特別抗告。

裁判所の見解　抗告棄却。宗教法人法は宗教団体が自ら施設その他の財産を所有し維持運用できるようにこれに法人格を与えるものであり、その規制は宗教団体の世俗的側面のみに限られ、精神的・宗教的側面を対象外としている。宗教法人が解散しても、信者は法人格を有しない宗教団体を存続させたり宗教上の行為を行ったりすることを妨げられない。もっとも、信者の宗教的行為に何らかの支障を生じさせる場合には、その憲法適合性を慎重に吟味しなければならない。①解散命令制度は宗教法人の世俗的側面のみを対象とした世俗的目的によるものであり、精神的・宗教的側面に容喙する意図はないため、その目的は合理的である。②Yの行った行為に対処するには、Yを解散し、その法人格を失わせることが必要かつ適切であり、他方③信者に生じる支障は間接的で事実上のものにとどまる。従って本件解散命令は必要でやむを得ない法的規制ということができ、憲法に違反しない。

関連条文　憲法二〇条、宗教法人法八一条

解説　本判決の特色は、最高裁が「公共の福祉」論を離れ、①制度目的の合理性、②解散命令の必要性・適切性、③規制によって失われる利益（信者の宗教的行為に生じる支障）の重大性、という三点から審査するという判断枠組みを提示した点にある。②を手段審査、③を利得と損失の均衡の審査と理解できるとすれば、これは猿払事件を想起させる枠組みともいえる。規制の態様や程度等を考慮しうる点で、「公共の福祉」論に比べて憲法判断の枠組みとして高度化したものと評価できる。他方、その審査の具体的内容においては、精神的・宗教的側面自体の制限が目的とされてはおらず、自由の制約も間接的である、という点に大きな重みが与えられている。これは、猿払事件の「間接的・付随的規制」論やピアノ伴奏判決などとも併せ、精神的自由権の領域で最高裁が繁用する議論といえようが、その射程と限界についてはなお慎重な検討が必要であると考えられる。

▼**評釈**――高畑英一郎・百選Ⅰ39等

牧会活動と犯人蔵匿罪

66 神戸簡判昭和50・2・20判時七六八号三頁

宗教上の牧会活動として犯罪被疑者を一定期間匿い、自首するよう説得した行為は、刑法上の正当行為にあたるか。

事実　高校生A、Bは学生運動の中で犯罪行為を犯した嫌疑を受け身を隠した。牧師Xは、自らを頼ってきた両名を約一週間宿泊させてその身を蔵匿し、この間両名に対して自ら出頭するよう説得した。Xはこのため犯人蔵匿罪に問われ起訴された。

裁判所の見解　Xは無罪。Xの行為が犯人蔵匿と評価しうるとしても、それは違法性を欠いている。牧師が自己に託された人間の魂への配慮をする牧会活動は、牧師の業務の一内容をなす。その行為が目的において相当な範囲にとどまり、手段方法において相当である限り、正当業務行為として違法性が阻却される。そもそも牧会活動は憲法二〇条の信教の自由のうち礼拝の自由の一内容として保護されており、それが外面的行為であり公共の福祉による制約を受ける場合も、最大限の配慮を必要とする。牧会活動が宗教的行為でありかつ公共の福祉に奉仕するものであるとき、それは同じく公共の福祉を目的とする刑罰法規と相互に補完し合う関係に立つ。このため両者は具体的事情に応じて実際的感覚による比較衡量によって調整されなければならない。国家は自らの法益を保護する場合でも謙虚な自己抑制と寛容を以てこれを行わなければならない。

関連条文　憲法二〇条、刑法一〇三条

解説　本件ではXの行為が刑法上の正当業務行為に該当するかが主たる論点とされており、直接的には憲法事案ではない。が、Xの行為が憲法上保護されているとすれば、もし仮に刑法上の判断でXが有罪と解された場合、Xを処罰することが信教の自由に対する違憲な侵害にあたるか否かが問題とならざるをえない。このため、そもそも処罰の違憲性が正面から問題となる前に、予め刑法解釈の段階で法律の憲法適合的解釈を行うことで、違憲の問題を回避することが考えられる。ここで行われているのは、この意味で、法律論の中に潜った憲法判断である。本判決は、宗教的行為と刑罰法規との比較衡量という見地から、行為の目的と手段の相当性という判断基準を提示しているが、何を以て相当と解するかは、事案の具体的事情の判断に依存すると考えられる。本件ではXの蔵匿行為が出頭を説得するためのものであり、公共の福祉に奉仕する点が重視されており、行為の反社会性の有無をしばしば重視する「公共の福祉」論の発想を引き継いでいるともみられる。ここから、より具体的で精密な判断基準を精錬することは、残された課題である。

▼評釈――矢島基美・百選Ⅰ40等

古都保存協力税条例による神社仏閣課税

67 京都地判昭和59・3・30行集三五巻三号三五三頁

関連条文 憲法二〇条

特定の社寺の参拝者に対して、文化財鑑賞への課税として一定の租税を課すことは、信教の自由を違憲に侵害するか。

事実 京都市は、対価を払って指定社寺の文化財を鑑賞する者に対して、大人一人五〇円の税を課す古都保存協力税条例を制定し、自治大臣の許可を得ようとした。これに対して、徴収義務者に指定される宗教法人等が、条例の無効確認、予備的に条例施行の差止め、不作為義務の確認等を求めて訴えを提起した。

裁判所の見解 一部却下、一部棄却。主要な論点のみ取り上げれば、①条例の無効確認の訴えは、本税の新設について自治大臣の許可がない現段階では条例に処分性が欠けているため、不適法として却下される。②無名抗告訴訟としての差止め訴訟は、処分によって回復し難い重大な損害が生じるおそれがあることを要件とするが、本件ではこの要件が満たされていないため、不適法として却下される。③原告は、市との間でこの種の税を新設しない旨の契約を締結していたと主張するが、仮にそのような契約が成立していたとしても、これは法的に無効であり、市はそのような不作為義務は負わない。

解説 本件で憲法上の論点が問題となるのは、とりわけ②において、本件租税が信教の自由に対して回復し難い損害を与えるか否かが論じられる箇所である。ここで裁判所は、本件条例が文化財の鑑賞行為の宗教的側面を規制するものではなく、対価を伴う鑑賞という外形的側面に担税力を見出すにすぎないこと、鑑賞者の内心に関わりなく一律に課税され、税額も僅少であることを理由に、本件条例が信仰の自由を制限する目的を持つものではなく、鑑賞者の信仰行為に抑止的効果を及ぼしこれを結果的に制限するものでもない、との結論を導く。また、宗教団体である原告の布教活動に重大な支障を生じることにもならない、とする。本件は、宗教団体の活動が宗教的側面と世俗的側面とを併有する場合に生じる問題の一例として位置付けることが可能である。とりわけ宗教的性格を持つ施設が文化財的価値を併有する場合には、後者を対象とした国・自治体の行為がどこまで前者に影響を及ぼすかが問題となる場合がありうる（他にも例えば文化財保護と政教分離の関係など）。本判決は、租税の目的と、これが信教の自由に与える効果を主たる着眼点として判断を下しており、宗教的側面と世俗的側面との切り分けに関する一つの考え方を示すものとはいえよう。

▼**評釈**――平野武・百選Ⅰ（五版）44等

68 寺院と墓地使用権者の信教の自由

最3判平成14・1・22判時一七七六号五八頁

関連条文　憲法二〇条、墓地法一三条

寺院墓地を経営する宗教法人が、信徒でなくなった墓地の永代使用権者に対して、当該宗派の方式と異なる墓石の設置を拒むことができるか。

事　実　Xは、宗教法人Yの運営する墓地の永代使用権を取得しており、この際にYの定める墓地使用規則に従って墓地を使用し、またYの属する宗派の典礼の方式に従って墓石を設置することを合意している。Xが自らの墓地区画に墓石を設置したい旨を申し出たところ、Yは墓石がこの典礼の方式に反するとしてこれを拒否した。Xは本件墓石を設置する権利を有することの確認等を求める訴訟を提起し、第一審係属中に当該宗派の信徒でなくなった。第一審、第二審ともXの請求を認容。Yが上告。

裁判所の見解　破棄自判、請求棄却。寺院墓地においては、寺院はその宗派に応じた典礼の方式を決定し施行する自由を有する。従って、墓地使用権の設定に際して、使用権者はその典礼の方式に従って墓石を設置する旨の合意がなされた場合には、たとえ使用権者がその後に当該宗派を離脱したとしても、寺院は異なる墓石の設置を合意に反するものとして拒否することができる。

解　説　本件は、実質的に見て私人間における信教の自由が問題となる事案である。自らの経営する墓地で典礼方式の統一性を維持する寺院側の自由と、自らが現在信仰する宗派の方式で墓石を設置する使用権者側の自由とを、いかに相互に調整するかが問題になっている。が、本判決にはこの種の憲法上の考慮は正面から登場しない。人権規定の私人間効力に関する最高裁の立場を示すものとも解される。原審は、Xの信教の自由を理由に、墓地の使用方式に関する当初の合意の効力はXの宗派離脱後には及ばないものと解し、墓地法一三条の解釈として墓地管理者は異教徒であることを理由に埋葬を拒めないこと、Xが設置を望む墓石が外見上Yの宗派の墓石に類似しており、このためその設置を認めてもYに実際的な被害が生じないことなどを理由に、Xの請求を認容した。これに対して本判決は当初の合意の効力がXの宗派離脱後にも及ぶと解している。原審が墓地法一三条を援用することで、墓地の公共的性格を考慮に入れるのに対して、本判決が墓地運営者たる寺院の自由を重視するのも特徴的であり、最高裁の思考における私的自治の内容と射程を考える上でも興味深い素材の一つといえよう。

▼**評釈**——佐々木弘通・判例セレクト２００２（憲法４）等

宗教を理由とする欠席の不利益扱い……日曜日授業参観事件

69 東京地判昭和61・3・20判時一一八五号六七頁

関連条文　憲法二〇条

区立小学校が、日曜日に授業参観を実施し、キリスト教の教会に行くためにこれに出席できなかった児童を「欠席」として扱ったことは、信教の自由を違憲に侵害するか。

事　実　公立小学校Aが、日曜日に授業参観を開催したところ、その児童らとその父母X_1らは、教会の行事に出席するためにこれを欠席した。Aは児童らの指導要録の出欠記載欄に欠席と記載した。X_1らはAの校長と区に対して、欠席記載の取消しと、これによって被った精神的損害の賠償を求めて出訴。

裁判所の見解　一部却下、一部棄却。①本件欠席記載は行政処分にはあたらず、その取消しを求める訴訟は不適法である。②日曜日に授業参観を実施することは、学校教育上十分な意義を有しかつ法的な根拠に基づいているため、校長の学校の管理運営上の裁量権の範囲内にある。欠席記載は児童らの精神的負担となる意味では不利益な措置といえなくもないが、それ以上に法律上あるいは社会生活上の処遇において不利益な効果を生じるものではない。また、信教の自由は憲法上保護されているが、公教育もまた憲法が国家及び国民に要請するところである。公教育が実施される日時と宗教教団の集会が実施される日時とが重なる事態は随所に生じうるところ、宗教行為に参加する児童に出席を免除することは、公教育の宗教的中立性にとって好ましくないのみでなく、公教育の成果をも阻害する。従って、公教育上の特別の必要性がある授業日の振替えの範囲内では、法はかかる制約を合理的根拠に基づくやむをえない制約として許容しており、ここで生じる不利益は受忍すべき範囲内にある。他の代替措置も困難であったことなども含め、本件での校長の行為に裁量権の逸脱はない。

解　説　本件は、学校における公教育上の必要性と、児童の信教の自由との間の調整が問題となる事例である。もっとも、かかる憲法上の論点が正面から問われるわけではなく、校長の裁量権行使の統制の際に、これら憲法上の要請が考慮要素として取り入れられるにすぎない。この意味でここでは法律解釈への憲法の浸透のあり方が問題となる。本件では裁量権の逸脱・濫用の有無に関して、児童らが受ける不利益の小ささと、公教育上の必要性、代替措置の困難さなどが考慮されている。事案の具体的事情が異なる場合、とりわけより重大な利益侵害が生じる場合にいかなる審査が行われるべきかが、本件の延長線上で問題となる（70判決も参照）。

▼**評釈**――村山健太郎・百選ⅠＡ6等

宗教を理由とする剣道授業不受講

70 最2判平成8・3・8民集五〇巻三号四六九頁

関連条文　憲法二〇条、学校教育法一一条

信仰上の理由から高専の体育授業における剣道実技に参加しなかった学生に対して、二度の原級留置と退学の処分を下したことは、信教の自由を違憲に侵害するか。

事　実　市立工業高専の学生であったXは、自らの信仰する宗教の教義を理由に、体育授業における剣道実技への参加を拒否し、レポート提出等の代替措置を求めたが、校長Yらはこれを認めなかった。結果、Xは体育の成績が認定されず、二年続けて原級留置処分を下され、学則に従って退学処分とされた。XがYに対して原級留置・退学処分の取消しを求めて出訴。第一審は請求棄却、第二審は一審判決を破棄して請求認容。Yが上告。

裁判所の見解　上告棄却。学生に対して原級留置処分または退学処分を行うかどうかの判断は、校長の合理的な教育的裁量に委ねられるべきである。裁判所は、校長の裁量権行使が全く事実の基礎を欠くかまたは社会観念上著しく妥当を欠き、裁量権の範囲を超え又は裁量権を濫用したと認められる場合のみ、これを違法と判断する。だが他方、退学処分や原級留置処分は学生に与える不利益が大きく、このためその決定にあたっては特に慎重な配慮が要求される。本件では、①体育科目による教育目的の達成は、代替的方法によって行うことも性質上可能であった、②Xの受講拒否は、その信仰の核心部分と密接に関連する真摯なものであり、Xが受けた不利益も極めて大きなものであった、③何らかの代替措置をとることの是非、その方法、態様等について十分に考慮されたとは到底いえず、代替措置をとることが不可能であったともいえない、といった事情に照らせば、Yの処分は社会観念上著しく妥当を欠き、裁量権の範囲を超える。

解　説　69判決と同様、学校における校長の裁量権行使に対する統制の際に、憲法上の要請が関係してくる事例である。本件では、一方で被侵害利益が重大であり、他方で代替措置が可能で、これによる教育目的の阻害も大きくないことから、違法との結論が導かれており、ここに69判決との重大な事案の相違を見ることができる。もっとも、判決の論理展開の上では信教の自由は（例えばその侵害に対して正当化事由が要求されるといったかたちで）議論の出発点を提供しているわけではなく、重要とはいえ考慮要素の一つたるにとどまる。他方、公教育に対する憲法上の要請、とりわけその宗教的中立性については、さほど厳格な分離を要請しないと評価される津地鎮祭判決の枠組みから、代替措置が政教分離に反しないとの判断を下す。憲法上の考察に決定的な意義を与えず、あくまで裁量論の枠組みによる柔軟な処理を志向するものとも評しえよう。

▼**評釈**——栗田佳泰・百選Ⅰ41等

市による神道式地鎮祭挙行と政教分離原則……津地鎮祭事件

71 最大判昭和52・7・13民集三一巻四号五三三頁

関連条文　憲法二〇条三項・八九条

①政教分離原則はどのような趣旨・内容か、②憲法二〇条三項の禁止する「宗教的活動」の判断基準は何か、③市の主催する神道式地鎮祭は「宗教的活動」にあたるか。

事実　津市が主催する市体育館の起工式が、神社宮司ら神職主宰のもとに神式に則り挙行され、その挙式費用七六六三円が市の公金から支出された。Xは、これらの行為が憲法二〇条三項及び八九条に違反するとして、市長らを被告とする住民訴訟を提起した。

裁判所の見解　①憲法は、政教分離規定を設けるにあたり、国家と宗教との完全な分離を理想とし、国家の非宗教性ないし宗教的中立性を確保しようとしている。これは、いわゆる制度的保障の規定であって、信教の自由そのものを直接保障するものではなく、国家と宗教との分離を制度として保障することにより、間接的に信教の自由の保障を確保しようとするものである。ところが、宗教は多方面にわたる外部的な社会事象としての側面を伴うのが常であり、国家が社会生活に規制を加え、あるいは教育、福祉、文化などに関する助成、援助等の諸施策を実施するにあたって、宗教とのかかわり合いを生ずることを免れえない。現実の国家制度として、国家と宗教との完全な分離を実現することは実際上不可能に近く、分離を完全に貫こうとすれば、かえって社会生活の各方面に不合理な事態を生じる。従って、憲法の政教分離規定の基礎にある政教分離原則は、国家が宗教とのかかわり合いをもつことを全く許さないとするものではなく、かかわり合いをもたらす行為の目的及び効果に鑑み、そのかかわり合いが、わが国の社会的・文化的条件に照らし、信教の自由の保障の確保という制度の根本目的との関係で相当とされる限度を超えるものと認められる場合にこれを許さないとするもの、と解すべきである。

②二〇条三項にいう「宗教的活動」とは、およそ国及びその機関の活動で宗教とのかかわり合いをもつすべての行為を指すものではなく、そのかかわり合いが右にいう相当とされる限度を超えるものに限られ、当該行為の目的が宗教的意義をもち、その効果が宗教に対する援助、助長、促進又は圧迫、干渉等になるような行為をいうものと解すべきである。ある行為が「宗教的活動」に該当するかどうかの検討にあたっては、当該行為の主宰者が宗教家であるか、その順序作法（式次第）が宗教の定める方式に則ったものかなど、外形的側面のみにとらわれることなく、当該行為の行われる場所、当該行為に対する一般人の宗教的評価、当該行為者が当該行為を行うについての意図・目的及び宗教的意識の有無・程度、当該行為の一般人に与える効果・影響等、諸般の事情を考慮し、社会通念に従って、客観的に判断しなければならない。

③本件起工式は、宗教とかかわり合いをもつものであることを否定しえないが、その目的は建築着工に際し土地の平安堅固、工事の無事安全を願い、社会の一般的慣習に従った儀礼を行うという専ら世俗的なものと認められ、その効果は神道を援助、助長、促進し又は他の宗教に圧迫、干渉を加えるものとは認められないから、「宗教的活動」にはあたらない。

解説　本判決は政教分離規定に関するリーディング・ケースであるが、その特徴は第一に、二〇条一項後段、同条三項、八九条という個別規定の背後に一般的な政教分離原則なるものを措定し、二〇条三項の禁止事項もその派生として捉えたことにある。これにより各規定の独自性は相対化され、宗教にかかわる国家行為の類型化を阻む役割を果たしたが、有力学説は例えば、①国の宗教的活動、②国の宗教団体への支援、③国の非宗教団体の宗教活動への支援、につき各々別個に基準の定式化を図るべきだとして、これを批判する。

第二に、政教分離規定は、間接的に信教の自由を確保するための制度的保障という意義付けがなされた。これは政教分離の複合的な意義（宗教の腐敗堕落の防止、政治的分裂の防止など）を無視して、信教の自由（無宗教の自由も含む）の間接的保障にその目的を一元化して把握している。このことは本判決が、分離の程度を緩やかに解する伏線の一つとなる。制度的保障という位置づけ自体は、分離の厳格度に決定的な刻印を与えるものではないはずだが（原判決は同じく制度的保障と解しつつ、厳格な分離を説いた）、本判決が分離を緩和させる決め手としたのは、宗教の外部的な社会事象性であり、完全分離の現実的不都合性（宗教系私立学校への助成、文化財保護のための宗教団体への補助金等）であった。これらの一般論を否定すべきではないが（五裁判官反対意見参照）、ここから国家と宗教とのかかわり合いを原則的に容認し、例外的に上記の制度目的との関係で許されない場面を判定する「原則許容＝例外分離」のアプローチを採用した本判決には、論理の飛躍がある。

第三に、かかわり合いが許容されない場面を判定する基準として、目的効果基準が採用された。二〇条三項の「宗教的活動」該当性につき、①宗教的意義のある目的、②宗教への援助・圧迫効果、③過度のかかわり合い、という三者で判定する基準であるが、①と②が共に認められる場合にのみ違憲と判断され（従来の最高裁判例はすべて、①と②が共にある又はないという判断である）、③が①＋②と実質的に同義で、独立の基準として機能しない点で、母法とされるアメリカのレーモンテストに較べてその緩やかさに批判が強い。また、目的効果基準の具体的適用に当たって考慮要素とされる事項が極めて多く、その総合的な判断は不安定にならざるを得ない。違憲判断をした原判決は、主宰者が神職であり、式次第が神道方式であったという客観的事情を重視したが、本判決はそうした外形だけでなく、行為者の主観的意図に潜り込んで宗教的意識の有無を詮索し、宗教感覚の鋭敏な少数者ではなく「一般人」の評価やそれへの影響を探るなど、宗教意識の雑居性の顕著な日本の社会的・文化的条件の下では、分離の相対化を容易に帰結させる諸要素を考慮し、「社会通念」に従って判断すべきとしている。これら諸要素と目的・効果判断の具体的な関連のつけ方も不明確であり、基準としての充分な客観性が問われざるを得ない。

▼**評釈**――福岡安都子・百選Ⅰ42、種谷春洋・判評226号等

殉職自衛官の護国神社合祀

72 最大判昭和63・6・1民集四二巻五号二七七頁

関連条文　憲法二〇条三項

私的団体が護国神社に殉職自衛官の合祀を申請する過程で自衛隊職員が関与した行為は、憲法二〇条三項の「宗教的活動」にあたるか。

事　実　隊友会山口県支部連合会（県隊友会）は、同県出身の殉職自衛官が県護国神社に合祀されることを希望し、自衛隊山口地方連絡部（地連）の協力（各県地連への合祀状況の照会など）を得て、県隊友会名義による合祀申請がなされ、県護国神社は合祀を行った。Xはキリスト教信仰を理由に亡夫の合祀を断ったが、意に反して合祀が行われたため、国及び県隊友会に対して精神的苦痛の損害賠償等を求める訴訟を提起した。一審・二審は、地連職員の行為が憲法二〇条三項に違反し、私人に対する関係でも違法な行為であり、Xの「静謐な宗教的環境の下で信仰生活を送るべき法的利益（宗教上の人格権）」を侵害したとして、国に対する賠償請求を認容した。

裁判所の見解　本件合祀は、県隊友会が護国神社と折衝を重ねて実現したものであり、地連職員が直接神社に働きかけた事実はなく、地連職員の事務的な協力に負うところがあるにしても、隊友会単独名義による合祀申請は、両者の共同行為とは評価できない。合祀は神社の自主的な判断に基づくものであり、合祀申請は合祀の前提としての法的意味はない。そして合祀申請に至る地連職員の協力行為は、宗教とのかかわり合いは間接的であり、その意図・目的も自衛隊員の社会的地位の向上と士気の高揚を図るもので、どちらかといえばその宗教的意識は希薄であり、その態様からして特定宗教への関心を呼び起こし、あるいはこれを援助・助長し、又は他の宗教を圧迫・干渉するものと一般人から評価されるものではない。

解　説　本判決は、合祀と合祀申請、後者における隊友会の行為と地連職員の協力行為を二段階で切断することで、最後者の「宗教的活動」性を否定するための土俵設定を行った。一審の認定事実に照らして、合祀申請の共同行為性は否定しがたいとする説が有力だが、共同不法行為が成立するためには県隊友会の行為の違法性を別に論証する必要があったとして本判決を支持する説もある。だが仮に単独行為説を採るとしても、地連の行為を「宗教的活動」に該当しないとする判断には無理があろう。本判決のいうような世俗目的が究極には措定されるとしても、その達成手段を「合祀の実現」に求めたことの直截的な宗教的意義は拭い難く、護国神社を特別に支援する効果は客観的に否定しがたい。なお本判決は傍論で、強制の不在と寛容の要請を根拠にして護国神社との関係におけるXの宗教的人格権の存在を否定するが、伊藤反対意見は「宗教上の心の静穏」を不法行為法上の法的利益として承認する。

▼**評釈**――高橋和之・ジュリ916号、赤坂正浩・百選Ⅰ43等

公金による玉串料奉納……愛媛玉串料訴訟

73 最大判平成9・4・2民集五一巻四号一六七三頁

関連条文 憲法二〇条三項・八九条

県が靖國神社・護國神社の恒例祭祀に玉串料等として公金を奉納した行為は、憲法二〇条三項及び八九条に反するか。

事実 愛媛県は靖國神社の恒例祭祀である例大祭等に際し、玉串料等として一三回にわたり計七万六千円、県護國神社の慰霊大祭に際し、供物料として九回にわたり計九万円を県の公金から支出した。県の住民であるXらは、本件支出行為が憲法二〇条三項、八九条に違反するとして地自法二四二条の二第一項四号に基づき住民訴訟を提起した。

裁判所の見解 神社神道において祭祀を行うことはその中心的な宗教上の活動であり、例大祭及び慰霊大祭は恒例の祭祀中でも重要な意義を有することは公知である。玉串料及び供物料は右の儀式で神前に供えられるものであり、各神社が宗教的意義を有すると考えていることは明らかである。とすれば、県が重要な宗教上の祭祀にかかわり合いを持ったことは明らかである。一般に神社自体がその境内で挙行する恒例の重要祭祀に玉串料等を奉納することは、時代の推移によってその宗教的意義が希薄化し、慣習化した社会的儀礼になっているとはいえず、一般人がこれを社会的儀礼と評価しているとは考えがたい。であれば、奉納者もそれが宗教的意義を有するとの意識を持たざるを得ない。本件では、県が他の宗教団体の同種の儀式に支出した事実はなく、特定の宗教団体にのみ意識的にかかわり合いを持ったものであり、これは一般人に対して県が当該特定宗教団体を特別に支援しているとの印象を与え、特定の宗教への関心を呼び起こすものである。本件のかかわり合いは相当限度を超え、二〇条三項・八九条に違反する。

解説 本判決は、最高裁が目的効果基準に準拠して県の行為を政教分離規定違反と判断した初のケースである。また先例に付加して、八九条違反の判断基準も二〇条三項と同様であることが明示された。目的効果基準の判断枠組みは変更せずに、先例に見られない厳格な適用を可能にしたのは、特定宗教団体の敷地内で行われる最重要祭祀に排他的にかかわり合いを持ったことの意味をその客観的態様において把握し、「特定の宗教への関心を呼び起こす」というアメリカのエンドースメントテストを想起させる要素を考慮して「無形的・精神的な効果」（大野補足意見）を重くみる、という手法にあった。ただ、特定宗教団体だけでなく他の団体にも同等の支出をした場合はどうなるか、どの程度の関心を惹起すれば援助助長になるか等、曖昧な部分も残る。多様な事項の総合考慮という目的効果基準の客観性・明確性に疑問を呈し、「原則分離＝例外許容」という新基準の採用を説く尾崎意見が注目される（高橋意見も参照）。

▼**評釈**――野坂10、小泉洋一・ジュリ1114号等

首相による靖國神社参拝

74　最2判平成18・6・23判時一九四〇号一二二頁

関連条文　憲法二〇条

内閣総理大臣の靖國神社参拝によって生じた精神的苦痛について、賠償請求は認められるか。

事　実　小泉純一郎首相は、二〇〇一年八月一三日、秘書官を同行させて公用車を用い、祭神に一礼する方式で靖國神社に参拝した（「内閣総理大臣小泉純一郎」と記帳し、献花代を私費で支払った）。戦没者遺族等からなる原告らは、本件参拝により「戦没者が靖國神社に祀られているとの観念を受け入れるか否かを含め、戦没者をどのように回顧し祭祀するか、しないかに関して（公権力からの圧迫、干渉を受けずに）自ら決定し、行う権利ないし利益」が害され、精神的苦痛を受けた等と主張して、国、小泉らに対して国賠法一条一項、民法七〇九条に基づき損害賠償を請求する訴え等を提起した。

裁判所の見解　人が神社に参拝する行為自体は、他人の信仰生活等に対して圧迫、干渉を加えるような性質のものではないから、他人が特定の神社に参拝することによって、自己の心情ないし宗教上の感情が害されたとし、不快の念を抱いたとしても、これを被侵害利益として、直ちに損害賠償を求めることはできない。このことは、内閣総理大臣の地位にある者が靖國神社を参拝した場合においても異なるものではないから、本件参拝によってXらに損害賠償の対象となり得るような法的利益の侵害があったとはいえない。

解　説　国の財政行為の違法を争いうる客観訴訟の類型が存在しない以上、国賠訴訟等で首相の参拝行為の違憲性を争う他はないが、本判決は国賠法一条一項の職務行為該当性や違憲性の判断に踏み込まず、法的利益の侵害の不存在を理由にXらの上告を棄却した。Xらは、不法行為の成立を被侵害利益の種類と侵害行為の態様との相関関係において捉える立場に立って、首相の度重なる違憲行為の悪性の強さが被侵害利益の微弱性を補填すると主張したが、本判決は相関関係説に触れず、これに触れる滝井補足意見は、Xら主張の利益を「（他人の）特定の宗教施設への参拝という行為により、内心の静穏な感情を害されないという利益」と捉えて、端的に法的に保護されないものとした。権利利益侵害の判断においてこれを否定する結論は、一連の小泉靖國訴訟の諸判決に共通する。一方、侵害行為の違法性判断を別途行うことは可能であり、国賠訴訟の違法行為抑止機能から、むしろ積極的に認める説もある。下級審の傍論での違憲判断（福岡地判平成16・4・7判時一八五九号一二五頁、大阪高判平成17・9・30訟月五二巻九号二九七九頁参照）は上訴の道が閉ざされるので回避すべきだという議論は最高裁には妥当しないが、本判決は受忍限度を超える権利利益の侵害を、憲法判断の前提として要求している。

▼**評釈**——渡辺康行・民商136巻6号等

即位の礼・大嘗祭出席のための公費支出

75 最1判平成14・7・11民集五六巻六号一二〇四頁

関連条文 憲法二〇条三項・八九条

県知事が大嘗祭に参列し拝礼した行為は、政教分離規定に違反するか。

事実　鹿児島県知事は、一九九〇年一一月二二日に皇居で行われた大嘗宮の儀の一部に出席する旅費として、県から七万五六六〇円の支給を受けたため、県の住民であるXらは知事の本件出席が憲法二〇条三項等に違反するとして、地自法二四二条の二第一項四号に基づき住民訴訟を提起した。

裁判所の見解　大嘗祭は天皇が皇祖及び天神地祇に対して安寧と五穀豊穣等を感謝するとともに国家・国民のために安寧と五穀豊穣等を祈念する儀式であり、神道施設が設置された大嘗宮において神道の儀式にのっとり行われたから、県知事がこれに参列し拝礼した行為は宗教とかかわり合いを持つ。しかし、大嘗祭は皇位継承の際に通常行われてきた皇室の伝統的な儀式であり、県知事は宮内庁から案内を受け、三権の長等とともに大嘗祭の一部を構成する悠紀殿供饌の儀に参列して拝礼したにとどまり、参列は公職者の社会的儀礼として、日本国及び日本国民統合の象徴である天皇の即位に祝意を表する目的で行われた。これらにかんがみ、本件参列の目的は、天皇の即位に伴う皇室の伝統儀式に際し、日本国及び日本国民統合の象徴である天皇に対する社会的儀礼を尽くすものであり、その効果も、特定の宗教に対する援助、助長、促進又は圧迫、干渉等になるようなものではないと認められ、したがって、本件参列は、宗教とのかかわり合いの程度が、信教の自由の保障の確保という制度の根本目的との関係で相当とされる限度を超えておらず、政教分離規定に違反するものではない。

解説　皇位継承儀式の一環として、即位の礼（国事行為）と大嘗祭（皇室の私的行事）が執り行われたが、本判決は後者への知事の参列について、大嘗祭への国の財政支援の合憲性に言及することなく、知事の参列行為のみを取り出して目的効果基準に拠り合憲と判示する。その際に、愛媛玉串料訴訟（73事件）における宗教法人の恒例宗教祭祀と異なって、大嘗祭は皇位継承の「伝統」儀式であると性格づけることでその宗教性を希薄化し、知事の行為も慶弔行事への参列に類推されるべき社会的儀礼の範囲内と認定した（本件二審判決参照）。他方、即位の礼への知事らの参列についても、最2判平成16・6・28判時一八九〇号四一頁が、本判決を参照しつつ、参列行為のみを目的効果に照らして合憲と判示する。しかし大嘗祭と異なり、即位の礼への参列の合憲性は国事行為そのものの合憲性と不可分であり、その判断を回避することの妥当性が問題となるばかりか、大嘗祭の場合と同じ枠組みによる目的効果基準の適用は、即位の礼自体の宗教性を推認せしめる。

▼**評釈**——佐々木弘通・百選Ⅰ45、長岡徹・判評533号等

忠魂碑用敷地の無償貸与および慰霊祭への参列……箕面忠魂碑・慰霊祭訴訟

76 最3判平成5・2・16民集四七巻三号一六八七頁

関連条文 憲法二〇条一項後段・三項・八九条

①忠魂碑を維持管理する遺族会に市が市有地を無償貸与した行為、②遺族会が忠魂碑前で神式又は仏式で行った慰霊祭に市教育長が参列した行為は、政教分離規定に違反するか。

事実　箕面市は、市立小学校の増改築に際して移転の必要が生じた忠魂碑（市遺族会が所有管理する）のため、敷地を購入し、これを移設・再建し、同敷地を無償で遺族会に貸与した。住民Xらは、市の一連の行為が憲法二〇条三項、八九条に反するとして住民訴訟を提起した。またXらは、忠魂碑前で遺族会が神式又は仏式で行った慰霊祭に、市教育長が参列して玉串奉奠や焼香を行った行為等についても提訴した。両訴訟が併合された原審は、Xらの主張を全面的に退けた。

裁判所の見解　本件忠魂碑は元来、戦没者記念碑的性格のもので、神道等の特定宗教とのかかわりは少なくとも戦後は希薄であり、靖国神社の分身とはみられない。本件無償貸与等は、その目的は、小学校校舎の建替え等のため、公有地上の戦没者記念碑的施設を移設し、その敷地を学校用地として利用することを主眼とする専ら世俗的なものと認められ、その効果も、特定宗教を援助、助長、促進し又は他の宗教に圧迫、干渉を加えるものではないから、二〇条一項後段の「宗教団体」、八九条の「宗教上の組織若しくは団体」とは、特定の宗教の信仰、礼拝又は普及等の宗教的活動を行うことを本来の目的とする組織ないし団体を指し、市遺族会はこれに当たらない。本件慰霊祭への参列は、その目的は、地元の重要な公職者として戦没者遺族に対する社会的儀礼を尽くすという専ら世俗的なものであり、その効果も特定の宗教に対する援助、助長、促進又は圧迫、干渉等になるような行為ではないから、政教分離規定に反しない。

解説　本件の下級審では、忠魂碑の宗教施設性の有無が重大な争点となったが、本判決は宗教施設概念を用いず、慰霊祭付きの忠魂碑に「希薄」ではあれ特定宗教とのかかわりを認めた。ここに、本件無償貸与等につき、宗教施設性を全否定した原判決と異なり、目的効果基準を適用した基盤がある。本判決はその上で、移設前後で市有地の無償貸与の事実に変化がないことを捉え、市の行為に専ら世俗的な意義しか認めなかった。他方、慰霊祭への参列については、憲法上の「宗教団体」の狭い定義（この定義には、組織性よりも宗教的な事業・運動主体性を重視する有力な批判がある。）に拠って主催者の宗教団体性を否定した上で、非宗教団体の宗教行事への市教育長の参列を目的効果基準の俎上に載せ、合憲判断を行うが、本件参列のみを孤立させず、慰霊祭への多大な市財産の提供行為と併せて捉えれば、別の判断があり得たかもしれない。

▼**評釈**――長谷部恭男・ジュリ1026号等

宗教団体に対する公有地の利用提供行為……砂川政教分離訴訟

77 最大判平成22・1・20民集六四巻一号一頁

関連条文　憲法二〇条一項後段・八九条

市が連合町内会に対し市有地を無償で神社施設の敷地としての利用に供している行為は、政教分離規定に反するか。

事実　砂川市所有の土地上に、建物が建てられ、その一角に空知太神社の祠、建物外壁に「神社」の表示があり、また別に鳥居と地神宮が設置されている。この建物と神社物件の所有者は連合町内会であり、市は本件土地を無償でその敷地としての利用に供している。市の住民Xらは、本件利用提供行為が政教分離原則に反し、敷地の使用貸借契約を解除して神社施設の撤去及び土地明渡しを請求しないことが違法に財産管理を怠るものであるとして、その違法確認を求めた。

裁判所の見解　国公有地を無償で宗教的施設の敷地としての用に供する行為は、憲法八九条との抵触が問題となる。同条違反の判断は、当該宗教的施設の性格、当該土地が無償で当該施設の敷地としての用に供されるに至った経緯、当該無償提供の態様、これらに対する一般人の評価等、諸般の事情を考慮し、社会通念に照らして総合判断すべきである。本件神社物件は、神社神道施設である。神社物件を管理し、祭事を行っているのは付近住民の構成する氏子集団であるが、これは八九条の「宗教上の組織若しくは団体」に当たる。氏子集団は、祭事に伴う建物使用の対価を町内会に支払うほかは、神社物件の設置に通常必要とされる対価を何ら支払うことなく、長期にわたり継続的に便益を享受している。すると、本件利用提供行為は一般人の目から見て、市が特定宗教に特別の便益を提供し、これを援助していると評価されてもやむを得ない。本件利用提供行為は、市と本件神社ないし神道とのかかわり合いが、相当限度を超えるものとして、八九条の禁じる公財産の利用提供、二〇条一項後段の特権付与に該当する。

解説　本判決は、二〇条三項に触れず、目的効果基準への明確な言及がない点で、従来の判例とは一線を画す。国の「宗教的活動」の禁止（二〇条三項）と国の「宗教団体への援助・特権付与」禁止（八九条・二〇条一項後段）の射程は重複しうるが、本判決は後者の核心に触れる領域で審査基準を修正する方向を示した。この修正が、目的効果基準を「『宗教性』と『世俗性』が同居」（藤田補足意見）する領域に留保するものかはともかく、その背後には、①世俗性皆無の純粋な宗教施設を利する行為は、目的を改めて問う必要はない、②一回的行為でない長期の継続的便益提供は目的効果による判断に馴染まない、等の理由が推察される。ただ、援助効果を決め手とする総合判断である点で従来型基準との連続性もみられ、氏子集団を宗教団体とするやや強引な認定をも考えると、従来型より厳格だが、安定的適用が期待できるのか疑問も残る。

▼**評釈**――長谷部恭男・百選Ⅰ47、野坂泰司・判評622号等

宗教団体に対する公有地の利用提供行為……孔子廟訴訟

78 最大判令和3・2・24民集七五巻二号二九頁

関連条文 憲法二〇条一項後段・三項・八九条

市が公有地内に孔子廟を設置した一般社団法人に対し敷地使用料を全額免除した行為は、政教分離規定に反するか。

事実 那覇市が管理する都市公園内に、孔子等を祀った久米至聖廟（本件施設）を設置することを一般社団法人Zに許可した上で、その敷地の使用料を全額免除した市長Yの行為が政教分離原則に違反するとして、市の住民Xが住民訴訟を提起した。Xは、YがZに対して公園使用料一八一万七〇六三円を請求しないことが違法に財産管理を怠るものであるとして、怠る事実の違法確認を求めた。

裁判所の見解 国公有地上にある施設の敷地使用料を免除する場合において、当該免除が政教分離規定（憲法二〇条一項後段・三項・八九条）に違反するかの判断に当たっては、当該施設の性格、当該免除をすることとした経緯、当該免除に伴う当該国公有地の無償提供の態様、これらに対する一般人の評価等、諸般の事情を考慮し、社会通念に照らして総合判断すべきである。本件施設は外観上、社寺との類似性があり、宗教的儀式である釋奠祭禮を実施する目的で建物等が配置され、一体として軽微でない宗教性がある。本件施設の観光資源等としての意義や歴史的価値をもって、直ちに新たな無償提供の必要性・合理性を裏付けられない。免除される使用料相当額（年間五七六万円余）からもZが享受する利益は相当大きく、これによりZの本件施設を利用した宗教的活動を容易にするものであり、その効果は間接的、付随的とはいえない。本件免除は、一般人の目から見て、市が特定宗教に対して特別の便益を提供し、これを援助していると評価されてもやむを得ず、市と宗教との関わり合いが相当限度を超えるものとして、二〇条三項の禁止する宗教的活動に該当する（二〇条一項後段、八九条に違反するか否かは判断するまでもない）。

解説 本件は砂川政教分離訴訟（77事件）と同じく、宗教的施設の利用に公有地を無償提供した事案であり、砂川判決の総合判断基準を踏襲して違憲の結論を導いた。ただし、（更新が予定されていたとはいえ）一回限りの作為的行為を判断対象とし、世俗的性格を併有する宗教的施設にかかわる本件の処断に用いられたことで、総合判断基準は当初推察されたより汎用的なものと見られるに至った。また、本判決が二〇条三項違反のみを判示したことによって、同項から二〇条一項後段・八九条の領域を画そうとするかに見えた砂川判決の類型化アプローチは姿を消した。そこには本件においてZの宗教団体性を正面から肯認することへの躊躇が覗えるが、このことは宗教性の判断が柔軟化＝情況化し、文化活動への公的支援に一定の萎縮効果を与える可能性も内包する（林反対意見を参照）。

▼**評釈**――江藤祥平・判時２４８５号等

破壊活動防止法と扇動罪

79 最2判平成2・9・28刑集四四巻六号四六三頁

①政治目的のための犯罪のせん動を処罰する破防法三九条、四〇条は憲法二一条に反しないか。②せん動概念の明確性。

事実　中核派全学連の中央執行委員長であった被告人が、昭和四六年、沖縄返還協定批准等反対闘争のための集会で、「機動隊せん滅」等を内容とする演説を行い、また、別の集会で「渋谷の機動隊員を撃滅し、渋谷大暴動を実現する」等を内容とする演説を行ったことが、破防法三九条、四〇条のせん動罪に当たるとして一審、二審で有罪判決を受けた。

裁判所の見解　上告棄却。①確かに、本件各規定のせん動は表現活動としての性質を有しているが、表現活動も絶対無制限に許容されるものではなく、公共の福祉に反し、表現の自由の限界を逸脱するときには、制限を受けるのはやむを得ない。右のようなせん動は、公共の安全を脅かす本件各規定所定の重大犯罪をひき起こす可能性のある社会的に危険な行為であるから、公共の福祉に反し、表現の自由の保護を受けるに値しないものとして、制限を受けるのはやむを得ない。②せん動の概念は、破防法四条二項の定義規定から明らかで、構成要件があいまいで漠然としているものとはいい難い。

解説　せん動処罰の合憲性については、食糧緊急措置令事件（最大判昭和24・5・18刑集三巻六号八三九頁）が、「抽象的な公共の福祉論」に基づいて簡単に合憲だとした先例がある。本判決は、この先例に依拠しつつ、治安立法の典型として批判も強かった破防法のせん動罪の合憲性につき初めて判断したものである。

①について、違法行為等せん動罪は、被せん動者が違法行為等を実行に移すか否かを問わず、表現行為であるせん動を独立に処罰するものであるから、学説上、その合憲性は、明白かつ現在の危険の基準、あるいは特に「ブランデンバーグの基準」によって厳格に審査すべきだとされる（東京高判昭和62・3・16高刑集四〇巻一号一一頁にもその影響がみられる）。しかし、本判決は、上記先例などを引用し、違法行為等が引き起こされる具体的な危険がない場合にも処罰は合憲であるとした。最高裁も学説による上記主張は承知していたはずであるが、それを採用しなかったのは、①破防法のせん動罪は、同法三八－四〇条所定の重大犯罪のせん動の場合に限定されていること、②具体的な危険までは不要だが、およそ被せん動者が犯罪を行う危険性のない場合には「せん動」に該当しないと解釈されること、③せん動者の主観面では、各条所定の重大犯罪の実現の真摯な意図が必要と解釈されること、から、本件各規定の処罰範囲は十分に限定されているとの判断があったものと思われる。

▼評釈――木下智史・百選Ⅰ49、中林暁生・判プラ90

関連条文　憲法第二一条一項、破防法三九条、四〇条

大阪市ヘイトスピーチ対処条例の合憲性

80 最3判令和4・2・15刑集七六巻二号一九〇頁

関連条文　憲法第二一条一項、大阪市ヘイトスピーチ対処条例

ヘイトスピーチ対策として拡散防止措置と認識等の公表を定める条例の規定が憲法二一条一項に違反しないか。

事　実　大阪市ヘイトスピーチ対処条例は、ある表現活動につき、有識者からなる審査会への諮問を経て、条例へイトスピーチの定義に該当する場合には、市長がその旨及び表現活動者の氏名を公表し、拡散防止措置をとることを定める。本件は、市の住民であるXらが、条例は憲法二一条一項等に反し違憲であり、審査会委員への報酬等に係る支出命令も違法であるとして、市長に対して損害賠償請求をすることを求める住民訴訟である。一審、二審とも請求棄却、Xら上告。

裁判所の見解　上告棄却。本件における表現の自由の制限が合理的で必要やむを得ない限度のものかどうかは、比較較量によって決せられる。

本件各規定の目的は条例ヘイトスピーチの抑止を図ることにある。民族全体等の不特定多数人に対する表現活動のように、直ちには民刑事責任が発生しないものについても、人種又は民族に係る特定の属性を理由として社会から排除すること等の不当な目的をもって公然と行われるものであって、殊更に当該人種若しくは民族に属する者に対する差別の意識、憎悪等を誘発し若しくは助長し、又はその者に対する犯罪行為を扇動するようなものと言えるから、抑止の必要性は高い。加えて、市内では実際に過激で悪質性の高い差別的言動を伴う街宣活動等が頻繁に行われており、目的は合理的かつ正当である。

また、事後的に市長による拡散防止措置等の対象となるにとどまる。拡散防止措置に係る市長の要請等につき制裁はなく、認識等公表に関し、氏名又は名称を特定するための法的強制力を伴う手段は存在しない。以上から、表現の自由の制限は、合理的で必要やむを得ない限度にとどまる。

解　説　近年、被害が深刻視されているヘイトスピーチの問題については、理念法たるヘイトスピーチ解消法のほか、本件条例を含め、具体的な措置を定める条例が制定されており、合憲性が問題となる。

学説では、例えば差別や排除のせん動の類型であればより具体的な危険を要件とすべきではないかとされるが（79判決解説も参照）、本判決は、21判決を先例として比較衡量により判断した。そこでは、条例ヘイトスピーチが表現の自由としてひとまず保障されることがおそらく前提とされた上で、過激で悪質性の高いことは、衡量の中で考慮されている。他方、ヘイトスピーチに対する措置が拡散防止措置と氏名等の公表にとどまる上、それらを強制的に担保する措置がないことから、合理的で必要やむを得ない限度の制約だとされた。

▼**評釈**――毛利透・判例解説Watch三一号

わいせつ文書の頒布禁止(1)……チャタレー事件

81 最大判昭和32・3・13刑集一一巻三号九九七頁

関連条文 憲法二一条、刑法一七五条

①「わいせつ」の概念はどのようなものか。②わいせつ文書該当性の判断方法はどのようなものか。③わいせつ物頒布罪は合憲か。

事実　英国の作家ロレンスの小説『チャタレイ夫人の恋人』を翻訳・出版した被告人ら（出版社社長と、訳者である著名文学者の伊藤整）は、わいせつ物頒布販売罪（刑一七五条）で起訴された。一審は社長のみを有罪としたが、二審では両名とも有罪とされた。

裁判所の見解　上告棄却。①わいせつとは、徒らに性欲を興奮または刺戟せしめ、且つ普通人の正常な性的羞恥心を害し、善良な性的道義観念に反するものをいう。②わいせつ文書該当性の判断基準は社会通念であるが、社会通念がどのようなものかの判断は裁判官に委ねられる。性一般に関する社会通念は時と所によって変遷しうるが、「性行為の非公然性の原則」には変化がなく、裁判所はこれを守らなければならない。芸術性とわいせつ性とは別次元の問題であり、高度の芸術性といえども作品のわいせつ性を解消するものとは限らない。また、わいせつ性の存否は作品自体から判断すべきで、作者の意図には左右されない。③表現の自由は極めて重要なものではあるが、しかしやはり公共の福祉によって制限されるものと認めなければならない。そして性的秩序を守り、最少限度の性道徳を維持することが公共の福祉の内容をなすことについて疑問の余地はない。また、刑法一七五条の適用を、春本類など、あらゆる立場から見て有害無益な場合に限定すべき理由もない。

解説　①につき、本判決のわいせつの定義は、戦前以来の判例のそれを踏襲するものであり、一般論としてはあまり異論がないだろうが、それ自体非常に抽象的で具体的な事案処理には役立たない。

そこで、実際には②の点が重要となる。この点について、本判決の特徴は、(a)わいせつ文書該当性の判断を文書全体ではなく個別の問題個所に着目して行ったこと（部分的考察方法）、(b)わいせつ性判断の基礎となる社会通念について、可変的なものではあるが最低限の不変の内容があり、裁判官が規範的に判断すべきこと、(c)芸術性の高い作品であってもわいせつ文書に該当しうるとしたこと、などであるが、これらについては後の判例（82判決（「悪徳の栄え」事件）、83判決（「四畳半襖の下張」事件））で軌道修正されることになる。

③については、本判決は初期判例に特徴的な抽象的な公共の福祉による合憲論をとっているが、わいせつ表現規制の根拠について、学説は懐疑的である。

▼**評釈**——君塚正臣・判例講義Ⅰ71、曽我部真裕・判プラ120、池端忠司・百選Ⅰ51

わいせつ文書の頒布禁止(2)……「悪徳の栄え」事件

82 最大判昭和44・10・15刑集二三巻一〇号一二三九頁

関連条文　憲法二一条、刑法一七五条

①わいせつ性と芸術性との関係はどのようなものか。②わいせつ性は文書全体との関係で評価すべきか。

事実　一八世紀フランスの作家サドの『悪徳の栄え』の抄訳を上下二巻本として出版した被告人ら（出版社社長と、訳者である著名な仏文学者の澁澤龍彦）は、その下巻がわいせつ文書に当たるとして、わいせつ文書販売及び販売目的所持（刑一七五条）として起訴された、一審は無罪判決であったが、二審は有罪であった。

裁判所の見解　上告棄却。①芸術性との関係につき78判決を支持する。それによれば、文書がもつ芸術性・思想性が、文書の内容である性的描写による性的刺激を減少・緩和させて、刑法が処罰の対象とする程度以下にわいせつ性を解消させる場合はありうるが、右のような程度にわいせつ性が解消されない限り、芸術的・思想的価値のある文書であっても可罰的である。②文書の個々の章句の部分は、全体としての文書の一部として意味をもつものであるから、その章句の部分のわいせつ性の有無は、文書全体との関連において判断されなければならない。

解説　本判決は、81判決（チャタレー事件）を踏まえ、わいせつ性の判断方法について新たな判断を行ったものである。

①について本判決は、わいせつ性と芸術性は別次元のものとする78判決を踏襲するとしつつ、右に要約したように実質的にはそれを修正したようにも見える判断を示した。他方、本判決での意見・反対意見の多くは、わいせつ性と思想性・芸術性を比較衡量して処罰の可否を判断すべきだとしたが、多数意見ではこうした見解は明示的に拒否されている。その理由として、文書の芸術的・思想的価値の判断は裁判所の職責ではないことを挙げるが、これは一般論としては妥当である。近年の学説は、わいせつ性判断の基準の一つとして「(芸術性、思想性など) 社会的価値を全く欠く」ことを挙げるが、これは、社会的価値の積極的な判断に立ち入ることを避けつつ処罰範囲を限定するためである。

②について、本判決は右のように述べ、いわゆる全体的考察方法を採用した。一般的な読者の通常の読み方を想定してわいせつ性を判断するとすれば、このようになることは理解できる。もっとも、本判決による具体的な判断においては、全体的考察方法が徹底されていないという指摘もある。

わいせつ性の判断方法については、83判決（「四畳半襖の下張」事件）において一応の集大成がなされることになる。

▼**評釈**——君塚正臣・判例講義Ⅰ72、阿部和文・百選Ⅰ52、佐々木弘通・メ百56、曽我部真裕・判プラ121

わいせつ概念の再構成……「四畳半襖の下張」事件

83 最2判昭和55・11・28刑集三四巻六号四三三頁

関連条文 憲法二一条・刑法一七五条

わいせつの判断方法はどのようなものか。

事実 作家・野坂昭如らは、当時編集長を務めていた雑誌「面白半分」に永井荷風の作といわれる短編小説「四畳半襖の下張」を掲載した。これは流麗な擬古文体で書かれた春本であり、内容の大部分を性描写が占めている。野坂らは、わいせつ文書販売罪（刑一七五条）で起訴され、一審、二審とも有罪判決であったため上告。

裁判所の見解 上告棄却。文書のわいせつ性の判断にあたっては、当該文書の性に関する露骨で詳細な描写叙述の程度とその手法、右描写叙述の文書全体に占める比重、文書に表現された思想等と右描写叙述との関連性、文書の構成や展開、さらには芸術性・思想性等による性的刺激の緩和の程度、これらの観点から該文書を全体としてみたときに、主として、読者の好色的興味に訴えるものと認められるか否かなどの事情を総合し、その時代の健全な社会通念に照らして、それが「徒らに性欲を興奮又は刺激せしめ、かつ、普通人の正常な性的羞恥心を害し、善良な性的道義観念に反するもの」といえるか否かを決すべきである。本件「四畳半襖の下張」は、性的交渉の情景を扇情的な筆致で露骨、詳細かつ具体的に描写した部分が量的質的に文書の中枢を占めており、その構成や展開、さらには文芸的、思想的価値などを考慮しても、主として読者の好色的興味に訴えるもので、わいせつ文書である。

解説 本判決は、82判決（「悪徳の栄え」事件）で示された全体的考察方法の具体的な考慮要素を示したものである。

右に示した具体的な考慮要素のうち、最も重要なのは最初の二つ（露骨で詳細な描写叙述の程度とその手法、右描写叙述の文書全体に占める比重）であり、これらの検討を通じて「主として、読者の好色的興味にうったえるものと認められるか否か」の判断が可能となるとされる。その他の考慮要素も含め、概ね外形的な要素が中心であり、この点でも芸術性とわいせつ性を正面から比較衡量する手法を否定した82判決を踏襲している。しかし、このような比較衡量は確かに困難であるとはいえ、総合判断の単なる一要素としてしまうと、芸術性に対する配慮が不十分となるおそれもある（最判平11・2・23判時一六七〇号三頁〔第一次メイプルソープ写真集事件〕参照）。

他方、最高裁は最近、右平成一一年判決と同種の事案において、本判決で示されたよりも幅広い事情を考慮して、わいせつ性を否定している（最判平20・2・19民集六二巻二号四四五頁〔第二次メイプルソープ写真集事件〕）。

▼**評釈**――愛敬浩二・メ百57、曽我部真裕・判プラ122、建石真公子・百選Ⅰ53

名誉毀損と「相当の理由」……夕刊和歌山時事事件

84 最大判昭和44・6・25刑集二三巻七号九七五頁

関連条文 憲法二一条、刑法二三〇条の二

刑法二三〇条の二第一項の真実性の証明に失敗したとしても「相当の理由」により免責が認められるか。

事実 『夕刊和歌山時事』紙の編集・発行人は、他紙を批判する記事を書き、名誉毀損にあたるとして起訴された。被告人は、事実の証明が十分ではなかったとしても、証明可能な程度の資料、根拠をもって事実を真実と確信したことを理由に名誉毀損の故意が阻却されるなどとして争った。

裁判所の見解 刑法二三〇条の二は人格権としての個人の名誉の保護と憲法二一条の言論の保障の調和をはかったものであることを考慮するならば、たとえ刑法二三〇条の二第一項にいう「事実が真実であることの証明がない場合でも、行為者がその事実を真実であると誤信し、その誤信したことについて、確実な資料、根拠に照らし相当の理由があるときは、犯罪の故意がなく、名誉毀損の罪は成立しない」。

解説 公然と事実を摘示して人の社会的評価を下げる表現行為は名誉毀損罪として刑法二三〇条一項の処罰の対象となる。しかし、表現の自由との調整から刑法二三〇条の二は、事実の公共性、目的の公益性、事実の真実性の証明の三要件を満たせば、名誉毀損罪は成立しないと定めている。

もっとも事実の真実性の証明という要件を満たすのは簡単ではなく、証明の失敗をおそれて表現行為が萎縮してしまうおそれがある。本判決は先例（最1判昭和34・5・7刑集一三巻五号六四一頁）を変更して「相当の理由」による免責を認めることにより、表現の自由の萎縮効果にも配慮した（不法行為法上の名誉毀損については本判決の三年前に最高裁は相当性の法理を導入している。最1判昭和41・6・23民集二〇巻五号一一一八頁）。

その後の多くの名誉毀損事件では、「相当の理由」があったかが争われている。しかし、裁判所は「確実な資料、根拠」を厳格に解釈して「相当の理由」を否定する傾向にある。民事訴訟において最高裁は、（捜査当局の公式発表前の事件報道につき）「相当の理由」を認めるためには「裏付け取材」といった十分な調査が不可欠であるとの考えを示している（最1判昭和47・11・16民集二六巻九号一六三三頁）。

相当性の法理は、印刷メディアを念頭において展開してきた。それをインターネットの個人の表現活動にも適用すべきかが争われた最近の名誉毀損罪事件で、一審は「相当の理由」を緩和する新基準を立てたものの、最高裁は従来の枠組みで判断すべきであるとした（最1決平成22・3・15刑集六四巻二号一頁）。

▼**評釈**――藤井樹也・百選Ⅰ64、橋爪隆・メ百26等

名誉毀損と「公人」理論……月刊ペン事件

85 最1判昭和56・4・16刑集三五巻三号八四頁

関連条文 憲法二一条、刑法二三〇条の二

私人の私生活上の行状も刑法二三〇条の二第一項の「公共の利害に関する事実」にあたる場合があるか。

事実　雑誌『月刊ペン』はある宗教法人を批判する特集のなかで、同法人の会長の異性関係についての記事を掲載した。これが会長等の名誉毀損にあたるとして、同雑誌の編集局長が起訴された。一審及び原審は本件の摘示事実は刑法二三〇条の二第一項のいう「公共の利害に関する事実」に該当しないとして名誉毀損罪の成立を認めたため、被告人が上告した。

裁判所の見解　「私人の私生活上の行状であっても、そのたずさわる社会的活動の性質及びこれを通じて社会に及ぼす影響力の程度などのいかんによっては、その社会的活動に対する批判ないし評価の一資料として、刑法二三〇条ノ二第一項にいう『公共ノ利害ニ関スル事実』にあたる場合があると解すべきである」。

解説　刑法二三〇条の二第一項の名誉毀損罪成立阻却要件の一つである「公共の利害に関する事実」は、戦前の出版法及び新聞紙法との対比により、私行にわたるものであっても公共性を肯定する余地を認めるものと一般に理解されてきた。しかし実際には、性的な醜聞などについて事実の公共性を認める裁判例は、本判決が下されるまでは存在しなかった（岡山地判昭和34・5・25下刑集一巻五号一三〇二頁など）。本判決は、「一般的には公表をはばかるような異性関係の醜聞に属する」事実であっても公共性を有しうることを認めた点で大きな意義を持つ。

「私人の私生活の行状」が公共性を有するかどうか判断するにあたり、本判決は「そのたずさわる社会的活動の性質及びこれを通じて社会に及ぼす影響力の程度」により「その社会的活動に対する批判ないし評価の一資料」としての性格を持つかに注目している。この見解の背後には、国民の知る権利に配慮して、私人であっても「公人」と見なされる場合があること、その場合には名誉権は表現の自由との関係で限定的に把握されるべきであること、といういわゆる「公人」理論の基本的な考え方が控えていると学説上主張されている（ただし、「現実的悪意の法理」との関連で本来の「公人」理論との違いに注意を促す学説も存在している）。

なお、本判決は「公共の利害に関する事実」に該当するかどうかは「摘示された事実自体の内容・性質に照らして客観的に判断されるべき」とし、原審が採用したような「摘示する際の表現方法や事実調査の程度」に着目する手法はむしろ公益目的の要件において妥当するものと指摘している。

▼**評釈**――髙佐智美・百選Ⅰ65、佐伯仁志・メ百20等

名誉毀損と公正な論評

86 最1判平成元・12・21民集四三巻一二号二二五二頁

関連条文　憲法二一条、民法七〇九条・七二三条

意見の表明や論評によっても名誉毀損が成立するか。

事　実　長崎市内の公立小学校では通知表の様式及び評定記載方法をめぐる教師Xらの反対により、通知表が児童に交付されない事態が生じた。これに対しYはXらを批判する目的で「教師としての能力自体を疑われるような『愚かな抵抗』」などといった表現やXらの個人情報を記載したビラを配布するなどした。Xらは名誉が毀損されたとして不法行為による損害賠償請求などを求めて訴えた。

裁判所の見解　①公共の利害に関する事項についての批判、論評は、表現の自由の行使として尊重される。その対象が公務員の地位における行動である場合には、批判等により当該公務員の社会的評価が低下することがあっても、②その目的が専ら公益を図るものであり、かつ、③その前提としている事実が主要な点において真実であることの証明があったときは、④人身攻撃に及ぶなど論評としての域を逸脱したものでない限り、名誉侵害の不法行為の違法性を欠く。

解　説　事実の摘示による不法行為上の名誉毀損も、81判決と同様の枠組みで判断される。これに対して、意見・論評による名誉毀損については表現の自由の観点からそれとは別の、①と④を強調する「公正な論評の法理」という枠組みで判断すべきではないかが争われてきた。本判決は、意見・論評の前提となる事実に着目することにより、この法理を刑法二三〇条の二の考え方に組み入れて再構成している。なお、後に最高裁は、事実の摘示による名誉毀損とのバランスを図る目的で、③の要件を緩和して事実を真実と信ずるにつき「相当の理由」があれば故意または過失が否定されるとした（最3判平成9・9・9民集五一巻八号三八〇四頁）。

このような最高裁の「公正な論評」の法理に対しては学説上の批判が存在している。第一に、言論には言論で対抗すべきという表現の自由の理念にてらして、反論する機会のない私人に対する虚偽の表現にのみ名誉毀損を限定すべきであり、事実の表明とは区別される意見・論評については本来名誉毀損は成立しえない。第二に、これとは別に、論評の前提事実は名誉毀損の事実摘示ではないため、③及び「相当の理由」を独立の要件とすべきではない。

事実摘示型と意見表明型の名誉毀損では判断枠組みが異なるため、問題の表現が事実摘示か意見表明かを区別する基準が重要となる。最高裁は表現方法、推論形式及び表現の文脈などで判断すべきとするが（最3判平成9・9・9民集五一巻八号三八〇四頁など）、これについても裁判官の主観に左右されるとの批判がある。

▼**評釈**——長岡徹・百選Ⅰ66、渋谷秀樹・メ百33等

87 名誉毀損と「配信サービス」の抗弁

最1判平成23・4・28民集六五巻三号一四九九頁

関連条文　憲法二一条、民法七〇九条・七一〇条

通信社に相当の理由がある場合に、その配信を受けている新聞社も免責されるのか。

事実　医師Xの手術による患者死亡をめぐる共同通信社の記事を同通信社の社員である地方新聞社Yらは自己の発行する新聞に裏付け取材をすることなく掲載した。Xは共同通信社およびYらを相手取り不法行為（名誉毀損）に基づく損害賠償を請求する訴訟を提起した。

裁判所の見解　上告棄却。新聞社が、通信社からの配信に基づき、自己の発行する新聞に記事を掲載した場合、少なくとも、当該通信社と当該新聞社とが、記事の取材、作成、配信及び掲載の一連の過程において、報道主体としての一体性を有すると評価することができるときは、「当該通信社が当該配信記事に摘示された事実を真実と信ずるについて相当の理由があるのであれば、当該新聞社が当該配信記事に摘示された事実の真実性に疑いを抱くべき事実があるにもかかわらずこれを漫然と掲載したなど特段の事情のない限り、当該新聞社が自己の発行する新聞に掲載した記事に摘示された事実を真実と信ずるについても相当の理由があるというべきである」。

解説　84事件と同様、不法行為責任たる名誉毀損についても相当性の法理が判例上認められている（最判昭和41・6・23民集二〇巻五号一一一八頁）。通信社に「相当の理由」が認められなかった場合にその記事の配信を受けている新聞社の免責を否定した事案（最判平成14・1・29民集五六巻一号一八五頁、最判平成14・3・8判時一七八五号三八頁）とは異なり、本件では通信社に「相当の理由」がある場合における新聞社の免責の可否が問題になっている。

本判決は、通信社による記事配信システムは①国民の知る権利に奉仕すること、②このシステムの下、新聞社が記事配信の裏付け取材を行うことは困難であること、③通信社は「相当の理由」があるため免責される場合でも新聞社が免責されないと、報道が萎縮するおそれがあること等を指摘して、少なくとも新聞社が通信社と報道主体としての一体性を有すると評価できるときは、特段の事情がない限り、通信社に「相当の理由」があるとの考えを示した。ただし本判決は、通信社の免責の可否にかかわらず原則として新聞社の免責を認める「配信サービス」の抗弁を認めたわけではない。

本件のように新聞社が通信社の社員である場合に加え、通信社と新聞社が記事配信契約を締結しているのにすぎない場合にも「一体性」を認めることができるのか問題となる。上記①〜③の趣旨に照らして判断することになろう。

▼**評釈**——曽我部真裕・判プラ140、水野謙・メ百79等

名誉毀損と事前差止……北方ジャーナル事件

88 最大判昭和61・6・11民集四〇巻四号八七二頁　関連条文　憲法一三条・二一条、(旧)民訴法七五七条二項・七六〇条、民法七〇九条・七一〇条

①名誉毀損を理由とする事前差止めは憲法二一条二項の禁止する「検閲」か、②「検閲」に該当しない場合、この事前差止めが認められるための実体的要件、及び③手続的要件はどのようなものか。

事　実　Xが発行する月刊誌「北方ジャーナル」は北海道知事選に立候補予定のYの人格を辛辣に批判する記事を掲載する準備をしていた。この記事内容を知ったYは同誌発売予定の一週間前に札幌地裁に対し、名誉権の侵害の予防を理由に雑誌の印刷・製本及び販売または頒布の禁止等を命じる仮処分を申請し、裁判所もこれを認めた。そこでXはY側の仮処分申請及び裁判所の仮処分決定により損害をうけたとして、民法七〇九条に基づきYらに対し、国家賠償法一条に基づき国に対し損害賠償を求める訴えを提起した。

裁判所の見解　①仮処分による事前差止めは憲法二一条二項前段にいう「検閲」にはあたらない。名誉を違法に侵害された者は「人格権としての名誉権に基づき、加害者に対し、現に行われている侵害行為を排除し、又は将来生ずべき侵害を予防するため、侵害行為の差止めを求めることができる」。②「表現行為に対する事前抑制は、表現の自由を保障し検閲を禁止する憲法二一条の趣旨に照らし、厳格かつ明確な要件のもとにおいてのみ許容」される。公務員または公職選挙候補者に対する評価、批判等は一般に公共の利害に関する事項であり、それに対する事前差止めは原則として許されない。しかし、「その表現内容が真実でなく、又はそれが専ら公益を図る目的のものでないことが明白であって」、かつ「被害者が重大にして著しく回復困難な損害を被る虞があるとき」は、例外的に事前差止めが許される。③公共の利害に関する事項についての表現行為の事前差止めを仮処分によって命ずる場合には、原則として口頭弁論または債務者の審尋がなされ、②の要件について疎明以上の立証が求められる。ただし、債権者の提出した資料によって、②の要件を満たすと認められるときは、口頭弁論または債務者の審尋を経なくても憲法二一条の趣旨に反するものとはいえない。

解　説　本判決は、裁判所の仮処分による事前差止めは憲法二一条二項の禁止する「検閲」概念にはあたらないとしつつ、表現行為に対する事前抑制の原則禁止の観点から厳格かつ明確な要件によってのみ許容されるという。その実体的要件は②で示されているように、(a)公共の利害に関する事項についての表現に関し、(b)真実性がなく、または(c)公益目的がないことが明白であって、かつ(d)重大で著しく回復困難な損害のおそれがあるというものである。84判決でみた名誉毀損成立阻却の要件と対比させるならば、「明白」は(b)と(c)の二つにかか

っているため、(a)から(c)は名誉毀損成立阻却が認められる可能性が明らかにない場合を意味していることが分かる。(d)は、仮処分にあたり一般に必要とされる「被保全権利」（本件では、人格権侵害に基づく差止請求権）の成立要件、さらには「保全の必要性」について述べたものといえよう（学説上、本判決は差止請求権の成立要件が同時に保全の必要性になりうることを承認したとの指摘がある。本事件後に制定された民保一三条一項参照）。以上の思考枠組をまとめるならば、最高裁は、公務員または公職選挙候補者に対する評価、批判等の表現行為類型については、名誉毀損に基づく事前差止めは原則として許されないとしつつ、例外的に事前差止めが認められる要件を定立する、つまり「名誉の価値と表現行為の価値との比較衡量を、表現行為をできるだけ類型化し、類型化された表現行為の一般的利益とこれと対立する名誉の一般的利益とを比較衡量して判断する」という本判決の大橋裁判官補足意見の「類型的比較衡量説」を採用していると考えられる。

もっとも本判決に対しては学説上、(b)と(c)が「または」で結ばれていることに対する批判もある。表現内容が真実であっても事前抑制が認められる余地があるからである。そもそも(a)公共の利害に関する事項についての表現は公益目的であることが法律上も擬制されていることから（刑法二三〇条の二第三項）、(c)を独立の要件とすべきではないともいえる。加えて、①でも示されているように、差止請求権の根拠を不法行為というより人格権に見出すのであれば、表現者の主観的な要素を判断するのは背理である。

本判決が下される前では、裁判所による事前差止めの基準につき、「高度の違法性説」（東京地決昭和45・3・14下民集二一巻三・四号四一三頁）、「個別的比較衡量説」（東京高決昭和45・4・13高民集二三巻二号一七二頁）が提示されていた。しかし学説上、前者に対しては違法性の判定方法を具体化していない、後者については衡量の基準を明確化していないため表現の自由の萎縮効果をもたらす恐れがある、と批判されている。この萎縮効果の観点からは、本判決における前述の大橋裁判官補足意見、そして事前差止めの要件に「現実の悪意」を採用するよう主張する谷口裁判官反対意見が注目される。しかし、ここでもやはり、差止請求権の根拠をふまえるなら表現者の主観的な要素を判断すべきではないとの批判が妥当する。さらに、「現実の悪意」については、「表現行為者の主観に立ち入るものであるだけに、仮処分のような迅速な処理を要する手続において用いる基準として適当でない」との伊藤裁判官の意見もある。

③の手続的要件については、②の(b)(c)と関連して、立証の程度が「疎明」から「明白」にまで高められており、それは、仮の地位を定める仮処分一般にいう高度の疎明をさらに上回るほぼ証明に匹敵するものを要求しているといえる。この点で、表現の自由に配慮していると評価されている。

▼評釈——阪口正二郎・百選Ｉ68、宍戸常寿・メ百73等

少年事件の推知報道禁止……長良川事件報道訴訟

89 最2判平成15・3・14民集五七巻三号二二九頁

関連条文 憲法一三条・二一条、民法七〇九条・七一〇条、少年法六一条

少年法六一条違反を理由として不法行為責任を追及できるのか。

事実 一九歳の少年グループにより引き起こされた「長良川リンチ殺人事件」裁判の係属中に、仮名等により被告人らの法廷の様子などを伝える記事を週刊誌が掲載した。これが少年法六一条の禁止する推知報道にあたり、名誉を毀損され、プライバシーが侵害されたとして被告人のうちの一人が週刊誌の発行会社を相手取り慰謝料を求める訴訟を提起した。

裁判所の見解 ①少年法六一条の禁止する推知報道かどうかは、不特定多数の一般人が当該事件の本人であると推知できるかを基準とすべきである。本件の仮名はそれに該当せず、少年法六一条に違反しない。②名誉毀損、プライバシー侵害の「不法行為が成立するか否かは、被侵害利益ごとに違法性阻却事由の有無等を審理し、個別具体的に判断すべき」である。

解説 推知報道の判断にあたり、原審は被告人と面識を有する特定多数の読者、被告人が生活基盤としてきた地域社会の不特定多数の読者を基準としたものの、本判決は①のような判断基準を示すことにより、少年法六一条の禁止する推知報道の範囲を限定した。ただ、少年法六一条に違反しないとされた少年報道も、それとは別に名誉毀損やプライバシー侵害として不法行為を構成しうる。この場合には、名誉毀損及びプライバシー侵害についての通常の判断枠組みに従って個別具体的に判断することになる。

本件を離れて、もし少年法六一条違反があるとされた場合に、それを理由に不法行為責任を追及できるかどうかは、判例学説で争いがある。原審は、少年法六一条は少年の成長発達権をも保障しており、特段の事情がない限りその違反は不法行為を構成すると判断した。他方で「堺通り魔殺人事件」控訴審判決(大阪高判平成12・2・29判時一七一〇号一二一頁)は、少年法六一条は刑事政策的配慮に根拠を置く規定であり、その順守を社会の自主規制に委ねたものであると理解している。

学説上、本件原審の判断に従うものがある。もっとも、現行少年法の制定の経緯を踏まえて大阪高裁のように同条を倫理規定と解する見解もある。ただ、この見解に対しても、法が自主規制に口をはさむのは背理であるとの批判が存在する。さらには少年の成長発達権を少年法六一条の保護法益とする解釈に対して、少年法自体が少年の刑事責任を認め、処罰という選択肢を用意していることと矛盾すると指摘されている。こうした両者に対する批判に立って、少年法六一条の趣旨を少年家族による平穏な家庭生活の保護に求める考えも存在している。

▼**評釈**——上村都・百選Ⅰ67、實原隆志・メ百47等

プライバシー(1)……「宴のあと」事件

90 東京地判昭和39・9・28判時三八五号一二頁

プライバシーの権利性を認めることができるのか。

事　実　作家である三島由紀夫は、著名な元政治家Xをモデルとした小説「宴のあと」を雑誌連載し、その後単行本として出版した。この小説はXがモデルであることを読者に想起させ、その私生活を暴露するかのような描き方をした。そこでXは、プライバシーの侵害により精神的苦痛を感じたとして、三島と出版社を相手取り、損害賠償と謝罪広告を求めて提訴した。

裁判所の見解　プライバシー権は私生活をみだりに公開されない法的保障ないし権利として理解される。その侵害に対してはその差止めや損害賠償請求権が認められる。「プライバシーの侵害に対し法的な救済が与えられるためには、公開された内容が（イ）私生活上の事実または私生活上の事実らしく受け取られるおそれのあることがらであること、（ロ）一般人の感受性を基準にして当該私人の立場に立った場合公開を欲しないであろうと認められることがらであること」、「（ハ）一般の人々に未だ知られていないことがらであることを必要とし、このような公開によって当該私人が実際に不快、不安の念を覚えたことを必要とする」。

関連条文　憲法一三条・二一条、民法七〇九条・七一〇条

解　説　プライバシー侵害の法的救済要件として、本判決は故意または過失による公表を前提に、記事内容の（イ）私事性、（ロ）秘匿性、（ハ）非公知性を挙げ、その後の多くの判例がこれを踏襲している。こうした三要件の背景には、プライバシー権を「ひとりで放っておいてもらう権利」という古典的理解を踏まえて「私生活をみだりに公開されない」法的保障ないし権利として把握する洞察が控えている。

もっとも、プライバシー権を秘匿性に力点を置いて消極的に捉えるのみならず、「自己情報コントロール権」として再構成する見解が学説上有力に唱えられている。25判決も「自己が欲しない他者にはみだりにこれを開示されたくないと考えることは自然な」情報の保護を承認しており、この説に接近している。ただし、25判決で問題となった情報提供のありようは特定人への情報開示であった。一般人への公表・報道が問題となる事案では、秘匿性をプライバシー権の中心にすえる判例を見出すことができる（たとえば92判決の原審である、東京高判平成13・2・15判時一七四一号六八頁など）。

プライバシー侵害の違法性阻却事由として本判決は、①芸術的昇華度、②ことがらの公的性格、③被害者の公的性格、④本人の承諾を挙げている。また、プライバシー侵害の性格上、民法七二三条による救済として謝罪広告を認めていない。

▼**評釈**――門田孝・百選Ⅰ60、内野正幸・メ百40等

プライバシー(2)……ノンフィクション「逆転」事件

91 最3判平成6・2・8民集四八巻二号一四九頁

関連条文　憲法一三条・二一条、民法七〇九条・七一〇条

ノンフィクション小説による前科等の公表はプライバシー権を侵害するのか。

事　実　アメリカ合衆国統治下での沖縄において傷害罪の有罪判決をうけたXは、仮出獄後に上京し、前科等（前科や犯罪履歴）を知られることなく生活していた。本件の事件・裁判から約一二年後にYは、この事件及び裁判の経緯を描くノンフィクション小説「逆転」をXの実名の使用のもと刊行した。そこでXは、前科の公表によるプライバシー権侵害を理由としてYに慰謝料の支払いを求める訴訟を提起した。

裁判所の見解　前科等を有する者は、それをみだりに公表されないことにつき法的保護に値する利益、「社会生活の平穏を害されその更生を妨げられない利益」を有する。ただし前科等の公表が不法行為を構成するか否かは、「その者のその後の生活状況のみならず、事件それ自体の歴史的又は社会的な意義、その当事者の重要性、その者の社会的活動及びその影響力について、その著作物の目的、性格等に照らした実名使用の意義及び必要性をも併せて判断」すべきである。

解　説　本判決は、ノンフィクション小説による前科等の公表も不法行為を構成しうることを明らかにした。ただし、一審と原審がともに前科等の公表をプライバシーの権利・利益の侵害として構成したのに対し（なお、24判決の伊藤裁判官補足意見も参照）、本判決は前科等をみだりに公表されない「法的保護に値する利益」について述べるにすぎない。

この言い回しを受けて、前科等を公表されない利益の構成をめぐり、学説上、三つの見解が存在する。第一説は、本判決も前科等をプライバシー権の保護領域に含めていると捉える。これには、90判決で言及された「私事性」を前科等は満たさないとの批判がある。もっとも、時の経過とともに私事性を帯びるとの再反論、他者との関係で個人が示すイメージをプライバシー権の保護領域に入れることにより、古典的プライバシー権を拡大させる説もある。第二説は、前科等の公表を名誉毀損として構成する。この説の弱点として、相当性理論による成立阻却の可能性を考えるならば、結論の具体的妥当性に難があると指摘されている。第三説は、本判決は犯罪者の更生という刑事政策上の利益を示唆していると主張する。

いずれにせよ、表現の自由と前科等を公表されない利益の調整を個別的比較衡量により行っている点、前科等の公表から保護すべき時期を「有罪判決を受けた後」に設定している点で、後者に偏重しているのではないかとの批判がある。

▼**評釈**――小谷順子・百選Ⅰ61、大石泰彦・メ百41等

プライバシー(3)……「石に泳ぐ魚」事件

92 最3判平成14・9・24判時一八〇二号六〇頁

関連条文　憲法一三条・二一条、民法七〇九条・七一〇条

①小説表現によりプライバシー権は侵害されうるのか、②小説によるプライバシー権侵害を理由に差止めが認められるのか。

事実　作家の柳美里は、月刊誌に小説「石に泳ぐ魚」を発表した。Xは、登場人物の一人が自分をモデルとしており、その記述内容がXに対する名誉毀損、プライバシー侵害、名誉感情の侵害にあたるとして、柳らを相手取り、単行本化等の出版差止めと慰謝料の支払いを求めて訴えを提起した。

裁判所の見解　本件は、「公共の利益に係わらないXのプライバシーにわたる事項を表現内容に含む本件小説の公表により公的立場にないXの名誉、プライバシー、名誉感情が侵害されたものであって、本件小説の出版等によりXに重大で回復困難な損害を被らせるおそれがある」。「したがって、人格権としての名誉権等に基づくXの各請求を認容した判断に違法はなく」、この判断は憲法二一条一項に違反しない。

解説　小説表現は一般に、芸術作品として成功すれば、作品全体が虚構であると読者に受け取られる可能性を持つ。したがって、虚実織り交ぜつつ、実在の人物をモデルにする作品は、その者のプライバシー権を侵害しないと判断される場合もある（東京地判平成7・5・19判時一五五〇号四九頁）。ただし本件の一審及び原審は、むしろ小説の登場人物に対しモデルとされた者の属性を多く与えると、虚構までもが真実さを帯びる点を指摘して、モデルのプライバシー権侵害を認めた。前者のアプローチだと裁判所が作品の芸術的完成度を判断することになってしまうからである。

この見方によると、一般市民がモデルである場合、その周囲の人々もモデルの「内面」を真実と受け取る可能性が高くなる。さらに顔の障害という外貌についても、それを通して内面まで透視させる小説表現の特性から、プライバシー権の対象となりうる。もっとも、外貌のプライバシー性について原審は明確に指摘していない。

本判決は、プライバシー侵害に基づく出版差止めを承認した。原審はその判断基準を利益衡量に求めている。学説上、事後的回復の困難なプライバシー権の性格に照らしてこれを肯定するものと、最高裁の確立した法理では損害賠償の事例でも利益衡量によって決定されるのに、事前抑制である差止めが例外的に認められるため同じく利益衡量を用いるのは背理であると批判するものがある。もっとも本判決がいかなる基準を採用したのかは、必ずしも明らかではない。

▼**評釈**——曽我部真裕・百選Ⅰ62、棟居快行・メ百74等

プライバシー(4)……検索結果削除請求事件

93 最3決平成29・1・31民集七一巻一号六三頁

関連条文　憲法一三条、民法七〇九条、民事保全法二三条

検索結果の削除を認めるための基準

事　実　児童買春の罪での逮捕歴を有するXは、インターネットの検索事業者に対し、人格権等に基づき逮捕事実の記事を表示する検索結果の削除を求める仮処分命令の申立てを行ったところ、裁判所は検索結果の削除を仮に命令し、異議申立審もこれを認可した。だが、保全抗告審はこれを取り消し、仮処分申立を却下したため、Xが抗告許可の申立てをした。

裁判所の見解　抗告棄却。「個人のプライバシーに属する事実をみだりに公表されない利益は、法的保護の対象となる」。情報の収集、整理及び提供のためのプログラムは検索事業者の方針に沿って作成されたものであり、検索結果の提供は「検索事業者自身による表現行為という側面を有」し、また「現代社会においてインターネット上の情報流通の基盤として大きな役割を果たしている」。プライバシーに属する事実等を検索結果の一部として提供する行為の違法性は比較衡量により判断し、「当該事実を公表されない法的利益が優越することが明らかな場合には」、検索事業者に対し、当該情報の検索結果からの削除を求めることができる。本件逮捕事実の公共性と限定的な伝達範囲により、「本件事実を公表されない法的利益が優越することが明らかであるとはいえない」。

解　説　「忘れられる権利」に言及した異議申立審（さいたま地決平27・12・22判時二二八二号七八頁）とは異なり、本決定は①プライバシーの侵害の判断枠組みである比較衡量を用いて検索結果の提供行為の違法性を判断したうえで、②プライバシーに属する事実を公表されない法的利益が優越することが明らかな場合に、検索結果の削除を認めるとした。①は89事件と91事件と同様、報道機関等によるプライバシー侵害の判断方法を踏まえている。②は安易な検索結果の削除を認めない趣旨である。検索事業者の表現行為の側面を持つ検索結果の提供、情報流通の基盤としての検索事業者の大きな役割から①②は導かれといえよう。もっとも、本決定は、従来の判例とは異なり、②で「明らかな」優越を求めている。その理由として、仮処分、差止請求に加え、検索事業者は検索結果の元記事について詳細な情報を有していないこと等が挙げられている。

検索サービスとは異なるツイッター［現X］への逮捕歴に関する短文投稿の削除が問題になった事件において、最高裁（最判令和4・6・24民集七六巻五号一一七〇頁）は、当該投稿の削除の請求を棄却した原判決を破棄した。その際、最高裁は、「情報流通の基盤」には触れず、時の経過とともに逮捕事実の公共の利害の程度が小さくなること、各投稿は逮捕事実の速報を目的としていることなどに着目した。

▼**評釈**――田代亜紀・百選Ⅰ63、曽我部真裕・判プラ130

営利広告の自由の制限

94 最大判昭和36・2・15刑集一五巻二号三四七頁

関連条文　あん摩師、はり師、きゅう師及び柔道整復師法七条（当時）、憲法二一条

営利的広告の禁止は憲法二一条の表現の自由を不当に侵害するものか。

事実　きゅう師がきゅうの適応症としての病名を記載した広告ビラを配布したところ、適応症の広告を禁止するあん摩師、はり師、きゅう師及び柔道整復師法（以下、「あん摩師等法」と記述する）七条に違反するとして起訴された。これに対して同きゅう師があん摩師等法の広告禁止は憲法二一条の表現の自由を不当に侵害するものとして争った。

裁判所の見解　あん摩師等法が適応症の広告をも許さない理由は、「もしこれを無制限に許容するときは、患者を吸引しようとするためややもすれば虚偽誇大に流れ、一般大衆を惑わす虞があり、その結果適時適切な医療を受ける機会を失わせるような結果を招来することをおそれたためであって、このような弊害を未然に防止するため一定事項以外の広告を禁止することは、国民の保健衛生上の見地から、公共の福祉を維持するためやむをえない措置として是認されなければならない」。

解説　あん摩師等法は、一定の事項を除き原則として営利広告を禁止するという規制手法を採用していた。他の表現行為にはないこのような厳しい規制は、営利広告であるがゆえに憲法上認められるのかが問題となる。

本判決は、「国民の保健衛生上の見地」から営利広告の原則禁止を合憲と判断している。しかし、これだけでは誤解を招くおそれのない広告までなぜ規制されうるのか説明できない。そこで、垂水裁判官の意見は、営利広告を経済活動の自由と見なすことにより、その規制を立法政策の問題として扱うべきと補足している。これに対して、営利広告も表現の自由に含まれるとの観点から「真実、正当な広告までも一切禁止することは行き過ぎである」との奥野裁判官の少数意見がある。

学説の多くは、本判決の結論に批判的である。奥野裁判官の意見と同様、営利広告も表現の自由に含まれると主張する学説は、同広告も①政治的表現と同様の機能を有していると指摘するもの、②政治的表現よりも低い保護を受けるものの、より制限的でない規制の論証を求めるものに分類される。さらに、人々の選択行動を間接的に制約する情報規制の問題点に注意を促す学説もある。他方で、営利広告を経済活動の自由と見なす学説も、広告内容・形態、規制手法を具体的に考慮して保障の程度を考察すべきと主張しているため、営利広告の原則禁止を批判的に見ることになる。

▼**評釈**――太田裕之・百選Ⅰ54、長岡徹・メ百64等

軽犯罪法によるビラ貼り規制

95 最大判昭和45・6・17刑集二四巻六号二八〇頁

軽犯罪法一条三三号前段は憲法二一条に違反しないか。同号の「みだりに」という文言は不明確であるために、憲法三一条に違反しないか。

事　実　Y_1とY_2は共謀のうえ、電力会社等の所有する電柱へ、所有者又は管理者の承諾を得ることなく、「第一〇回原水爆禁止世界大会を成功させよう、愛知原水協」などと印刷したビラ八四枚を、糊を使用し全面的に密着する方法で張り付けた。この行為が軽犯罪法一条三三号前段に当たるとして起訴された。

裁判所の見解　軽犯罪法一条三三号前段は、主として他人の家屋その他の工作物に関する財産権、管理権を保護するために、みだりにこれらの物にはり札をする行為を規制の対象としている。たとえ思想を外部に発表するための手段であっても、その手段が他人の財産権、管理権を不当に害するものは許されない。したがってこの程度の規制は、公共の福祉のため、表現の自由に対して許容された必要かつ合理的な制限であって、憲法二一条に違反しない。また、「みだりに」とは、社会通念上正当な理由があると認められない場合を指すと解するのが相当であり、不明確ではない。

関連条文　憲法二一条・三一条、軽犯罪法一条三三号

解　説　ビラ貼りという表現手段は、本件で問われた軽犯罪法一条三三号前段のほか、屋外広告物法に基づく屋外広告物条例による規制も受ける。96判決の二年後に出された本判決は、前者の類型のリーディング・ケースである。

軽犯罪法は、戦前にあった警察犯処罰令（明治四一年内務省令一六号）に代わるものとして昭和二三年に制定された法律であり、右省令が社会運動抑圧の道具として大いに用いられたという歴史的事実に、留意しなくてはならない。本法立法過程で第四条の注意規定が加えられたのは、かかる消息による。

96判決が屋外広告物規制関係法令の保護法益として、都市の美観風致の維持および公衆に対する危害の防止といった公共的法益を挙げたのに対し、本判決は「主として……財産権、管理権」という個人的な法益を掲げている点が注目に値し、また一定の評価に値する。

しかしながら、右に記した歴史的経緯や、本法に基づく起訴が特定の類型のビラに偏る傾向があった中で、不当に保護法益が拡大され、運用が恣意に流れるおそれがあることには、警戒が必要である。たとえば、本判決を踏まえてもなお、可罰的違法性を問うて被告人を刑罰から解放する方法は、当然に残されていると解すべきである。

▼**評釈**——木下昌彦・百選ⅠＡ7等

屋外広告物条例によるビラ貼り規制……大阪市屋外広告物条例事件

96 最大判昭和43・12・18刑集二二巻一三号一五四九頁

関連条文　憲法二一条、大阪市屋外広告物条例（当時）

美観風致の維持の為にビラ貼りを規制する大阪市屋外広告物条例が憲法二一条に違反しないか。

事　実　被告人Y_1とY_2は、法定の除外事由がないのに、他二名と共謀の上、「四十五年の危機迫る!!　国民よ決起せよ!!　大日本菊水会本部」などと印刷したビラ二六枚を、大阪市広告物条例（以下、本件条例）により貼り紙等の表示を禁止された物件である、一三ケ所の橋柱、電柱及び電信柱に貼り付けたため（以下、本件各所為）、本件条例に違反するとして起訴された。

裁判所の見解　本件条例は、屋外広告物法に基づいて制定されたもので、これらは両者相俟って、大阪市の美観風致を維持し、及び公衆に対する危害を防止するために、屋外広告物の表示の場所及び方法並びに屋外広告物を掲出する物件の設置及び維持について、必要な規制をするものである。貼付される印刷物が営利とは関係のない純粋な思想、政治、社会運動であるとしても、これらの規制対象となる。本件各所為は、都市の美観風致を害するものとして規制の対象となる。国民の文化的生活の向上を目途とする憲法の下において、都市の美観風致を維持することは、公共の福祉を保持する所以であるから、この程度の規制は公共の福祉のため、表現の自由に対して許された必要且つ合理的な制限である。

解　説　表現手段たるビラ貼りは、軽犯罪法一条三三号前段によるほか（95判決参照）、本件のような屋外広告物法に基づく屋外広告物条例（なお立看板規制について97判決も参照）による規制を受ける。本判決は後者の類型のリーディング・ケースである。

本件条例は当時、広告物、ポスター、貼り紙、立看板の表示又は掲出を禁止する物件を、網羅的といってもよいくらいに定めていた。本判決は、このビラ貼り規制を、「時、所、態様に関する規制」と捉え、また規制の「程度」と規制の「必要性」及び「合理性」を理由に、全面的な合憲を導いた。

しかし、ビラ貼りは市井の人にとって、自らの思想を多くの者に伝える、重要な表現手段である（97判決伊藤正己補足意見参照）。本件条例の規制が、実質的に表現内容規制として働く危険性もあることを踏まえれば、よりきめ細やかな審査がなされるべきであっただろう。

また、仮に法令合憲であるとしても、それは条例の適用における合憲を意味するわけでは、必ずしもない。本件所為につき、美観風致を害し規制の対象となると簡単に述べるのみだが、その法益侵害性を実質的に検討することが必要であったとの批判が妥当する。

▼**評釈**——西土彰一郎・百選Ⅰ55等

屋外広告物条例による立看板規制……大分県屋外広告物条例事件

97 最3判昭和62・3・3刑集四一巻二号一五頁

関連条文　憲法二一条、大分県屋外広告物条例

美観風致の維持のために、街路樹及びその支柱等への広告物掲出を禁止する大分県屋外広告物条例は、憲法二一条に違反しないか。

事実　街路樹二本の各支柱に、日本共産党の演説会開催の告知宣伝を内容とするプラカード型ポスター（以下、立看板）各一枚をくくりつけた被告人の所為が、大分県屋外広告物条例（以下、本条例）違反に問われた。

裁判所の見解　（法廷意見は、ほぼ92判決と同じであるため割愛する。）伊藤正己補足意見：屋外広告物の掲出は簡便で効果的な表現伝達方法であり、ビラやポスターを貼付するに適当な場所や物件は、道路、公園等とは性格を異にするものの、私のいうパブリック・フォーラム(98判決参照)たる性質を帯びるともいえる。それぞれの事案の具体的な事情に照らし、広告物の貼付されている場所がどのような性格をもつか、周囲がどのような状況であるか、貼付された広告物の数量・形状や、掲出のしかた等を総合的に考慮しなくてはならない。

その地域の美観風致の侵害の程度と、掲出された広告物にあらわれた表現の自由のもつ価値とを比較衡量した結果、表現の価値の有する利益が美観風致の維持の利益に優越すると判断されるときに、本条例の定める刑事罰を科することは、適用において違憲となるのを免れない。

本件当時、ロッキード事件等が国民の関心を惹いていた中で、演説会告知用のポスター等の掲出につき、全国各地において警察当局の規制が強化されていた。

解説　政治的表現の自由の十全な保障という点から考えるに、①屋外広告物条例の合憲性を、先例や本判決のように簡単に導いてよいものか、②仮に法令自体は合憲としても、形式的に構成要件に該当することをもって刑罰を科すことは妥当かが、厳しく問われなければならない。

①につき、当局から快く思われていない特定の団体が存在するのは公知の事実であり、法文文面の形式上、恣意的な法執行を阻止しうるつくりとなっていることが必要である。伊藤補足意見は「本条例は、その規制の範囲がやや広きに失するうらみはある」としながらも、文面上違憲とはしなかった。果たして妥当であったか、疑問が残る。

②につき、伊藤補足意見がパブリック・フォーラム性を指摘しながら適用違憲の可能性を示したことは重要である。しかし同意見のなした利益衡量は、本件立看板二枚につき、これらが「周囲の環境と調和し難い」という同裁判官の主観的判断に、還元されてしまった。このことの是非は検討されなくてはならないだろう。

▼**評釈**——金井光生・百選Ⅰ56等

駅構内におけるビラ配り……吉祥寺駅構内事件

98　最3判昭和59・12・18刑集三八巻一二号三〇二六頁

関連条文　憲法二一条、鉄道営業法三五条、刑法一三〇条後段

駅構内でのビラ配布行為に、鉄道営業法三五条及び刑法一三〇条後段の各規定を適用することは、憲法二一条一項に違反しないか。

事　実　被告人が吉祥寺駅構内において、当日、他所で予定されていた集会へ勧誘する目的で、許諾を得ることなく、乗降客らにビラを配布し、演説をなし、同駅管理者からの退去要求を無視して約二〇分に亘り同駅構内に滞留したことが、鉄道営業法三五条及び刑法一三〇条後段の罪に問われた。

裁判所の見解　（本判決で注目されているのは主に、次に紹介する伊藤正己裁判官補足意見であり、法廷意見は割愛する。）伊藤裁判官補足意見：表現の自由は絶対無制約ではなく、他人の財産権、管理権を不当に害することは許されない。しかし、形式的に刑罰法規に該当することを以て不当な侵害と解するのは適当ではなく、表現の自由の価値を十分に考慮しなければならない。ビラ配布により自己の主張を他人に伝達することは、特に社会における少数者にとって、最も簡便で有効な手段の一つであり、いかに情報伝達の方法が発達しても、その手段の意義は否定しえない。

表現のためには物理的な場所が必要であり、一般公衆が自由に出入りできる場所は、その本来の利用目的と同時に、表現の場所として役立つ。道路、公園、広場がその例であり、パブリック・フォーラムと呼びうる（以下、P.F.）。P.F.が表現の場に使用されるときは、所有権や管理権に基づく制約を受けざるを得ないにせよ、表現の自由の保障に、可能な限り配慮する必要がある。駅前広場は具体的状況によってはP.F.たる性質をもつことがある。もっとも本件で問題となった場所は駅舎の一部であり、P.F.たる性質は必ずしも強くない。

解　説　本判決で伊藤裁判官が展開したP.F.論は、同法理の母国アメリカでの、硬直的ともいえる理解及び運用とは異なる。そこではP.F.性の否定が、当該場所での表現規制の正当化と、機械的に結びつく傾向をも示しているのだ。この点、伊藤裁判官の枠組みでは、より柔軟に、表現規制の許容性を判断する利益衡量の一要素として、P.F.性を組み込みうるのである。

高度情報化社会において、インターネット上の表現行為は一見すると匿名性が高いようであるが、必ずしもそうではない。それに比べ、ビラ配布行為において配布者は、ビラに記載された顕名での表現主体とは切り離された、匿名という自由な位置に、自らの身を置きうる。このように、今日的な意味でもビラ配布は、貴重な表現手段である。右のような利益衡量でのP.F.性の判断へも、このことを反映する必要があるだろう。

▼**評釈**——平地秀哉・百選Ⅰ57等

ビラ投函のための共同住宅・敷地への立ち入りと住居侵入罪……立川反戦ビラ配布事件

99 最2判平成20・4・11刑集六二巻五号一二一七頁

関連条文　憲法二一条、刑法一三〇条前段

反戦ビラ投函のために共同住宅・敷地に立ち入り、ビラを各室玄関ドア新聞受けに投函した行為につき、刑法一三〇条前段の罪に問うことは、憲法二一条一項に違反しないか。

事実　防衛庁（当時）立川宿舎は、防衛庁の職員及びその家族が居住するために国が設置した宿舎であり、立川駐屯地関係管理機関の管理の下にある。共同住宅一階出入口付近には、宿舎地域内の禁止事項として、関係者以外の立ち入り、ビラ貼り・ビラ配り他が掲げられていた。被告人三名は共謀の上、反戦活動の一環として、「自衛隊・ご家族の皆さんへ　自衛隊のイラク派兵反対！　いっしょに考え、反対の声をあげよう！」などと記されたビラを、共同住宅内の各室玄関ドアの新聞受けに投函した。これが刑法一三〇条前段の罪に問われたものである。

裁判所の見解　憲法二一条一項は、表現の自由を絶対無制限に保障したものではなく、公共の福祉のため必要かつ合理的な制限を是認する。たとえ思想を外部に発表するための手段であっても、その手段が他人の権利を不当に害するようなものは許されない（98判決）。本件では表現そのものを処罰することではなく、表現の手段のために管理権者の承諾なく立ち入った行為を処罰することの憲法適合性が問われている。被告人らが立ち入った場所は、一般に人が自由に出入りしうる場所ではない。本件立ち入りは、管理権を侵害するのみならず、私的生活を営む者の私生活の平穏を侵害するものである。本件行為を刑法一三〇条前段の罪に問うことが憲法違反とならないことは、95判決、96判決の趣旨に徴して明らかである。

解説　本件当時、市民のビラ配布について、配布主体が公務員である場合には国家公務員法違反（いわゆる堀越事件、世田谷事件）、私人である場合には本件のように刑法一三〇条違反として、刑事権力が発動される事件が相次いだ。

本件第一審判決は、正面から憲法二一条違反性を論じたわけではないが、反戦ビラ投函が政治的表現活動の一態様であることと等に着目し、刑事罰に処するに値する程度の違法性はないと判断していた。対して最高裁は、「一般に人が自由に出入りしえない場所」に判断の射程を限定した上で、本件ビラ配布が管理権者の管理権及び私生活の平穏を侵害するとしたのであった。しかし、政治的ビラ配布は、社会的少数者によりなされるのが一般的であるところ、かかる行為に社会が不寛容であることを本判決は肯定し、助長したといえないか。そもそもビラ配布を刑罰権の威嚇の下に置くべきなのか。この表現手段が市民にとって「最も簡便で有効な手段の一つ」（98事件伊藤裁判官補足意見）であることに、改めて思いを致すべきであろう。

▼**評釈**——木下昌彦・百選Ⅰ58等

街頭演説の許可制

100 最1判昭和35・3・3刑集一四巻三号二五三頁

関連条文　憲法二一条、道路交通取締法（当時）

街頭演説の許可制は憲法二一条に違反しないか。

事実　道路交通取締法（当時。以下、法とする）二六条一項四号は道路使用許可にかかる行為の法定を、公安委員会規則に全面的に委任していた。これを受けて右規則二六条八号は、物品の販売と並べて演説、広告、宣伝等の表現行為をも、その対象として掲げ、法二九条一項により違反者は罰金又は科料に処せられるという仕組みであった。本件被告人は、日本共産党北見地区委員会の弁士として、道路上において所轄警察署長の許可を得ずに演説を行い、本法に違反するとして起訴されたものである。

裁判所の見解　憲法二一条は表現の自由を無条件に保障したものではなく、公共の福祉のため必要のある時は、時、所、方法等につき合理的に制限できる。このことは、従前の最高裁の夙に判例とするところである。道路において演説その他の方法により人寄せすることは、場合によっては道路交通の妨害となり、ひいては道路交通上の危険の発生その他公共の安全を害するおそれがないでもないから、街頭演説に許可制をとり、無許可の演説を処罰することは公共の福祉のために必要であり、この程度の制限を規制することは、憲法二一条に抵触しない。この理は、122判決が趣旨として示していると ころと解するを相当とする。

上告趣意は、その主張の中で、「道路および公園はその所有権が何人にあるにせよずつと以前から公共の使用のために信議され、集会市民間の思想の交流、公の問題の議論のために用いられて来た」としたアメリカ連邦最高裁判決（Hague v. Committee for Industrial Organization, 307 U.S. 496［1939］）も引用していた。わが国では、後に昭和59年の最高裁判決（98判決）の伊藤正己裁判官補足意見で示されることとなった、パブリック・フォーラム論である。

解説

しかし本判決はそのような表現の「場所」に対する配慮を示すことなく、物品販売と表現を同列において規律することを、「公共の福祉」に基づいて一般的に合憲とし、実質的な審査をすることがなかった。また本判決は理由を附すことなく、122判決の趣旨と同様としたが、学説はこれらの同等性に疑問を示してきた。本判決では、122判決のいう「合理的かつ明確な基準」や「明らかな差し迫った危険」に関する抑制的な条件が、特定されていないからである。

なお、本判決が下されたのと同じ年に、右法が廃止され、現行道路交通法が制定された。そこでは規制対象の特定（七七条一項四号）と許可基準の明確化（同二項）が、一定程度図られている。

▼**評釈**——永田秀樹・百選Ⅰ（五版）65等

刑事事件における取材源証言拒否……石井記者事件

101 最大判昭和27・8・6刑集六巻八号九七四頁

関連条文　憲法二一条、刑訴法一四九条

刑事事件における報道関係者の証言拒絶権は憲法二一条により保障されているのか。

事　実　税務署員の汚職事件における逮捕状の記載内容の事実が逮捕状の執行の翌日に新聞朝刊に掲載された。公務員による秘密の漏洩が疑われたため、被疑者不詳のまま捜査が開始された。朝日新聞石井記者は裁判所に召喚され、記事の出所について証言を求められたものの、取材源の秘匿を理由に宣誓、証言を拒んだため、証言拒絶罪（刑訴一六一条）で起訴された。

裁判所の見解　①国民の証言義務は裁判の適正な行使に協力すべき重大な義務であるため、証言拒絶の主体を定める刑訴法一四九条は限定列挙であり、他の場合に類推適用すべきでない。②憲法二一条は「一般人に対し平等に表現の自由を保障したものであって、新聞記者に特種の保障を与えたものではない」。③憲法二一条の保障の趣旨は、言いたいことを言わせることであり、これから言いたいことの内容を作り出すための取材について、その情報源の秘匿権まで保障するものではない。

解　説　報道関係者はたとえ法廷で取材源（＝情報提供者）の証言を求められたとしても、職業倫理上、それを拒む。情報提供者との信頼関係の維持、したがって将来の自由な取材活動、報道の自由、ひいては国民の知る権利を守るためである。しかし、日本の刑事訴訟法は報道関係者の証言拒絶権を認める規定を設けていない。そこで憲法二一条により報道関係者の取材源秘匿権が保障されるのかが、論じられてきた。

この論点について、本件最高裁判決は憲法二一条の保障の趣旨として、表現の自由の平等な保障を強調する②、取材の自由は憲法二一条により保障されていないように読める③を指摘し、憲法二一条は新聞記者の特種な権利である証言拒絶権を保障しておらず、それを認めるかは立法政策上の問題であるという。そうであるならば、①のような刑訴法一四九条の解釈は当然の結果といえる。

学説は、憲法二一条は報道関係者の取材の自由及び取材源秘匿権を直接保障しているとの立場から、取材源秘匿のため証言を拒絶した報道関係者に証言拒絶罪を適用するのは違憲であると主張するものがある。他方で、取材源秘匿は国民の知る権利の観点から裁判の公正よりも優越することを理由に、正当な業務上の行為（刑法三五条）として違法性を阻却すれば足り、取材源秘匿権を憲法上の権利として構成する必要はないとの見解もある。両説では取材の自由に対する憲法的評価の違いはあるものの、取材源秘匿の承認という結論の点では同じである。

▼**評釈**――鈴木秀美・百選Ⅰ（六版）75等

民事事件における取材源証言拒否

102　最3決平成18・10・3民集六〇巻八号二六四七頁

関連条文　憲法二一条、民訴法一九七条一項三号

民事事件における報道関係者の証言拒絶権は憲法二一条により保障されているのか。

事　実　アメリカの国税職員が日本の国税職員に情報を漏洩し、それをＮＨＫが取材・報道したことにより損害を被ったとして、あるアメリカ企業がその賠償を合衆国に求めた。この訴訟に関連して日本で嘱託尋問が行われ、証言を求められたＮＨＫ記者は、報道の取材源の特定に関する証言を拒絶した。

裁判所の見解　①証言を拒むことのできる「職業の秘密」とは「保護に値する秘密」であり、それにあたるかは、「秘密の公表によって生ずる不利益と証言の拒絶によって犠牲になる真実発見及び裁判の公正との比較衡量により決せられる」。②報道関係者の取材源がみだりに開示されると「報道関係者と取材源となる者との間の信頼関係が損なわれ、将来にわたる自由で円滑な取材活動が妨げられる」ことから、取材源の秘密は職業の秘密にあたる。取材源の秘密が「保護に値する秘密」かは以上の比較衡量により判断すべきである。③ただし、取材源の秘密は、「取材の自由を確保するために必要なものとして、重要な社会的価値を有するというべき」であるから、取材源についての証言が必要不可欠などの例外的事情がないかぎり、原則として証言拒絶が認められる。

解　説　民事裁判における取材源の秘密を「職業の秘密」（民訴二八一条（現一九七条））にあたるとし、報道記者の証言拒絶を認める下級審判例がある（札幌高決昭和54・8・31下民集三〇巻五～八号四〇三頁。これに対する特別抗告を却下した、最3決昭和55・3・6判時九五六号三二頁）。本件は、最高裁が民事裁判における報道記者の取材源秘匿について初めて実質的な判断をしたものである。

報道記者の証言拒絶をめぐり101判決と対照的な見解を示したのは、刑事裁判と民事裁判という違いよりも、この間に取材の自由も憲法二一条の精神に照らし十分尊重に値いするとした103決定が出されたからである。ただし、本件でも報道記者の取材源秘匿は憲法二一条に保障された権利であるとは明言されていない。あくまで、民訴法一九七条一項三号の「職業の秘密」の解釈問題にとどまっている。もっとも、取材の自由、及びそれに基づく報道記者の取材源秘匿を憲法上の権利と唱えても、公正な裁判の関係で絶対無制約とはいえないのであるから、取材の自由の憲法上の把握が結論に影響を及ぼすことはない。本件も取材源秘匿の意義を論じたうえで、報道関係者の証言拒絶を原則とする基準を立てている。取材の自由の萎縮効果を防ぐためであろう。

▼**評釈**——鈴木秀美・百選Ⅰ71・小山剛・メ百1等

法廷における写真撮影の許可制……北海タイムス事件

103 最大決昭和33・2・17刑集一二巻二号二五三頁

関連条文　憲法二一条、刑事訴訟規則二一五条

公判廷での写真撮影の制限は取材の自由を侵害するか。

事実　公判開始前に限り写真撮影を許可すると裁判所から事前に告知されていたにもかかわらず、北海タイムスの記者は、釧路地裁での公判開始後、傍聴席から裁判官席のある壇上に登り、裁判長の制止に従わずに証言台の被告人を撮影した。裁判所は、こうした行為は法廷等の秩序維持に関する法律二条一項前段に該当するとして過料に処した。

裁判所の見解　①「新聞が真実を報道することは、憲法二一条の認める表現の自由に属し、またそのための取材活動も認められなければならない」。しかし「たとい公判廷の状況を一般に報道するための取材活動であっても、その活動が公判廷における審判の秩序を乱し被告人その他訴訟関係人の正当な利益を不当に害するがごときものは、もとより許されない」。②「公判廷における写真の撮影等は、その行われる時、場所等のいかんによっては、前記のような好ましくない結果を生ずる恐れがあるので、刑事訴訟規則二一五条は写真撮影の許可等を裁判所の裁量に委ね、その許可に従わないかぎりこれらの行為をすることができないことを明らかにしたのであって、右規則は憲法に違反するものではない」。

解説　公判廷における写真撮影は、一九四九年に刑事訴訟規則二一五条が施行されたことにより裁判所の許可を必要とすることになり、さらに一九五二年の「法廷等の秩序維持に関する法律」の施行により写真撮影等の違反行為が制裁の対象になった。運用上も法廷写真撮影が厳しく制限され始めた時代に、公正な裁判と報道・取材の自由の調整が問われたのが本件である。

最高裁は、①にて真実の報道は憲法二一条の表現の自由に含まれるとし、また101判決とは異なり、そのための取材活動も憲法二一条の保障が及ぶかのような言い回しを用いている。もとより、報道・取材の自由も公正な裁判の観点からの制約を受ける。しかし、最高裁は②において、報道・取材の自由と公正な裁判との衡量を常に後者が優越するかのように論じており、この点で学説の厳しい批判が存在する。法廷の秩序と訴訟関係人の利益を侵害しない範囲内では、一定限度の写真撮影を認めることがむしろ要請されなければならない。

現在、法廷での写真撮影は、最高裁と報道界が取り決めた「法廷内カメラ取材の標準的な運用基準」により、代表取材のスチールカメラ一台に限り、裁判官の入廷開始時から、裁判官全員の着席後開廷宣告前の二分以内で許されている。

▼評釈――曽我部真裕・判プラ148、君塚正臣メ百2等

法廷のイラスト画の報道と肖像権

104 最1判平成17・11・10民集五九巻九号二四二八頁

関連条文　憲法一三条・二一条、民法七〇九条・七一〇条、刑事訴訟規則二一五条

法廷内イラスト画は被告人の肖像権を侵害しうるか。

事　実　いわゆる和歌山カレーライス毒物混入事件の被告人であるXは、写真週刊誌により法廷内写真を隠し撮りされたため、肖像権侵害を理由としてその編集長、出版社に対し慰謝料等の支払いを求める訴えを起こした。しかしその後、出版社側は同じ写真週刊誌にて、Xのイラスト画三点とXを揶揄するような表現を伴う文章を掲載したため、Xはさらに出版社等を相手取り、肖像権侵害等を理由とした慰謝料等の支払いを求める訴えを提起した。

裁判所の見解　「人は、自己の容ぼう等を描写したイラスト画についても、これをみだりに公表されない人格的利益を有する」。しかし、イラスト画の描写には、作者の主観や技術が反映され、それが公表された場合も、作者の主観や技術の反映を前提とした受け取り方をされるため、「人の容ぼう等を描写したイラスト画を公表する行為が社会生活上受忍の限度を超えて不法行為法上違法と評価されるか否かの判断に当たっては、写真とは異なるイラスト画の上記特質が参酌されなければならない」。手錠、腰縄により身体の拘束を受けている状態を描いたXのイラスト画の公表はXを侮辱し、Xの名誉感情を侵害し、不法行為法上違法と評価すべきである。

解　説　本判決は、「自己の容ぼう等をみだりに公表されない人格的利益」侵害による不法行為の判断枠組みを示した点で注目された。ただ、23判決と同様、それを「肖像権」として言及してはいない。

写真の隠し撮りに関し、一審と原審は違法性阻却要件として①事実の公共性、②目的の公益性、③手段の相当性を挙げて判断したものの、本判決では被撮影者の社会的地位・活動内容、撮影の場所・目的・態様・必要性等を総合考慮して違法性を判断すべきであるとした。本件の隠し撮りは刑事訴訟規則二一五条違反にあたるが（103決定参照）、一審はそこから③を否定したのに対し、本判決は総合考慮の要素の一つとして扱っているにすぎない。同規則は法廷秩序維持のためのもので、その違反は直ちに私法上違法とはならないとの配慮が働いたのではないかと学説上指摘されている（最高裁も違法性を承認）。

もっともイラスト画については、総合考慮の手法がとられたのか、被侵害利益は「自己の容ぼう等をみだりに公表されない人格的利益」か「名誉感情」なのか明確にされてはいない。この点で、手錠、腰縄により身体の拘束を受けている状態を描いたイラスト画の公表を違法とした理由づけの不十分性が批判されている。

▼**評釈**――曽我部真裕・判プラ132、高畑英一郎・メ百50等

裁判傍聴人のメモ制限……レペタ事件

105 最大判平成元・3・8民集四三巻二号八九頁　関連条文　憲法二一条・八二条、裁判所法七一条、刑訴法二八八条二項、国賠法一条一項

法廷警察権を理由に裁判傍聴人の筆記行為を原則禁止することは憲法上許されるのか。

事実　アメリカ人弁護士であるローレンス・レペタ氏は、研究の一環として東京地裁での公判を傍聴した。その際、裁判長にメモ採取の許可申請をしたものの、許可されなかった。そこでレペタ氏が憲法八二条、二一条等の違反を理由に国に対して損害賠償を求めて出訴した。

裁判所の見解　①裁判の公開により裁判の公正を制度として保障する憲法八二条一項は、裁判の傍聴はもとより、筆記行為を権利として保障していない。②各人が自由にさまざまな意見、知識、情報に接し、これを摂取する自由は、憲法二一条一項の派生原理として当然に導かれる。摂取の補助である限り、「筆記行為の自由は、憲法二一条一項の規定の精神に照らして尊重される」。③裁判の公開が制度として保障されていることに伴い傍聴人は裁判を見聞できる以上、「傍聴人が法廷においてメモを取ることは、その見聞する裁判を認識、記憶するためになされるものである限り、尊重に値し、故なく妨げられてはならない」。

解説　明文規定が存在しないにもかかわらず、従来、裁判長の法廷警察権（裁判所法七一条、刑訴法二八八条二項）を理由に法廷での傍聴人のメモ行為は原則禁止されてきた。本判決は、法廷での傍聴人のメモ行為の禁止も憲法上の問題となると認めた点で、重要な意義を有する。

もっとも、法廷でのメモ行為が憲法二一条一項及び八二条一項により直接保障されていると最高裁が考えているわけではない。本判決は、①で憲法八二条一項の裁判の公開を制度の保障として捉えている。他方、②で憲法二一条一項の派生原理として情報収集の自由を導き出したうえで、その補助である筆記行為の自由を、106決定での報道機関の取材の自由と同様に（ただし「尊重」と「十分尊重」という差がある）、同条項の精神に照らして「尊重」されるものと位置づけているにすぎない。そうして①と②を掛け合わせることにより、法廷でのメモ行為の自由を③のように定式化した。したがって、法廷でのメモ行為の自由は憲法二一条一項により直接保障されている表現の自由そのものではない。ただし、法廷における公正かつ円滑な訴訟運営が法廷メモ行為よりもはるかに優越する法益であるとしても、後者が前者を妨げることは通常考えられず、特段の事情がない限り、メモ行為を傍聴人の自由に任せるべきであり、それが憲法二一条一項の精神にも合致すると、最高裁も結論づけている。現在では法廷でのメモ行為は基本的に自由とされている。

▼**評釈**――山元一・百選Ⅰ72、市川正人・メ百3等

テレビフィルムの提出命令……博多駅事件

106 最大決昭和44・11・26刑集二三巻一一号一四九〇頁

関連条文 憲法二一条、刑訴法九九条

報道関係者は裁判所による取材物提出の命令を拒否できる権利を有しているのか。

事実 特別公務員暴行陵虐罪及び公務員職権濫用罪の付審判請求を審理する福岡地裁が、その証拠のため放送局に対して取材フィルムの提出を命じた。しかし、放送局側がこの命令は取材の自由を侵害するとして争った。

裁判所の見解 ①取材の自由は憲法二一条の精神に照らし十分尊重に値いするが、公正な裁判の実現の点から制約をうけ、その許容性は具体的な比較衡量によって判断される。②この衡量にかけられる要素は、一方で犯罪の性質、態様、軽重、取材したものの証拠としての価値、公正な刑事裁判を実現するにあたっての必要性、他方で報道機関の取材の自由が妨げられる程度、これが報道の自由に及ぼす影響の度合その他諸般の事情である。③中立的な立場から撮影した「本件フィルムが証拠上きわめて重要な価値を有し、被疑者らの罪責の有無を判定するうえに、ほとんど必須のものと認められる」のに対し、「本件フィルムは、すでに放映されたものを含む放映のために準備されたものであり、それが証拠として使用されることによって報道機関が蒙る不利益は、報道の自由そのものではなく、将来の取材の自由が妨げられるおそれがあるというにとどまる」ため、本件提出命令は憲法二一条に違反しない。

解説 報道目的で撮影された取材フィルムなど取材資料が裁判所による提出命令や捜査機関による差押えをうけたとき（報道目的以外の取材資料の利用）、報道関係者は将来取材協力者を得られにくくなり、その報道活動に支障が生ずるおそれがある。本決定は、報道のための取材の自由も憲法二一条の精神に照らし十分尊重に値いするとして、提出命令の合憲性をこうした取材の自由と公正な裁判の実現との比較衡量により判断する枠組みを示した。

ただし、本決定の以上の判断枠組みには次の批判がある。第一に「将来の取材の自由が妨げられるおそれ」があるにすぎないとの理由づけは、取材協力者の信頼関係の保護という取材の自由の趣旨を軽視している。第二に、最高裁の示した比較衡量は基準としての機能を果たしえず、取材の自由の萎縮効果を防ぐことはできない。少なくとも、最高裁が衡量するにあたり示した「ほとんど必須のもの」を、基準として格上げすることにより、取材物提出拒否を原則とする必要がある。

本決定は、国民の知る権利に奉仕する観点から、報道機関による事実の報道の自由も思想の表明の自由とならび憲法二一条の保障のもとにあるとの見解を示したことでも、注目される。

▼**評釈**――山口いつ子・百選Ⅰ73、工藤達朗・メ百6等

放送済み取材ビデオテープの差押……TBSビデオテープ差押処分事件

107 最2決平成2・7・9刑集四四巻五号四二一頁

関連条文　憲法二一条、憲法三五条、刑訴法二一八条一項・三項

捜査機関による取材物の差押えは、報道関係者の取材の自由を不当に侵害するか。

事　実　東京放送（TBS）は暴力団員の協力のもと、潜入取材により暴力団員の脅迫による債権取立ての場面を収録した。この収録ビデオテープを犯罪の証拠として警視庁が差し押さえたため、TBS側がこの差押処分は取材の自由を侵害するとして争った。

裁判所の見解　博多駅事件の比較衡量の枠組みで判断すると、①本件差押えは悪質な法律違反被疑事件の捜査のために行われた、②本件差押えは被疑者、共犯者等の供述が不十分のため、事件の真相を明らかにするうえで必要であった、③本件差押えによりTBSの受ける不利益は、本件ビデオテープの放映が不可能となって報道の機会が奪われるものではなかった、④取材協力者は本件ビデオテープの放映を了承していたため、報道機関たるTBSが協力者の身元の秘匿など擁護しなければならない利益はほとんど存在しない、⑤犯罪者の協力による取材を報道のための取材の自由として保護しなければならない必要性は乏しい。以上の理由から、TBSは本件差押えを受忍すべきである。

解　説　106事件の後、取材ビデオテープの差押えが問題になった主な事件として日本テレビ事件（最決平成1・1・30刑集四三巻一号一九頁）と本件がある。いずれも106事件での比較衡量の枠組みを用いて当該差押えを適法としているものの、それぞれ反対意見が付されている。

日本テレビ事件における島谷反対意見では、被疑者、行為の日時、場所、態様は特定されており、ビデオテープ差押えの必要性は106事件と比べ各段の差異がある点、「報道機関の取材結果を押収することによる弊害は、個々的な事案の特殊性を超えたところに生ずる」と指摘する。本件の奥野反対意見は、本件は日本テレビ事件で問題になった贈賄事件ほど重大ではない、被疑者は基本的に犯行を認め、目撃者もいる、犯罪者の協力と承認を得て犯行現場を取材した本件では、報道機関はもっぱら暴力団の実態を国民に知らせるとの報道目的でビデオテープを採録し、報道機関の立場を保護すべき利益は、日本テレビ事件より各段に大きいなどと述べている。この指摘は、日本テレビ事件では取材協力者が犯罪の証拠保全のため報道機関を利用したのであるから、その取材テープを差押えても将来の取材活動の萎縮は生じないことを含意している。

なお、近年注目された事件として、福岡高宮崎支決平成29・3・30訟務月報六四巻一号一頁もある。

▼**評釈**――多田一路・百選Ⅰ74、稲谷龍彦・メ百7等

外交秘密と取材の自由……沖縄返還密約事件

108 最1決昭和53・5・31刑集三二巻三号四五七頁

関連条文　憲法二一条、国公法一一一条

①国家公務員法（国公法）にいう「秘密」の意味。②公務員に秘密漏洩をそそのかす新聞記者の行為は、取材の自由によりどの程度保護されるべきか。

事　実　新聞記者が外務省審議官付女性事務官に対し沖縄返還交渉の関係書類の提供を依頼したところ、事務官はこれに応じて「極秘」指定のある三通の電文のコピーを交付した。事務官は国公法の国家秘密漏洩罪（一〇〇条一項）、新聞記者はその「そそのかし」（一一一条）で起訴された。

裁判所の見解　①国公法一〇〇条一項等の秘密とは、「非公知の事実であって、実質的にもそれを秘密として保護するに値すると認められるものをいい」、「その判定は司法判断に服する」。②国公法一一一条の「そそのかし」とは「秘密漏示行為を実行させる目的をもって、公務員に対し、その行為を実行する決意を新に生じさせるに足りる慫慂行為」である。しかし、取材の自由の意義により、「報道機関が公務員に対し根気強く執拗に説得ないし要請を続けることは、それが真に報道の目的からでたものであり、その手段・方法が法秩序全体の精神に照らし相当なものとして社会観念上是認されるものである限りは、実質的に違法性を欠き正当な業務行為というべきである」。ただし、本件はこれに該当しない。

解　説　国公法は、「職務上知ることのできた秘密」を漏洩した公務員のみならず（一〇九条一二号、一〇〇条一項）、それを「そそのかし」た者までも処罰している（一一一条）ため、国家秘密の探知を試みる記者の取材活動は処罰の対象となってしまう。こうした国家秘密と報道機関の取材の自由との関係が初めて真正面から問われたのが本件である。

本決定は、①国公法のいう「秘密」について実質秘説を採用し、行政機関が秘密指定したものと考える形式秘説を退けた。ただ、その判断方法につき「公務の民主的且つ能率的な運営」に対する危険の場合に限定しようとした一審とは異なり、本決定は外交交渉の具体的内容を一般的かつ包括的に実質秘と理解しているかのようであり、学説上批判がある。

②「そそのかし」の意義と取材の自由の関係について、本決定は前者を広く解釈しつつも106決定を引用し、通常の取材活動については正当業務行為として違法性阻却を認めるとの見解を示した。取材の自由に対する萎縮効果に配慮した原則といえる。ただし、「肉体関係」を利用した本件取材行為は、女性事務官の「人格の尊厳を著しく蹂躙した」ものであり、手段・方法において相当でないとして、結果有罪とされた。女性事務官は判断能力のある成人であることを踏まえると人格を蹂躙したとまでいえるのか、批判も強い。

▼**評釈**――齊藤愛・百選Ⅰ75、巻美矢紀・メ百4等

青少年保護条例の明確性……福岡県条例事件

109 最大判昭和60・10・23刑集三九巻六号四一三頁

関連条文　憲法三一条

青少年保護育成条例の淫行処罰規定は明確か。

事　実　福岡県青少年保護育成条例は「何人も、青少年に対し、淫行又はわいせつの行為をしてはならない」（一〇条一項）と規定していた。これに違反して起訴された被告人が、「淫行」の意味が不明確であり憲法三一条に違反すると主張した。

裁判所の見解　本件条例の趣旨は「青少年の健全な育成を図るため、青少年を対象としてなされる性行為等のうち、その育成を阻害するおそれのあるものとして社会通念上非難を受けるべき性質のものを禁止する」ことにある。この趣旨からすると、一〇条一項の「淫行」とは、①「青少年を誘惑し、威迫し、欺罔し又は困惑させる等その心身の未成熟に乗じた不当な手段により行う性交又は性交類似行為」のほか、②「青少年を単に自己の性的欲望を満足させるための対象として扱っているとしか認められないような性交又は性交類似行為」をいう。このような限定を加えた解釈は「通常の判断能力を有する一般人の理解」にも適うため不明確とはいえず、憲法三一条に違反しない。

解　説　憲法三一条の法定手続の保障は、法令の告知機能の観点から「罪刑法定主義」の保障を含むと一般に理解されている。この派生原則として、「構成要件の明確性」も要請される。萎縮効果が問題となる表現の自由の制約の文脈ではあるが、124判決において最高裁は「通常の判断能力を有する一般人の理解において、具体的場合に当該行為がその適用を受けるものかどうかの判断を可能ならしめるような基準が読みとれるかどうか」によって法令の明確性を判断すべきであるとの基準を立てた。国民に対する告知機能の保障である以上、「一般人の理解」に立って判断する必要があるためである。本判決もこの基準に依拠しつつ、「淫行」という文言を判旨のように限定的に解釈することにより憲法三一条に違反しないとする。しかし、これには三名の裁判官の反対意見が付されている。例えば伊藤反対意見によれば、自己の性欲を満足させるための性行為の性格上、①のみが妥当な処罰対象であるものの、かかる限定解釈は「淫行」の語義を超え、一般人の理解の及ばないものとなるため、憲法三一条に違反する。裁判所による限定解釈が罪刑法定主義の告知機能を損なうからであろう。

なお、事実と法令の照応から法令の規範内容を探る法解釈の性質に着目して、124判決では具体的場合における当該行為の評価を指摘していることに注意を促す見解もある。明確性の要求水準は、法令解釈の実態、萎縮効果への配慮、恣意的権力行使の抑制可能性などの観点から検討すべきことになる。

▼**評釈**——村西良太・百選Ⅱ108等

青少年保護条例による「有害図書」指定……岐阜県青少年保護育成条例事件

110 最3判平成元・9・19刑集四三巻八号七八五頁

関連条文　憲法二一条

①有害図書の自販機への収納禁止は憲法二一条一項に違反するか。②有害図書の包括指定は検閲にあたるか。

事　実　自販機による図書販売を行う会社Y_1の代表取締役Y_2が、Y_1の設置管理する自販機に、包括指定（予め規則で指定する内容に出版物が該当すると自動的に「有害図書」指定の効果が生じる）を受けた有害図書を収納したとして、岐阜県青少年保護育成条例違反に問われ、一審・二審で有罪の判決を受けたので、上告した。

裁判所の見解　上告棄却。①有害図書の自販機への収納禁止が憲法二一条一項に違反しないこと、②包括指定が検閲にあたらないことは、過去の大法廷判決の趣旨に徴し明らかである。有害図書が青少年の健全育成に有害であることは社会共通の認識で、自販機販売は、心理的に購入が容易、昼夜を問わず購入可能、購入意欲を刺激し易い等の点で、書店販売よりも弊害が大きい。脱法行為への有効な対処として包括指定は必要かつ合理的で、成人への制約は、青少年の健全育成を阻害する有害環境の規制に伴う必要やむをえない制約である。

解　説　①法廷意見が引用する大法廷判決（チャタレー事件、「悪徳の栄え」事件、福岡県青少年保護育成条例事件（81、82及び109判決））は青少年保護のための表現規制の正当性を直接説明しないので、実質的根拠は、有害図書の弊害の大きさと脱法行為対処の必要性にある。青少年保護の名分で規制が受けいれられやすいことから、わいせつ表現に至らない表現を規制する根拠はなお検討が必要である。伊藤補足意見は、知る自由の保障は提供される情報を自ら選別して人格形成に資するものを取得する能力を前提とするので、選別能力が十分ではない青少年は成人と同等の保障を受けず、厳格な審査基準が適用されないとする。そして、青少年の知る自由の規制が成人の知る自由を制約しても、それは付随的効果であり、成人は他の方法で図書に接する機会が全くないとの立証はないし、有害図書は一般に価値がないことから合憲だとする。②法廷意見は、税関検査事件及び北方ジャーナル事件判決（111及び88判決）を引き、検閲に該当しないとする。伊藤補足意見は、発表済みの図書が対象なので検閲には該当しないが、発表後でも受け手の入手の途を封ずる効果をもつ規制は事前抑制であり、規制は厳格かつ明確な要件のもとにおいてのみ許されるとした（本件包括指定は、受け手の知る自由を全面的に閉ざさず、指定判断基準が明確で、規制目的が青少年保護にあるので合憲と判断）。包括指定の検閲的側面は、規制の必要性、有効に有害図書を抑止できる他の手段の不存在　包括指定基準の明確性、指定範囲の必要最小限度性、成人の知る自由の存在を理由に否定した。

▼**評釈**――橋本基弘・メ百63、松井茂記・百選Ⅰ50

税関検査と検閲……税関検査訴訟

111 最大判昭和59・12・12民集三八巻一二号一三〇八頁

関連条文　憲法二一条

税関検査は、憲法二一条二項の検閲に該当するか。

事　実　Xが外国所在の商社に注文した八ミリ映画フィルム等が郵便局に到着し、郵便局は関税法七六条二項に基づき税関支署長Y_1に通知した。Y_1は、同法七六条一項但書に基づき本件物件を審査し、「風俗を害すべき書籍」（関税定率法二一条一項三号—昭和五五年法七号による改正前）に該当するとXに通知した。Xは税関長Y_2に異議の申出をしたが棄却されたので、通知及び異議棄却決定の取消請求訴訟を提起した。一審は、検閲に該当すると認め取消したが、二審は検閲に該当しないとして一審判決を取消し、Xの請求を棄却したので、Xが上告した。

裁判所の見解　上告棄却。①関税定率法二一条三項の通知及び異議棄却決定は抗告訴訟の対象となる行政庁の処分及び決定にあたる。②憲法二一条二項の「検閲」は公共の福祉を理由とする例外の許容を認めない。③「検閲」とは、「行政権が主体となつて、思想内容等の表現物を対象とし、その全部又は一部の発表の禁止を目的として、対象とされる一定の表現物につき網羅的一般的に、発表前にその内容を審査した上、不適当と認めるものの発表を禁止することを、その特質として備えるものを指す」。④税関検査は、以下の(i)～(iii)を総合考察すると「検閲」にあたらない。(i)輸入が禁止される表現物は、一般に、国外においては発表済みなので、事前に発表自体を一切禁止するものではない。また、当該表現物の輸入が禁止されるだけで、税関により没収、廃棄されないので、発表の機会が全面的に奪われるわけではない。(ii)税関検査は、関税徴収手続の一環として付随的に行われ、思想内容自体を網羅的に審査し規制することを目的としない。(iii)税関は、関税の確定及び徴収を本来の職務内容とする機関で、特に思想内容等を規制することを独自の使命とせず、また、思想内容等の表現物につき税関長の通知がされたときは司法審査の機会が与えられているので、行政権の判断は最終的ではない。⑤表現の自由は、絶対無制限なものではなく、公共の福祉による制限の下にある。性的秩序保持、最小限度の性道徳維持は公共の福祉の内容をなす。日本国内では猥褻文書の単なる所持は処罰対象ではないが、輸入目的は識別し難く、流入した猥褻表現物を頒布、販売過程に置くことが容易であるので、実効的防止のためには、単なる所持目的かどうかを区別せず、流入を一般的に、水際で阻止することもやむを得ない。よって、猥褻な書籍、図画等の輸入規制は憲法二一条一項に違反しない。⑥関税定率法二一条一項三号の「風俗」とは、文言自体から直ちに一義的に明らかとはいえないが、法的規制の対象として「風俗を害すべき書籍、図画」等というときは、性的風俗を害すべきもの、すなわち猥褻な書籍、図画等を意味すると解することができ、限定的な解釈が可能である以上、右規定は、明確性に欠けず、憲法二一条一項の規定に反しない。

解説　①本判決は、税関検査の合憲性を判断する中で、検閲禁止の絶対性を明示し、検閲の定義を明確に定義した最初の判決である。従来、通説が検閲を「公権力が外に発表されるべき思想の内容をあらかじめ審査し、不適当と認めるときは、その発表を禁止すること」と定義してきたのに対して、本判決の定義は、検閲の主体を行政権に限定した上、網羅的一般的審査であることを要求する。さらに、税関検査が検閲に該当しないとする考察からは、検閲に該当すると言いうるためには、発表禁止を本来の職務内容ないし独自の使命であることを必要としていることがわかる。これに対しては、いかなる行政機関といえども、ある権力の存在が憲法上許容されるかが問題となる場合には、権力の目的が付随的であろうとなかろうと、権力が存在していること自体が問われる、思想内容を審査対象として事前抑制を行う場合には構造的に検閲にあたるとの批判がある。また、本判決は検閲禁止の絶対性を認めたものの、検閲の定義を非常に限定した結果、絶対禁止が実際に効果を挙げられる場面が極めて狭いことになる。

②たとえ検閲に該当しなくても、表現の自由の重要性を考慮に入れて、憲法上認められない事前抑制かどうか、憲法上正当化されない制約ではないかについて検討の余地がある。しかし、本判決は、検閲該当性とは別に事前抑制についての判断を行わず（反対意見は事前抑制的性格について、次の③の問題のところで言及）、表現の自由は絶対無制限のものではなく、公共の福祉の制限を受けるとした上、性的秩序の保持は公共の福祉に含まれ、猥褻文書の頒布等は公共の福祉に反するので（チャタレー事件及び「悪徳の栄え」事件の最高裁判決〔81及び82判決〕を参照）、憲法二一条に違反しないとする。なお、単なる所持を目的とする輸入を処罰対象とすること（刑法一七五条は単なる所持を処罰対象としない）について、実効的防止のために水際規制もやむをえないとする。

③関税定率法二一条一項三号の規定の明確性については、本判決は、徳島公安条例事件最高裁判決（124判決）を参照しつつ、限定解釈が可能なので不明確ではないとする。だが、伊藤正己裁判官らの反対意見は、表現の自由の重要性を強調した上、規制法律が不明確、広汎だと委縮効果を招くとして、表現の自由の規制立法の場合の限定解釈には他の場合よりも厳しい枠があるべきで、規制の目的、文理及び他の条規との関係から合理的に導出できる限定解釈のみが許されるとする。そして、「風俗を害すべき書籍、図画」等を猥褻表現物に限るとする解釈は、右の限界を超え、通常の判断能力を有する一般人には不可能だとする。

▼評釈――浜田純一・基本判例23、大沢秀介・メ百61、高橋和之・判評321号、久保健助・百選Ⅰ69

教科書検定と検閲……第一次教科書検定訴訟

112 最大判平成5・3・16民集四七巻五号三四八三頁

関連条文　憲法二六条・二一条・二三条、教育基本法一〇条

①教科書検定は憲法二六条に違反するか。②教科書検定は憲法二一条に違反するか。③教科書検定は憲法二三条に違反するか。④本件処分は違憲・違法か。

事　実　歴史学者Xは、高等学校用日本史教科書を執筆したが、一九六二年度検定では不合格、一九六三年度検定では条件付合格とされたので、検定制度は憲法に違反するとして、国賠法一条に基づき損害賠償を求めた。一審は、検定制度自体は合憲、適法だが、一九六三年度検定における検定意見の一部に裁量権を逸脱した違法があるとして請求を一部認容した。二審は、制度上も適用上も合憲で、裁量権の逸脱・濫用もないとした。Xは上告した。

裁判所の見解　上告棄却。①憲法二六条は、子どもに対する教育内容を誰がどのように決定するか、直接規定しない。憲法上、親は家庭教育等において子女に対する教育の自由を有し、教師は、高等学校以下の普通教育の場において、授業等の具体的内容及び方法においてある程度の裁量が認められるという意味で、一定範囲で教育の自由が認められ、私学教育の自由も限られた範囲で認められるが、それ以外の領域においては、国は、子ども自身の利益の擁護のため、または子どもの成長に対する社会公共の利益と関心にこたえるため、必要かつ相当と認められる範囲で、子どもに対する教育内容を決定する権能を有する。検定は、教育内容の水準確保のためのもので、必要かつ合理的な範囲を超えず、自由かつ独立の人格としての子どもの成長を妨げる内容でもないので、憲法二六条に違反しない。②検閲とは、行政権が主体となって、思想内容等の表現物を対象とし、その全部又は一部の発表の禁止を目的とし、対象とされる一定の表現物につき網羅的一般的に、発表前にその内容を審査した上、不適当と認めるものの発表を禁止することを特質として備えるものを指す。本件検定は、一般図書としての発行を妨げず、発表禁止目的や発表前の審査等の特質がないから、検閲にあたらない。表現の自由は、公共の福祉による合理的で必要やむを得ない限度の制限を受け、必要やむをえない限度かは、制限が必要とされる程度と、制限される自由の内容及び性質、これに加えられる具体的制限の態様及び程度等を較量して決せられる。本件では、教育の中立・公正、一定水準確保の要請がある上、教科書という特殊形態での発行禁止にすぎないから、憲法二一条一項に違反しない。③本件検定は憲法二三条に違反しない。④本件検定の審査、判断は、専門技術的判断なので、文部大臣の合理的裁量に委ねられ、合否の判定等についての教科用図書検定調査審議会の判断の過程に、検定当時の学説状況、教育状況についての認識や、検定基準違反との評価等に看過し難い過誤があり、文部大臣の判断がこれに

依拠する場合には、裁量権を逸脱し、国賠法上違法となる。

教科書検定訴訟には、第一次、二次、第三次があり、本判決は第一次訴訟上告審である。

解説　①本判決は、憲法二六条について、旭川学テ事件最高裁判決（182判決）を援用し、国の教育内容決定権を認めた上、内容への国家的介入は抑制的であるべきという立場に立つ。そして、検定による審査は教育内容に及ぶが、普通教育では、児童、生徒に批判能力が備わっていないこと、学校、教師の選択の余地も乏しく教育の機会均等の必要があること等から行うもので、必要かつ合理的な範囲を超えないとする。旭川学テ事件判決の示した教育権の配分を、国家の権限行使を正当化する脈絡で引用しているとの批判がある。

②検閲について、税関検査事件判決（111判決）の定義を踏襲し、検定の場合は、不合格図書も一般図書として発行でき、一般図書も検定申請できるから、「発表禁止目的や発表前の審査などの特質がな」く検閲に該当しないとする。その際、本判決は、Xが不合格処分を受けた教科書を一般図書として発行し、版を重ねていることを指摘するが、これには教科書検定訴訟として注目を集めたという事情があり、一般には不合格図書の一般図書としての出版や一般図書の教科書としての検定申請は通常ありえない。最高裁は検閲について限定的定義をした上で、検閲の絶対禁止という立場に立つが、この定義は税関検査事件に合わせて作られたともいえ、しかも限定的定義なので汎用性について検討の必要がある。検閲の核心を思想審査に求め、事前事後を問わない別の解釈に立てば、最高裁も検定が教育内容に及ぶことは認めているので、検閲該当性を問う余地がある。

本判決は、猿払事件、よど号記事抹消事件、成田新法事件（18、21、154判決）を引用し、表現の自由について「公共の福祉による合理的で必要やむを得ない限度の制限」を認め、「制限が必要とされる限度と、制限される自由の内容及び性質、これに加えられる具体的制限の態様及び程度等を考量して決せられる」とした上、教育の中立・公正、一定水準の確保の要請、教科書という特殊形態において発行禁止するだけであることを重視して、合理的で必要やむをえない限度だと判断する。だが思想内容介入の可能性があり、表現内容規制にわたることから、より厳格な審査基準で判断すべきとの批判がある。

③教科書が学術研究の結果発表を目的とせず、検定は教科書の形態における研究結果の発表の制限にすぎないので憲法二三条に違反しないとするが、本判決が引用するポポロ事件（128判決）が、教育ないし教授の自由は学問の自由と密接な関係を有するが必ずしもこれに含まれないとして教育と学問を区別する点で同じである。

④専門技術的判断なので、事柄の性質上、文部大臣の合理的裁量に委ねるとしたが、事柄の性質から裁量の余地は否定されるべきという批判がある。行政機関の判断の過程に「看過し難い過誤」があれば違法という判断枠組（原子炉設置許可取消訴訟最1判平成4・10・20参照）の下では、検定制度の趣旨（学問上の成果が教科書的記述に変換される際の品質管理）から狭い裁量しか認められないという見解もある。他方、「看過し難い過誤」の基準は通説準拠主義となり、通説を裁判所が認定できるのか、通説準拠主義は一定の統制だという批判がある。

▼**評釈**——坂田仰・百選Ⅰ88、中川丈久・行百Ⅰ（六版）82、市川須美子・メ百85

電話の傍受と通信の秘密

113　最3判平成11・12・16刑集五三巻九号一三二七頁

関連条文　憲法二一条

検証許可状による電話傍受は憲法三一条、三五条、一三条、二一条二項に違反しないか（通信傍受法制定前）。

事　実　警察官が、裁判官による検証許可状に基づき、NTTの支店において、ある電話の通話内容を聴取し検証して得た証拠によって、Aは覚せい剤取締法違反等で起訴された。Aは、現行法上、Aに知られずに通話内容を聴取する権限を捜査機関に認める規定はないので、本件検証は、憲法三一条、三五条、一三条、二一条二項等に違反し、証拠能力がないと主張したが、一審・二審とも有罪としたので、上告した。

裁判所の見解　上告棄却。電話傍受は、通信の秘密を侵害し、個人のプライバシーを侵害する強制処分であるが、一定の要件の下では、捜査の手段として憲法上全く許されないものではない。①重大な犯罪に係る被疑事件について、②被疑者が罪を犯したと疑うに足りる十分な理由があり、かつ、③当該電話により被疑事実に関連する通話の行われる蓋然性があるとともに、④電話傍受以外の方法によってはその罪に関する重要かつ必要な証拠を得ることが著しく困難であるなどの事情が存する場合、電話傍受により侵害される利益の内容、程度を慎重に考慮した上で、電話傍受を行うことが犯罪の捜査上真にやむを得ないと認められるとき、法律の定める手続に従ってこれを行うことも憲法上許される。本件電話傍受は、この要件を満たし、対象を限定し、かつ、適切な条件を付した検証許可状により行われた。

解　説　本判決は、上記①～④が満たされる場合には、電話傍受による被侵害利益の内容、程度を慎重に考慮した上で、犯罪の捜査上真にやむを得ない場合、電話傍受が認められるとする。しかし、通信の秘密やプライバシーの権利が憲法上保障されている以上、制約が憲法上許されるかは慎重に検討されるべきで（本判決は、電話傍受による被侵害利益の内容、程度を慎重に考慮すべきという方針を示しつつも具体的に検討した箇所がない）、仮に制約が認められるとしても憲法三一条の適正手続及び同三五条の令状主義の保障の下で行われる必要がある。元原反対意見が、電話傍受を刑訴法上の検証として行うのは無理だとするのは、手続的保障により忠実な立場である。傍受すべき通話かどうかを判断する選別的聴取を刑訴法一二九条の「必要な処分」に含める多数意見は、「必要な処分」に無関係通話の傍受を含めることになる上、検証は事後の告知と不服申立ての規定を欠く点でも適正手続の保障が不十分だからである。一九九九年に「犯罪捜査のための通信傍受に関する法律」が制定され、現在、傍受は同法に基づき行われている。

▼評釈――小早川義則・平11重判（刑訴法2）、指宿信・メ百109、立山紘毅・百選Ⅰ59

意見広告と反論権……サンケイ新聞事件

114 最2判昭和62・4・24民集四一巻三号四九〇頁

関連条文 憲法二一条

①憲法二一条に基づき反論文請求が認められるか。②人格権・条理に基づき反論文請求が認められるか。③名誉毀損に対する原状回復（民法七二三条）を根拠に反論文請求が認められるか。

事実 X（日本共産党）は、Y発行のサンケイ新聞紙上に、Xの党綱領とX提案の民主連合政府綱領の矛盾を主張する、自由民主党による意見広告を掲載されたので、同一スペースでの反論文無料掲載をYに要求したが拒否された。そこで、憲法二一条、人格権、条理、名誉毀損に対する現状回復等を根拠に、無料反論文掲載を求める訴訟を提起したが、一審、二審ともX側の主張を退け、請求を棄却し、Xは上告した。

裁判所の見解 ①憲法二一条等の自由権的基本権の保障規定は、国または地方公共団体の統治行動に対して基本的な個人の自由と平等を保障することを目的としたもので、私人相互の関係については、相互の力関係の相違から一方が他方に優越し事実上後者が前者の意思に服従せざるをえないときでも、適用ないし類推適用されない。②反論文掲載による新聞の負担は、公的事項に関する批判的記事の掲載を躊躇させ、表現の自由を間接的に侵す危険があり、具体的成文法がないのに認められない。③政党間の批判・論評は公共性の極めて強い事項であり、濫用と認められる事情のない限り公益を図る目的に出たものというべきである。本件の意見広告は、政党間の批判・論評の域を逸脱せず、真実性の証明があったといえるので名誉棄損は成立しない。

解説 ①一九六〇年代後半以降、メディアの巨大化、寡占化を背景に、メディアの報道が公平さを欠いたり、特定の者を攻撃したりする場合、反対の意見を持つ者が、名誉毀損の成立を前提とせずに、当該メディアを通じて無料で反論させるべきだという主張が登場した。だが、本判決は、憲法二一条を根拠とする反論文請求を、憲法は私人間には適用されないとして退けた。②人格権・条理に基づく反論文請求については、反論権によって表現の自由に及ぶ萎縮効果の危険を根拠として否定した。③名誉毀損の成立を前提とする反論権の主張に対しては、名誉毀損の成立を否定したので判断していない。政党間の批判・論評が名誉毀損になるかという点では、政党は、党綱領に基づき言論をもって自党の主義主張を国民に訴え、支持者の獲得に努め、これを国または地方の政治に反映させせようとするものであり、そのためには互いに他党を批判し合うこともする当然の事柄であるから、専ら公益を図る目的だと解せるとしている。この点、新聞の広告料に着目し、財力如何で言論市場への影響力が違うことから、言論市場を歪めるとの指摘もある。

▼**評釈**――山本敬三・メ百72、松田浩・百選Ⅰ76

放送による名誉毀損と訂正放送の請求

115 最1判平成16・11・25民集五八巻八号二三二六頁

関連条文 憲法二一条

放送によって名誉・プライバシーを侵害された者が放送法四条一項に基づき訂正放送請求できるか。

事実 Xは、NHKが放送した番組の内容が真実に反し、名誉・プライバシーを侵害されたとして、民法七〇九条、七一〇条に基づく慰謝料等の支払い、同法七二三条に基づく謝罪放送及び放送法四条一項に基づく訂正放送を求めた。一審は請求を棄却したが、二審は訂正放送請求を認めたので、NHKが上告した。

裁判所の見解 原審判決のうち、訂正放送を命じた部分について破棄し、控訴棄却。放送法四条一項は、真実でない事項の放送について被害者から請求があった場合に、放送事業者に対して訂正放送等を義務付けるものであるが、この請求や義務の性質は、法の全体的な枠組みと趣旨を踏まえて解釈する必要がある。放送法は、放送事項が真実でないことが放送事業者に判明したときに訂正放送等を行うことを義務付けるだけで、訂正放送等に関する裁判所の関与を規定していないこと、同項所定の義務違反について罰則が定められていることと等を併せ考えると、同項は、真実でない事項の放送がされた場合に、放送内容の真実性の保障及び他からの干渉を排除することによる表現の自由の確保の観点から、放送事業者に対し、自律的に訂正放送等を行うことを国民全体に対する公法上の義務として定めたもので、被害者に対して訂正放送等を求める私法上の請求権を付与する趣旨の規定ではない。

解説 放送法四条一項は、放送事業者が真実でない事項の放送をしたという理由によって、その放送により権利の侵害を受けた被害者から、放送のあった日から三ヶ月以内に請求があったときは、放送事業者は、遅滞なくその放送をした事項が真実でないかどうかを調査して、その真実でないことが判明したときは、判明した日から二日以内に、その放送をした放送設備と同等の放送設備により、相当の方法で、訂正または取消しの放送をしなければならないとし、同法五六条一項は罰則を定める。そこで被害者が訂正放送を求める私法上の権利を有するのか問題となる。最高裁は、本判決において初めて判断し、否定的立場に立った。すなわち、裁判所が訂正放送等を命ずる規定が存在しないこと、同項所定の義務違反の罰則が定められていることから、放送の真実性の確保は他からの干渉を防ぐために放送事業者の自律性に委ねられているという考え方に立つ。学説も否定説の方が多く、比較法、歴史的根拠、他の法制度との均衡に加え、訂正放送が番組編集の自由に対する重大な侵害となることを重視する。

▼**評釈**――福島力洋・平16重判（憲法8）、長谷部恭男・メ百97

情報公開と知る権利

116 最1判平成6・1・27民集四八巻一号五三頁

関連条文　憲法二一条一項

情報公開等条例に基づき知事の交際費に関する公文書の非公開措置はどこまで認められるか。

事実　大阪府住民Xは、大阪府公文書公開等条例（以下、条例）に基づき、大阪府知事Yに対して、交際費に関する文書の公開請求をしたが、非公開事由に該当するとしてYが非公開を決定したので、異議を申立てた。Yが棄却したので、Xらは取消訴訟を提起した。一審は非公開事由に該当しないとして決定を取消し、二審も支持したので、Yは上告した。

裁判所の見解　原判決破棄、差戻し。知事の交際費は、行政の円滑な運営を図るため、関係者との懇談や慶弔等の対外的な交際事務を行う経費である。知事の交際は、懇談については条例八条四号の企画調整等事務または同条五号の交渉等事務に、その余の慶弔等については同号の交渉等事務に該当する。これらの事務に関する情報を記録した文書の公開の可否は、公開により交渉等事務としての交際事務の目的が達成できなくなるおそれの有無、または企画調整等事務や交渉等事務としての交際事務を公正かつ適正に行うことに著しい支障を及ぼすおそれの有無によって決定される。知事の交際事務は、相手方との信頼関係等の維持増進が目的である。相手方を識別し得る文書の公開は、交際の相手方との信頼関係等を損なうおそれがあり、交際それ自体の目的に反し、交際事務の目的が達成できなくなるおそれがある。交際の相手方が識別され得る文書は、氏名等の外部公表が予定されているもの等を除き、公開しないことができる文書に該当する（条例八条四号・五号）。私人である相手方に係る文書は、相手方が識別できるものは原則として公開してはならない（条例九条一号）。

解説　情報公開条例は、国の情報公開法に先駆けて一九八二年より各地で制定され、全国的に普及した。本判決は、知事の交際費の非公開の可否について最高裁が最初に判断を示したものである。情報公開の実効性は、非公開措置の範囲によって実質的に決定される。その点で、実務及び下級審裁判例では積極派と消極派に分かれていたが、本判決は、交際事務に対する支障の有無及びプライバシー保護という観点から、八条四号、五号、九条一項に基づく非公開を認めた。他方、本判決は、交際事務の公正かつ適正な執行に著しい支障を及ぼすおそれのあることは実施機関により具体的に主張、立証されなければならないとする点で、非公開措置の拡張に歯止めをかけるものといえるが、文書を見聞できない裁判所が「おそれ」を確実に把握、説明できるのか疑問を提起し、インカメラ審理の必要性を説く見解もある（情報公開訴訟におけるインカメラ審理を否定した最1決平成21・1・15参照）。

▼**評釈**——戸松秀典・メ百12、永田秀樹・百選Ⅰ78

情報公開条例による自己情報開示請求……レセプト情報公開請求事件

117 最3判平成13・12・18民集五五巻七号一六〇三頁

関連条文　憲法二一条

自己の個人情報を情報公開条例によって公開請求できるか。

事　実　Xらは、兵庫県知事Yに対し、公開条例に基づき、Xに関するレセプト（診療報酬明細書）の公開を求めたが、Yは個人情報（条例八条一号）に該当するとして非公開決定したので、取消訴訟を提起した。一審は、同八条一号は開示請求権者が本人でも適用されるとして棄却したが、第二審はXの請求を認容し原判決を取消したので、Yが上告した。

裁判所の見解　上告棄却。情報公開制度と個人情報保護制度は、目的は異なるが、相いれない性質ではなく、相互に補完し合って公の情報の開示を実現するための制度である。とりわけ、個人情報が情報公開制度において非公開情報とされるのは、個人情報保護制度が保護の対象とする個人の権利利益と同一の権利利益を保護するためであり、両者はいわば表裏の関係にあり、情報公開制度は、限定列挙された非公開情報に該当する場合にのみ例外的に公開請求拒否が許される。個人情報保護制度が採用されていない状況では、情報公開制度に基づく自己の個人情報の開示請求は、そのような請求を許さない趣旨の規定が置かれている場合等は格別、当該個人の上記権利利益を害さないことが請求自体において明らかなときは、個人に関する情報であることを理由に請求を拒否できない。

解　説　情報公開制度は「知る権利」を、個人情報保護制度は自己情報コントロール権を具体化するものと考えられている。一審は、情報公開制度と個人情報保護制度は基本理念を異にし、性質や法技術対応において独自の考慮を要する別個の制度であることから、条文の文理解釈に徹したのに対して、最高裁は、一審のような原則論（最高裁も冒頭では前提として確認している）を貫くことと、本件における原告の救済の必要性が救済から生ずる不都合性より高いことを衡量して、後者に軍配を挙げた。例外を認める最高裁の論理には、①個人情報保護制度は、当時なかったが、現在は存在することを踏まえ、過渡的措置として便宜的に認めるべきという要素と②情報公開制度と個人情報保護制度の相互補完性から前者を援用できるという制度的要素がある。①だけならば、個人情報保護制度が完備された現在、制度に重大な不備があり正当な理由なく自己情報開示請求が制約されるような場合に本判決の射程範囲は限定されよう。しかし判決は②から、相互に補完し合って公の情報の開示を実現する制度だと言っているので、情報公開制度における自己情報開示請求の可能性は残る。よって、権利論レベルで二一条と一三条の関係性を検討する必要がある。

▼**評釈**——中川丈久・平13重判（行政法8）、宇賀克也・メ百15、松本和彦・百選Ⅰ79

公立図書館の蔵書廃棄処分と著作者の権利

118　最1判平成17・7・14民集五九巻六号一五六九頁

関連条文　憲法二一条

公立図書館の蔵書の廃棄は著作者の表現の自由を侵害するか。

事実　A市立図書館司書Bは、団体Xに対する否定的評価から、同図書館の蔵書からXが執筆・編集した書籍を廃棄したので、Xは人格的利益等の侵害であるとして、A市及びBに対して損害賠償請求を行った。一・二審ともXの請求を棄却したので、Xは上告・上告受理申立をした。最高裁は上告を棄却し、A市に対する請求について上告受理の決定をした。

裁判所の見解　破棄差戻し。公立図書館は、住民に対して思想、意見等の情報を含む図書館資料を提供して教養を高めることを目的とする公的な場である。公立図書館職員は、公正に図書館資料を取り扱う職務上の義務を負い、独断的な評価や個人的好みによる廃棄はこれに反する。公立図書館が住民に図書館資料を提供する公的な場だということは、閲覧に供された図書の著作者にとっては思想等を公衆に伝達する公的な場でもある。よって、職員が著作者の思想信条を理由とするなど不公正な取扱いによる図書廃棄は、著作者が著作物によって思想等を公衆に伝達する利益を不当に損なう。著作者の思想の自由、表現の自由は憲法が保障する基本的人権であるから、著作者の上記利益は、法的保護に値する人格的利益であり、著作者等に対する独断的な評価による不公正な取扱いは、著作者の人格的利益を侵害し国賠法上違法となる。

解説　表現の自由は公権力からの自由であるとすれば、著作者が自己の著作物の購入を公権力に要求する権利は生じない。よって、下級審は、A市にはXの著作物を購入する法的義務はない、閲覧に著作物が供されているというXの利益は、反射的な事実上の利益にすぎないとする。他方、最高裁は、公立図書館が住民の教養向上を目的とする公的な場だとすると、閲覧に供された図書の著作者にとっては、その思想等を公衆に伝達する公的な場であるので、不公正な廃棄は、著作者が思想等を公衆に伝達する利益を不当に損なうとした。実際、現代社会では大量の情報が流通し、多くの市民が個人の資力で全てを入手するのは困難であり、他方、著作者にとっても、一部のベストセラー以外は流通経路に乗りにくいゆえに、自己の思想流通には、公立図書館での閲覧は非常に有効な表現手段である。さらに、「規制と給付」という観点からは、一旦閲覧に供された図書の廃棄を、援助の撤回ととらえ、公権力の給付的作用に対する憲法的統制の必要性という問題として検討できる。また、廃棄を「読むに値する良識ある作品」という評価の撤回ととらえ、著作者の社会的評価の低下をもたらしたとして、名誉権類似の権益に再構成する余地も指摘できる。

▼評釈――山崎友也・判例セレクト2005（憲法7）、中林暁生・百選Ⅰ70

ＮＨＫ受信料制度の合憲性

119　最大判平成29・12・6民集七一巻一〇号一八一七頁

①放送法六四条一項の法的強制力、②同項の合憲性

事　実　Yは平成一八年三月二二日以降、自己の住居にX（NHK）の放送を受信できる受信設備を設置し、Xは平成二三年九月二一日到達の書面によりYに受信契約の申込みをしたが、Yは未承諾である。XはYに対し放送法六四条一項により受信料の支払い等を求める訴訟を提起した。Yは、①放送法六四条一項は訓示規定であり、②強制規定と解すると、憲法一三、二一、二九条違反だと主張した。第一審、第二審は、①同項を強制規定と解し、②Yには承諾義務があり、これにより成立する受信契約に基づく受信料支払請求を認めた。Yは上告および上告受理申立て、Xは上告受理申立てを行った。

裁判所の見解　①Xの存立意義およびXの事業運営の財源を受信料で賄う趣旨等に鑑みると、放送法六四条一項は、Xの財政的基盤を確保するために法的に実効性のある手段として設けられたもので、法的強制力を有する。②放送について具体的にいかなる制度を構築するのが適切かは、憲法上一義的に定まらず、国会の立法裁量が認められる。公共放送事業者と民間放送事業者との二本立て体制において、前者を担うものとしてXを存立させ、受信設備設置者に受信料を負担させて財政的基盤を確保する仕組みは、表現の自由の下で国民の知る権利を実質的に充足するために採用され、合理的であり、憲法上許容される立法裁量の範囲内である。

関連条文　憲法一三条・二一条・二九条、放送法六四条一項

解　説　最高裁は国民の知る権利を実質的に充足し健全な民主主義の発達に寄与する放送の意義、放送法の立法目的、Xの存立意義、事業運営の財源を受信料で賄う趣旨等を踏まえると、放送法六四条一項は法的強制力を有すると解した（但し、Xが受信設備設置者に業務内容を説明し、理解を得ることを求め、Xの契約申込を受信設備設置者が承諾しない場合、承諾の意思表示に代わる裁判を求めさせ、判決確定によって契約が成立する）。同項の憲法適合性については、放送制度構築における立法裁量を認めた上、放送法が二本立て体制を採用し、公共放送を担うXの自律的運営を担保する財政的基盤として受信料制度を採用したことは立法裁量の範囲内であり、このような制度の枠を離れてYが受信設備を用いて放送を視聴する自由は憲法上保障されていないとする。つまり、テレビを視聴する自由は法律によって具体化される権利で、その権利はNHKと民放という二本立て体制の下での視聴の自由であり、民放を視聴する自由が別個に存在するわけではないと解してYの主張を退けた。放送をめぐる環境の変化は著しく、受信料制度の合理性は今後も検討される必要がある。

▼**評釈**――安西文雄・平成30年重判、小山剛・百選Ⅰ（七版）77、冨上智子・ジュリ1519、曽我部真裕・メ百（二版）

集会のための公園使用の不許可……皇居前広場事件

120　最大判昭28・12・23民集七巻一三号一五六一頁

関連条文　憲法二一条・二八条

①訴えの利益が消滅した場合に憲法判断を行うことができるか。②国民公園管理規則による公園での集会の不許可処分の合憲性。

事実　原告である総評（日本労働組合総評議会）は、戦後、メーデー会場として皇居前広場を使用してきたが、被告（厚生大臣）は、国民公園管理規則に則って原告が行った、一九五二年のメーデーのための使用許可申請を不許可とした。原告はこの処分の取消しを求めて出訴したが、二審継続中にメーデーの期日が過ぎたため、二審は、訴えの利益が消滅したとして、原告の請求を認めた一審判決を取り消した。

裁判所の見解　上告棄却。①本件では訴えの利益が消滅したとして、上告を棄却した上で、「なお、念のため」という形式で以下の判断を行った。②国民公園管理規則四条は国民公園内での集会の許可制を定めるが、これは公園管理権の範囲内のものであるから、集会自体の許可・不許可（これは警察目的に属する）ではなく、公園利用の許可・不許可を定めるものである。厚生大臣が管理権の行使として本件不許可処分をした場合でも、実質上表現の自由・団体行動権を制限する目的である場合はもちろん、管理権の適正な行使を誤り、ために実質上これらの基本的人権を侵害したと認められる場合には違憲の問題が生じうるけれども、本件不許可処分はこれにあたらず、憲法第二一条、二八条に反しない。

解説　本件を理解するには行政法（公物法）の知識が必要であるが、各自の自習に委ねたい。さて、便宜上②の点から解説する。本件は公園・道路など公衆の用に直接供される公共用物（当時は公共福祉用財産）の管理権の行使による基本権の制約が問題となった。上記のところでは紹介していないが、本判決は、公共用物の利用の許否につき、管理権者の自由裁量ではなく、場合により違法となる余地があるとした。従って、その限りで公園での集会の自由は（法律レベルで）保護されることになる。本判決はさらに、判旨②の通り、本来公園の管理権の一環として認められているはずの公園内での集会の許可権限を、警察目的で用いたような場合には違憲の問題が生じるとする。

憲法訴訟に関する①については、付随的審査制の下では、訴えの利益が消滅した場合に憲法判断をすべきではないのが原則とされる。しかし、本件のような事例では判断をしないと憲法判断を受ける機会がないことになり、学説上も憲法判断すべき例外（「繰り返されうるが審査は免れる」事例）として認められている。

▼評釈――大久保規子・行百Ⅰ（六版）68、江原勝行・百選Ⅰ80、中林暁生・判プラ109

集会のための市民会館使用の不許可……泉佐野市民会館事件

121 最3判平成7・3・7民集四九巻三号六八七頁

関連条文 憲法二一条、地自法二四四条、市立泉佐野市民会館条例

①集会目的での市民会館の利用を拒否できるのはどのような場合か。②「敵意ある聴衆」の法理。

事　実　原告らは泉佐野市市民会館で関西新空港建設に反対するための集会を開催することとし、使用許可を申請したが、被告（泉佐野市）市長は、本件集会の実質的主催者は連続爆破事件等過激な活動で知られる中核派であるとして、同会館条例所定の不許可事由の「公の秩序をみだすおそれがある場合」等に該当するとして不許可処分を行った。本件は、これに関する国賠訴訟であるが、一審、二審とも請求棄却。

裁判所の見解　上告棄却。①本件会館は「公の施設」（地自法二四四条）に該当し、「正当な理由」（本件条例の不許可事由はこれを具体化したもの）のない利用拒否は、憲法上の集会の自由の不当な制限につながる。集会のための施設利用を認めることで他の基本的人権や公共の福祉が損なわれる危険がある場合には必要かつ合理的な範囲で集会の開催制限ができるが、この必要性・合理性は、集会の自由の重要性と侵害される他の人権の内容や侵害発生の危険性等を衡量して判断すべきである。その際、精神的自由権の制約であることから厳格な基準によるべきである。こうして、本件条例の「公の秩序をみだすおそれがある場合」とは、単に危険な事態を生ずる蓋然性では足りず、明らかな差し迫った危険の発生が具体的に予見される場合を指すと解すべきである。本件ではこうした危険性が予見された。②主催者が集会を平穏に行おうとしているのに、反対するグループ等が実力で阻止・妨害しようとして紛争を起こすおそれがあるとして施設利用を拒むことは憲法二一条の趣旨に反するが、本件集会の実質的な主催者の従来の過激な活動実態からして、本件はそれにあたらない。

解　説　①では、パブリック・フォーラム論を意識しつつ、集会の自由の意義を強調して公の施設の利用拒否事由が限定された。「明白かつ現在の危険」の基準を彷彿させる表現が用いられているが、判決の論理構造は、比較衡量を基本に、場合により本件のような立ち入った判断をするというもので、精神的自由の制約の場合には常に厳格な審査を行う趣旨ではない点に注意したい。また、右基準は、条例の限定解釈のレベルで用いられている。②は「敵意ある聴衆」の法理に言及したものだが、同法理は上尾市福祉会館事件判決（最2判平成8・3・15民集五〇巻三号五四九頁）でさらに敷衍されている。なお、最3判令和5・2・21民集七七巻二号二七三頁は、金沢市庁舎前広場は公の施設には当たらないとして、緩やかな比較衡量によって集会のための利用の不許可処分の合憲性を認めた。

▼**評釈**――川岸令和・百選Ⅰ86、中林暁生・判プラ95

公安条例による集会・集団示威行進の規制(1)……新潟県公安条例事件

122 最大判昭和29・11・24刑集八巻一一号一八六六頁

関連条文 憲法第二一条、新潟県公安条例

集団示威運動には許可を要するものとし、公安を害するおそれがない場合には許可しなければならないとする新潟県公安条例は憲法第二一条に反しないか。

事実 被告人らは、酒の密造容疑者の一斉検挙に抗議し、釈放要求を掲げて、公安委員会の許可を受けることなく、警察署前の空き地や路上に集まった群衆を指導して集団示威運動を行ったところ、新潟県公安条例違反として起訴され、一審、二審で有罪判決を受けたため上告した。

裁判所の見解 上告棄却。集団示威運動は本来国民の自由に属するから、届出制ではなく一般的な許可制による事前の抑制は許されない。しかし、公共の福祉の侵害防止のため、特定の場所又は方法につき、合理的かつ明確な基準の下に予め許可を受けさせ、または届出をさせて、集団示威運動が公共の安全に対し明らかな差し迫った危険を及ぼすことが予見されるときはこれを許可せずまたは禁止しても違憲ではない。本件条例の文言には抽象的なところがあり改善が望ましいが、条例の趣旨全体を総合すれば一般的な許可制とはいえず、違憲ではない。

解説 かつて労働運動や学生運動が盛んだった時代には、これらを規制する公安条例の合憲性が争われたが、本判決はこれに関する初の最高裁判決である。本判決が、「明白かつ現在の危険」基準をも踏まえつつ、規制手段をある程度具体的に検討した点は、判例上、抽象的「公共の福祉」論が幅を利かせていた当時にあっては例外的である。

しかし、本件条例は、規制対象となる集団行動を「道路、公園その他公衆の自由に交通することのできる場所を行進し又は占拠しようとするもの」と定義するなどしており、本判決はこれをもって「特定の場所又は方法」に関する規制だとする。たしかに、公衆が自由に通行できない場所での集団行動は規制対象外ということになるが、こうした場所での集団行動は元々困難であって、有効な限定とは言い難い。また、公共の安全に対して明白かつ現在の危険がある場合に限り禁止できるという一般論についても、具体的検討部分においては、本件条例の規定が公安委員会の広い裁量の余地を許すものであって適切ではないとしつつも、条例及び附属法規全体を有機的一体として考察すれば違憲ではないとする。

このように、本判決は一般論部分と具体的検討部分との不整合が目立ち、学説の批判を受けている（本判決の藤田八郎裁判官の少数意見も同旨）。この両部分のどちらを重視するかは、後の東京都公安条例事件（123判決）で判例変更があったと評価するか否かという点に関わる。

▼**評釈**――中林暁生・判プラ103

公安条例による集会・集団示威行進の規制(2)……東京都公安条例事件

123　最大判昭和35・7・20刑集一四巻九号一二四三頁

関連条文　憲法第二一条、東京都公安条例

東京都公安条例は憲法二一条に違反するか。

事実　被告人らは、一九五八年、東京都公安委員会が事前に付した「蛇行進、渦巻行進またはことさらな停滞等交通秩序をみだす行為は絶対に行わない」との条件に違反して集団行進を指導し、また、別の機会には無許可で集団行進を指導したとして、それぞれ東京都公安条例に違反するとして起訴された。一審は本件条例を憲法二一条違反として無罪とし、控訴を受けた高裁は刑訴規則二四七条、二四八条により最高裁に事件を移送した。

裁判所の見解　破棄差戻し。集団行動には表現の自由として憲法で保障されるべき要素があるが、単なる言論、出版とは異なり潜在する一種の物理力によって支えられており、平穏静粛な集団も時に一瞬にして暴徒と化す危険があるのは群集心理の法則と現実の経験に徴して明らかであり、法と秩序を維持するに必要最小限の事前措置はやむをえない。必要最小限性の判断にあたっては、条例全体の構造を実質的・有機的に考察すべきである。本件条例は、公共の安寧に直接危険を及ぼすことが明らかな場合以外は許可を義務づけており、不許可の場合が厳格に制限されているから、実質的には届出制である。不許可事由該当性の認定に裁量があるのは性質上当然である。また、集団行動の一定時間前までに不許可の意思表示がない場合には許可とみなす旨の規定がないが、それを理由に違憲とするのは本末転倒である。さらに、本件条例は「場所のいかんを問わず」集団行動を規制対象としているが、集団行動を規制する必要があるとするなら、こうした包括的な規制もやむをえない。

解説　本判決は122判決（新潟県公安条例事件）で示され、学説の評価も高かった一般論、すなわち、規制範囲の特定性、基準の明確性（公安委員会の裁量の否定）、明白かつ現在の危険基準を参照した不許可事由の限定といった基準をことごとく否定した。その実質的な論拠は、当時の現実を背景とした「集団暴徒化論」であるが、これは、あまりにも集団行動による表現活動の意義に無理解だとして批判された。個別条項で特に問題となったのは、不許可事由の曖昧さのほか、新潟県条例には存在したみなし許可規定が本件条例にはないことであり、本判決が上記「暴徒化論」に導かれてこの点を些細な技術的欠陥とした点には強い批判がある（ここでも藤田八郎裁判官の反対意見による批判がある）。

▼**評釈**――木下昌彦・百選ⅠA7、小泉良幸・判例講義Ⅰ85、中林暁生・判プラ104、岩切大地・中澤俊輔「『お行儀のよいデモ行進』を目指して?」憲法判例からみる日本

公安条例による集会・集団示威行進の規制(3)……徳島市公安条例事件

124 最大判昭和50・9・10刑集二九巻八号四八九頁

関連条文　憲法第二一条・三一条、徳島市公安条例

集団行動につき「交通秩序を維持すること」という遵守事項を定める規定は不明確で三一条に反しないか。

事　実　被告人は、デモにおいて、自ら蛇行進をした点が道交法七七条三項、一一九条一項一三号に違反し、笛を吹くなどしてデモ行進参加者に蛇行進を扇動した点が、集団行動の遵守事項として「交通秩序を維持すること」と定め、その違反の扇動を処罰する本件条例三条三号、五条に違反するとして起訴された。一審、二審は、道交法違反については有罪としたが、条例違反については無罪としたため、検察官が上告。

裁判所の見解　破棄自判（有罪）。刑罰法規が曖昧不明確のゆえに三一条違反となるか否かは、通常の判断能力を有する一般人の理解において、具体的場合に当該行為がその適用を受けるか否かの判断を可能とするような基準が読み取れるか否かによる。本件条例の定める遵守事項の規定は、確かに立法措置として極めて不適切であるものの、集団行動が一般的に秩序正しく行われる場合にこれに随伴する程度を越えた殊更な交通秩序の阻害行為を禁止する趣旨に理解でき、一般人がこうした行為に該当するか否かを判断するのは困難ではない。

解　説　123判決（東京都公安条例事件）が公安条例は二一条違反でないとしたことにより、本件では三一条（明確性）が争点となった（法律と条例の関係の争点については235判決参照）。本判決はまず、不明確な刑罰法規は、処罰対象か否かを予め告知する機能を果たさないから三一条に違反するという原則を明言した。告知機能を果たさなければ、委縮効果発生の恐れがあろう。次いで本判決は、不明確故に違憲となるか否かについて、上記のような判断基準を示した。

しかし、最高裁は、本件規定は不適切であるとしつつ、限定解釈で明確化が可能だとして不明確故に違憲とはしなかった（今日までこの理由による違憲判断の例はない）。これには少なくとも問題点が二つあると思われる。第一に、本件のような限定解釈は、法律家にとっては無理のないものだろうが、一般人にとってはどうだろうか。第二に、具体的な集団行動が、限定解釈で導かれた「殊更な交通秩序の阻害行為」にあたるか否かの判断は、一般人にとって本判決がいうほど容易だろうか。なお、高辻正己裁判官の意見は、これらの疑問を呈しつつ、本件事案に限っては殊更な交通秩序の阻害にあたることは明白であって、これを処罰しても被告人の三一条上の権利は侵害されないとする。

▼**評釈**——小泉良幸・判例講義Ⅰ87、野坂11、木村草太・百選Ⅰ83

国会周辺デモ規制

125 東京地判昭和44・12・2判時五七五号一〇頁

関連条文　憲法第二一条、東京都公安条例

①東京都公安条例に基づいて集団行動を不許可としまたは許可に条件を付すことができるにはどのような場合か。②本件進路変条件付許可処分の適法性。

事実　原告らは、一九六七年六月一〇日に東京都杉並区役所前から国会議事堂裏側を通り日比谷公園（東京都千代田区）までデモ行進を行うことを計画し、東京都公安委員会に許可申請を行ったが、同委員会は、国会開会中には議事堂周辺のデモを認めない方針をとっており、秩序保持に関する事項などに加え、議事堂周辺を避ける進路変更に関する条件を付して許可したため、この処分の取消しを求めて訴訟を提起した（なお、予定期日の経過に伴い、後に取消訴訟から国賠訴訟に変更された）。

裁判所の見解　一部認容。①行政法規は、憲法の趣旨に合致するよう実質的・合理的に解釈すべきであり、本件条例は文面上では許可制だが、実質届出制として解釈運用すべきである。集団行動の事前規制は、不許可であれ条件付き許可であれ、公共の安寧を保持するうえに明白かつ現在の危険がある場合に限り可能であり、本件条例の規定もこの趣旨である。②本件条例は地方住民の生活の安全と秩序を図ることが目的であるから、国民全体の利益に関わる国政審議の保全の規制は法律によるべきであり、また、本件デモ行進予定日は土曜日であって国会での審議予定はなく、また、デモ参加者の一部が国会議事堂に乱入したりするおそれもなかったのであり、本件処分は裁量権を逸脱し違法である。

解説　本判決は、123判決（東京都公安条例事件）に従って本件条例の合憲性を前提としつつ、その解釈によって集団行動の自由の確保を図る試みの一例である。①につい て、123判決が本件条例を実質届出制としたのを逆手にとって実質届出制というにふさわしい限定解釈を求めた。本件条例の「公共の安寧を保持する上に直接危険をおよぼすと明らかに認められる場合」という不許可事由につき、123判決では公安委員会の裁量を正面から認めていたところ、本判決はこれを実質的に限定し、条件を付すことができる場合についても同様に限定している。さらに、本件条例にはみなし許可規定がない点も、二四時間前までに応答がない場合には、許可があったものとして行動できると解すべきとした。②については、本件処分の理由とされた国会の審議権確保という利益が公安条例の保護対象となりうるか問題となるが、本判決はこれを否定した。しかし、本件の控訴審（東京高判昭和51・3・25）は、本判決には反対である。

▼**評釈**——阿部照哉・昭44重判（憲法7）、西岡祝・百選Ⅰ（五版）92

道交法によるデモ規制……エンタープライズ寄港阻止佐世保闘争事件

126　最3判昭和57・11・16刑集三六巻一一号九〇八頁

関連条文　憲法二一条、道路交通法七七条・一一九条一項一二号

①道路における集団行動を許可制とする道交法七七条一項四号は二一条に反しないか。②上記規定は不明確のゆえに二一条に反しないか。

事実　被告人らは、一九六八年一月、米原子力空母エンタープライズの佐世保入港に反対して（ちなみに、106判決（博多駅事件）もこの反対運動との関連である）佐世保市内を無許可でデモ行進した上、米海軍佐世保基地内に立ち入ろうとして警官隊と衝突し、道交法七七条違反、公務執行妨害等の事実で起訴され、一審、二審で有罪判決を受けた。

裁判所の見解　上告棄却。①道交法は、交通での危険防止、その他交通の安全と円滑、道路交通に起因する障害防止を目的とするものであるところ、同法七七条二項の規定は、同条一項による道路使用の許可につき明確かつ合理的な基準を掲げ、不許可となる場合を厳格に制限している。これによれば、許可が与えられない場合とは、当該集団行進の予想される規模、態様、コース、時刻などに照らして、一般交通の用に供せられるべき道路の機能を著しく害するものと認められ、しかも、同条三項の規定に基づく条件付加によってもかかる事態の発生を阻止できないと予想される場合に限られるのであって、こうした場合にあたらない集団行進を不許可とすることはできない。前記のような目的のもとに、道路における集団行進に対して、右の程度の規制をする道交法七七条一項四号等の規定は、憲法二一条に反しない。②道交法七七条一項四号、及び罰則規定である一一九条一項一二号の各規定による規制の場所、対象等は不明確ではなく二一条に反しない。

解説　道交法は道路上におけるデモ等の集団行動につき許可制をとっている（公安条例のある自治体では二本立ての規制になる）が、本件はその合憲性についての初の最高裁判例である。①については、123判決（東京都公安条例事件）と同様、不許可になる場合を厳格に制限していることを理由に合憲としている。その際、条文上は「交通の妨害となるおそれ」がある場合には不許可にできるかのような規定であるところ、判決は、不許可にできるのは「道路の機能を著しく害する」場合に限るなど、一種の合憲限定解釈を施しており、公安委員会の裁量を強調する123判決よりはやや厳格な判断であるように思われる。しかし、規制対象となる「道路」には、大学の構内やスーパーの駐車場も含まれ、過度に広汎な規制であるという批判もある。

②については124判決を参照のこと。

▼**本件評釈**——長谷部恭男・百選Ⅰ（四版）89、中林暁生・判プラ108、横田耕一・昭57重判（憲法5）、渡辺洋・百選Ⅰ85

暴走族追放条例の合憲限定解釈……広島市暴走族追放条例事件

127 最3判平成19・9・18刑集六一巻六号六〇一頁 関連条文 憲法二一条一項・三一条、広島市暴走族追放条例一六条一項一号・一七条・一九条

①広島市暴走族追放条例の規定は過度に広汎で違憲ではないか。②本件条例による集会規制は集会の自由を侵害し違憲ではないか。

事実　本件条例は、「暴走族」を「暴走行為をすることを目的として結成された集団又は公共の場所において、公衆に不安若しくは恐怖を覚えさせるような特異な服装若しくは集団名を表示した服装で、（……）集会（……）を行う集団」（二条七号）と定義し、他方、「何人も」「公共の場所において、（……）承諾又は許可を得ないで、公衆に不安又は恐怖を覚えさせるような（……）集会を行うこと」（一六条一項一号）を禁止するとした上で、この行為が市の管理する公共の場所において所定の態様でなされたときには市長が中止・退去命令を出すことができ（一七条）、その違反には罰則が科される（一九条）。被告人は、暴走族構成員約四〇名と共謀の上、市が管理する広場において、無許可で集会を行い、中止・退去命令にも従わなかったため、同命令違反として起訴され、一審、二審とも有罪判決を受けた。

裁判所の見解　上告棄却。①上記規定は不明確ではないが、暴走族の定義や中止・退去命令の対象につき社会通念上の暴走族以外も含まれる文言であり、文言通り適用されると過度広汎な規制として二一条一項、三一条との関係で問題がある。しかし、目的規定等条例全体の趣旨や施行規則の規定等を総合すれば、本件条例の規制対象たる「暴走族」は、本来的な意味の暴走族（本来的暴走族）及び社会通念上これと同視できる集団（準暴走族）に限られ、中止・退去命令の対象も、これらの集団によるものに限定されると解される。②このように解すれば、本件条例は、規制目的の正当性、弊害防止手段としての合理性、利益の均衡の観点に照らし、違憲ではない。

解説　①について判例（109、111判決）は、過度広汎な人権制約規定は違憲だが、合憲限定解釈が可能ならその限りではないとする。本条例の集会規制は、政治的・宗教的な集会をも含みうる点で過度に広汎であるおそれがある。本判決は、条例全体の趣旨等から、規制対象を本来的暴走族及び準暴走族に限定する解釈が可能であるとしたが、反対意見は本件条例の文言を重視し、それは不可能だとする。②は、規制対象を上記のように限定したとしても、これらの者の集会を規制するのは違憲ではないかという問題であるが、本判決は143判決などと同様、利益衡量の手法を用いて合憲とした。

▼**評釈**――西村裕一・百選Ⅰ84、中林暁生・判プラ102、巻美矢紀・平19重判（憲法5）、青井未帆・論ジュリ1号

大学の自治……ポポロ事件

128 最大判昭38・5・22刑集一七巻四号三七〇頁

関連条文　憲法二三条

①学問の自由は教授の自由を含むか、②学内での学生集会は大学の自治を享有するか。

事実　東大構内で学生団体「劇団ポポロ」が大学の許可を得て、松川事件を素材とする演劇発表会を開催中、警備情報収集目的で入場していた本富士警察署員が学生に発見され、三名が捕らえられて始末書を書かされた。その過程で、学生が警察手帳を引っ張って紐を引きちぎる等の暴行を加えたとして、暴力行為等処罰法一条一項違反で起訴された。

裁判所の見解　①憲法二三条の学問の自由は、研究の自由と研究結果の発表の自由を含み、広くすべての国民にそれらを保障するとともに、他面、大学が学術の中心として深く真理を探究することに鑑み、特に大学におけるそれらの自由を保障する。教育ないし教授の自由は、必ずしも学問の自由に含まれるものではないが、憲法の右趣旨と学校教育法五二条に基づいて、大学において教授その他の研究者がその専門の研究結果を教授する自由は保障される。②大学における学問の自由を保障するために、伝統的に大学の自治が認められる。この自治は、特に教授その他の研究者の人事に関して認められ、大学の施設と学生の管理についてもある程度で認められる。学生も一般国民と同じように学問の自由を享有するが、学生としてそれ以上の自由を享有し、大学の施設を利用できるのは、教授その他の研究者の有する特別な学問の自由と自治の効果としてであり、学生の集会が真に学問的な研究またはその結果発表のためでなく、実社会の政治的社会的活動に当たる行為をする場合は、大学の特別な学問の自由と自治は享有しない。

解説　本判決は、憲法二三条の体系的解釈を示すリーディングケースである。一般国民の学問の自由と異なる「大学の特別な自由と自治」の内容を、研究者の自由（①研究、②研究結果の発表、③教授）とそれを保障するための自治（①人事、②施設・学生の管理）とする。特別な保障の対象を、「大学」の「研究者」に限定した結果、下級教育機関の教師の教育の自由と、大学内での「学生」の自由（＝研究者の自由の反射的効果）が外延に放逐された。前者は後に旭川学テ最大判（182事件）で一定の修正を受けるが、本件で重大な帰結をもたらすのは後者である。一審判決がいうように、本件の核心は長期かつ恒常的な学内内偵活動がもたらす大学の学問活動全体への萎縮効果であったが、本判決は①本件集会への一回的立入りを孤立させ、②大学自身の認識を問わずに本件集会を実社会の政治的社会的活動と性格づける（学問と政治の峻別）、という解釈操作を経て、二三条の射程外に本件を位置付けた。この解釈操作の妥当性が、本判決の最も疑問とされるところである。

▼**評釈**——森英樹・基本判例24等

公営住宅における暴力団排除と居住の自由

129 最2判平成27・3・27民集六九巻二号四一九頁

関連条文　憲法一四条一項・二二条一項、西宮市営住宅条例四六条一項

暴力団員を公営住宅から排除する条例の規定は、憲法一四条一項、二二条一項に違反しないか。

事実　Y_1は、二〇〇五年八月にX市の市営住宅条例に基づいて市営住宅への入居決定を受けた。二〇〇七年一二月にX市は、同条例を改正し、市営住宅の明渡を請求できる事項として新たに「暴力団員であることが判明したとき」（四六条一項六号）との条項を加えた。二〇一〇年八月、X市は、Y_1の両親（Y_2ら）の同居を承認し、その際、Y_1、Y_2らからは、暴力団員であることが判明した場合の住居の明渡しに関する誓約書を取りつけた。その後、Y_1が暴力団員であることが判明し、X市が住宅の明渡し等を求めたのが本件である。本件においてY_1、Y_2らは、同条例四六条一項六号につき、憲法一四条一項、二二条一項に違反するとの主張をした。一審、二審ともX市の主張が認められたため、Y_1、Y_2らが上告した。

裁判所の見解　上告棄却。地方公共団体による住宅供給において当該住宅にどのような者を入居（継続）させるのかについては、その性質上、同団体に一定の裁量がある。暴力団員が市営住宅に入居し続けると、他の入居者等の生活の平穏が害されるおそれは否定できず、他方で暴力団員は自らの意思で暴力団を脱退し、暴力団員でなくなることも可能である。さらに市営住宅を明渡してもそれ以外の居住にまで制限を加えるわけではない。以上から本件規定は、暴力団員に対する不合理な差別とはいえず、憲法一四条一項に違反しない。

本件規定で制限される利益は、社会福祉的観点から供給される市営住宅に暴力団員が入居（継続）する利益にすぎず、上記の諸点も踏まえれば、本件規定による居住制限は、公共の福祉による必要かつ合理的なものであり、本件規定は、憲法二二条一項に違反しない。

解説　本判決は、公営住宅の入居とその継続について暴力団員の排除を認める地方公共団体における条例の合憲性について最高裁が初めて判断をしたものである。本判決では、権利の重要性や平等審査に関する審査基準などによらず、事案の性質に即した判断がされている点が特徴である。また具体的審査では、住居者の適否に関する地方公共団体の裁量を前提に、他の住居者の生活の平穏が害されるおそれがあるかどうかについて「具体的危険」を要求しない緩やかな審査がされる。さらに暴力団からの離脱は本人の自由意思であることや、公営住宅以外に住む自由を奪うわけではないといった点が、権利制約の厳しさを緩める要素として用いられ、簡素な利益衡量論によって結論が示されている。

▼**評釈**——大沢秀介・平27重判（憲法7）、門田孝・新判例解説18号、尾形健・判プラ197等

海外渡航の自由と旅券発給の拒否

130 最大判昭和33・9・10民集一二巻一三号一九六九頁

①海外渡航の自由は憲法上認められるか。②旅券法一三条一項五号（現七号）（及びこれに基づく外務大臣の旅券発給申請拒否処分）は憲法二二条一項に違反するか。③同規定が合憲であるとしても、本件への適用は違法であるか。

事実　原告は、ソ連（当時）のモスクワで開催の国際経済会議への出席のため、外務大臣に対して一般旅券の発給を申請した。しかし外務大臣は、旅券法一三条一項の「著しく且つ直接に日本国の利益又は公安を害する行為を行う虞があると認めるに足りる相当の理由がある者」（五号（現七号））につき一般旅券を発給しないことができるとする規定を根拠に、同発給を拒否した。これについて原告が、同規定と同処分の違憲性などを主張した。

裁判所の見解　憲法二二条二項の「外国に移住する自由」には外国へ一時旅行する自由が含まれるものの、公共の福祉による合理的制限を受ける。旅券発給拒否の該当事由の一つである旅券法一三条一項五号の規定は、外国旅行の自由に関する公共の福祉のための合理的制限につき定めたものであり、同規定が漠然たる基準を示しているともいえない。旅券法一三条一項五号が仮に違憲でないとしても、原告はそれが「明白かつ現在の危険がある」場合にのみ適用され本件には適用されないことを主張するが、日本国の利益または公安を害する行為を将来行うおそれのある場合について、その自由を制限する場合がありうることは明らかであり、同条の適用を「明白かつ現在の危険がある」場合に限定すべき理由はない。

関連条文　憲法二二条二項、旅券法一三条一項五号（現七号）

解説　憲法には外国渡航の自由につき明示する規定はないため、本件は憲法二二条二項を根拠にそれを認めた事例として注目される。しかし、その制約の正当化事由については、「公共の福祉」に基づく単純な合理的制限論が展開され、いかなる理由から合理的なのか具体的に明示されていない。本規定の本件への適用の可否をめぐっても、将来の「虞れ」を正当な拒否理由とすることで、原告の主張する「明白かつ現在の危険」基準を採用しないことに加え、そもそも「著しく且つ直接に日本国の利益又は公安を害する行為を行う虞があると認めるに足りる相当の理由がある者」のより詳細な意味について示すことはなかった。少なくとも、害悪の発生について相当の蓋然性が客観的に存するかどうかといった基準は必要になるであろう。本件のような判断手法については、学説から厳しい批判が出されているが、本件が戦後初期の判決ということもあり、現在同様の判断が下される場合に、こうした単純な論理構成の判決が出されることはないであろう。

▼**評釈**——齊藤正彰・百選Ⅰ105、山内敏弘・基本判例25、尾形健・判プラ198等

医療類似行為の禁止

131 最大判昭和35・1・27刑集一四巻一号三三頁

関連条文 憲法二二条一項、あん摩師、はり師、きゅう師及び柔道整復師法一二条・一四条

医業類似行為について無資格者が業とすることを禁止していることは、憲法二二条に違反しないか。

事実　あん摩師、はり師、きゅう師及び柔道整復師法（以下、あん摩師等法）一二条は、同法一条に掲げるものを除く医業類似行為を業とすることを禁じ、同法一四条二項に処罰規定を置く。被告人は、HS式高周波療法と称する施療を、料金を徴収して行ったことにつき、同法規定違反の罪に問われた。これに対して被告人は、①同療法が、同法にいう医業類似行為としてその適用を受け禁止されるならば、同法は憲法二二条に違反し、これにより被告人を処罰することはできないのではないか。あるいは、②同療法は有効無害の療法で公共の福祉に反しないことから、同療法を禁止する法律は違憲であり、被告人の所為は罪とならないのではないか、と主張した。

裁判所の見解　医業類似行為は、人の健康に害を及ぼす虞があるから公共の福祉に反するのであって、法が医業類似行為を業とすることを禁止処罰するのも人の健康に害を及ぼす虞のある業務行為に限局する趣旨からであると解しなければならない。このような限定解釈の下に、あん摩師等法一二条、一四条の禁止処罰は、公共の福祉上必要であるから、同法一二条、一四条は憲法二二条に反しない。

本件の原判決は、HS式無熱高周波療法が人の健康に害を及ぼす虞があるか否かの点につきなんら判示していない。被告人がHS式無熱高周波療法を業として行った事実だけで同法一二条違反と即断したことについては正義に反することから、原判決を破棄して差し戻す。

解説　本判決は、あん摩師等法一二条にいう「医業類似行為」につき「人の健康に害を及ぼす虞のある業務行為」という意味であると限定的に解釈することで、その合憲性を担保した。これに対しては、同法の医業類似行為禁止の目的には、以上の他、たとえ本件のような療法自体が無害であったとしても、それがために他のより適切な治療を受けることなく、病状が悪化したりするなどの間接的な弊害の防止を読み込む必要があるのではないかといったことが指摘される。

なお、差戻審の仙台高裁では、「本件HS式高周波器による電気療法は、人の健康に害を及ぼす危険」があり、「この療法をくりかえした被告人の原判示の医業類似行為は、人の健康に害を及ぼすおそれのあるものと認めるのが正当」として控訴が棄却（仙台高判昭和38・7・22刑集一八巻四号一五九頁）され、再上告も棄却（最1決昭和39・5・7刑集一八巻四号一四四頁）された。

▼**評釈**——時國康夫・百選Ⅰ（三版）90、工藤達朗・百選Ⅰ（五版）99、尾形健・判プラ192等

自動車運送事業の免許制

132 最大判昭和38・12・4刑集一七巻一二号二四三四頁

（自動車運送事業の免許制を前提とする）自家用自動車による有償運送禁止の合憲性。

事実　道路運送法一〇一条一項（当時）は、「自家用自動車は、有償で運送の用に供してはならない。但し、災害のため緊急を要するとき、又は公共の福祉を確保するためやむを得ない場合であつて運輸大臣の許可を受けたときはこの限りでない」と規定していた。被告人は、同法で定める除外事由にあたらず、また運輸大臣の許可を得ないままに、運賃を受け取る目的で自家用自動車に客を乗せた。これにつき簡易裁判所は、同法の諸規定に反するとして被告人に罰金刑を課した。これに対して被告人は、（自動車運送事業の免許制を前提とする）自家用自動車による有償運送禁止を定める道路運送法一〇一条一項が憲法二二条一項に反すると主張した。

裁判所の見解　憲法二二条一項は公共の福祉による制限を受ける。道路運送法は、道路運送事業の適正な運営及び公正な競争を確保すると共に、道路運送に関する秩序を確立することにより道路運送の総合的な発達を図り、もって公共の福祉を増進することを目的とする。同法が一定の免許基準の下での免許制を採用することは、わが国の交通及び道路運送の実情に照らし、同法の目的に沿う。自家用自動車の有償運送行為は、無免許営業に発展する危険性が多く、これを放任すれば無免許営業に対する取締りの実効性を期し難く、免許制度が崩れるおそれがある。そこで同法一〇一条一項が自家用自動車を有償運送の用に供することを禁止することも公共の福祉の確保のために必要な制限である。

関連条文　憲法二二条一項、道路運送法一〇一条一項（当時）

解説　本件の主たる争点は、道路運送法一〇一条一項の自家用自動車による有償運送禁止の合憲性であり、自動車運送事業の免許制採用の違憲性ではない。しかし最高裁は、まずは自動車運送事業の免許制が合憲であることを示しつつ、免許制を実効的に維持するために必要な措置としての自家用自動車による有償運送の禁止の合憲性につき検討した。もっともその免許制の合理性審査にあたっては、法が定める目的規定をそのまま引き入れ、それ自体の合理性（加えて免許制という手段の合理性）を審査するわけでもない。学説で主張される厳格な目的二分論に従うかどうかは別としても、現在の視点で見るならば、目的に加え、それとの関連性で見た規制手段につき背景事情を明示するなどして、より厳密な審査が求められるべきであろう。また、自家用自動車による有償運送の禁止により免許制の実効化を図る点に関しても、それら二つの関連性について、より適切な論証をすることが求められよう。

▼**評釈**――安念潤司・百選Ⅰ90、中谷実・百選Ⅰ（四版）98、尾形健・判プラ187等

公衆浴場の適正配置規制

133　最大判昭和30・1・26刑集九巻一号八九頁

公衆浴場法二条の委任を受け県条例により定められた公衆浴場設置に関する距離制限は、憲法二二条に反しないか。

事　実　福岡県知事の許可を得ないままに自ら整備した浴場施設に客を入浴させ料金を徴収した被告人が、公衆浴場法違反の罪に問われた。これにつき被告人側は、浴場の設置基準の根拠となる公衆浴場法二条及び福岡県条例五四号三条に定める設置基準（既に許可を受けた公衆浴場から市部にあっては二五〇メートル以上、郡部にあっては三〇〇メートル以上の距離があること）は、憲法二二条に違反し無効であると主張した。

裁判所の見解　多数の国民の日常生活に欠くことのできない、多分に公共性を伴う厚生施設である公衆浴場について、その設立を業者の自由に委ねて濫立を防止できずに偏在してしまった場合、日常容易に公衆浴場を利用しようとする多数の国民に不便をきたし、濫立により、浴場経営に無用の競争を生じさせ、その経営を経済的に不合理なものにし、結果的に浴場の衛生設備の低下等好ましからざる影響をきたすおそれがある。このようなことは、上記公衆浴場の性質に鑑みて、国民保健及び環境衛生の上から、できる限り防止することが望ましい。そこで公衆浴場の適正配置を理由として、公衆浴場の経営の許可を与えないことができる旨の規定を設けることは、憲法二二条に違反しない。

関連条文　憲法二二条、公衆浴場法二条

解　説　判決では、いわゆる目的二分論の観点から見た場合、公衆浴場設置の距離制限について消極目的規制にあたると理解されるにもかかわらず、合憲判断とされた。このことにつき学説からは、（薬事法判決（135判決）との比較からも）より厳格な審査が要求されるべきであったと評価されるようになった。もっとも、公衆浴場の意義が時代の流れとともに変化したこともあり、本判決から三〇年以上を経た後の最高裁第二小法廷（最2判平成元・1・20刑集四三巻一号一頁）は、公衆浴場設置の距離制限につき、「公衆浴場業者が経営の困難から廃業や転業することを防止し……国民の健康保健を維持する」という「積極的、社会経済政策的な規制目的に出た立法」であるとして合憲判断をした。他方で同時期の最高裁第三小法廷（最3判平成元・3・7判時一三〇八号一一一頁）は、国民保健及び環境衛生の確保という目的と既存の公衆浴場の経営の安定を図る目的という、消極・積極両方の規制目的があることを示しており、いわゆる目的二分論から距離を置いているようにも思われる。このように近年では、従来の目的二分論の相対化も見られるようになってきている。

▼**評釈**——工藤達朗・百選Ⅰ89、松本哲治・判例講義Ⅰ93、尾形健・判プラ185等

小売市場の適正配置規制

134　最大判昭和47・11・22刑集二六巻九号五八六頁関連条文　憲法二二条一項、小売商業調整特別措置法三条一項・五条・二二条一項

小売市場の開設設置に関する許可制や適正配置のための距離制限は、憲法二二条一項に反しないか。

事　実

小売商業調整特別措置法三条一項は、政令で指定する市の区域内の建物につき、都道府県知事の許可を受けた者でなければ、小売市場（一の建物であって、一〇以上の小売商〔その全部又は一部が政令で定める物品を販売する場合に限る。〕の店舗の用に供されるものをいう。）とするため、その建物の全部又は一部をその店舗の用に供する小売商に貸し付け、又は譲り渡してはならない旨、定めていた。これを受け、同法施行令一条および別表一は「政令で指定する市」を定め、同法施行令二条及び別表二は「政令で定める物品」として野菜、生鮮魚介類を指定した。また同法五条は、許可申請に対する許可基準を示し、同法二二条は、同法三条一項の規定違反の罰則を設けた。被告人は、大阪府知事の許可を受けずに同法所定の指定区域内において店舗数四九の棟を建設し、野菜商や生鮮魚介類商に、同建物を店舗用に貸し付けたことが罪に問われた。これに対して被告人は、これらの規定が小売市場の開設経営をしようとする者の営業の自由を制限すると主張した。

裁判所の見解

憲法は、国の責務として積極的な社会経済政策の実施を予定し、国が社会経済全体の均衡のとれた調和的発展を図るために、立法により、個人の経済活動に対して一定の規制措置を講ずることも、それが以上の目的達成のために必要かつ合理的な範囲にとどまる限り許される。なお、社会経済の分野で、いかなる手段・態様の規制措置が適切・妥当かは、主として立法政策の問題として立法府の裁量的判断にまつほかない。そこで裁判所は、立法府がその裁量権を逸脱し、当該法的規制措置が著しく不合理であることが明白である場合に限り、これを違憲とする。本法は、小売商を保護するための措置であり、過当競争による弊害が特に顕著と認められる場合についてのみ、これを規制する。本法の小売市場の許可規制は、国が社会経済の調和的発展を企図するという観点から中小企業保護政策の一方策としてとった措置ということができ、その目的において一応の合理性が認められ、規制の手段・態様も著しく不合理であることが明白であるとはいえない。

解　説

本判決では最高裁が、①精神的自由規制と経済的自由規制とを対比させる二重の基準の考え方を採用し、②また、経営基盤の弱い小売業の保護という社会経済的政策目的のため、経済的自由を制約する際には、それが著しく不合理であることが明白な場合に違憲とする判断基準を示したことで知られる。これは、消極目的規制と積極目的規制とを区分する規制二分論に則った判断になっているとも評される。

▼評釈——常本照樹・百選Ⅰ91、尾形健・判プラ188等

薬局の適正配置規制

135 最大判昭和50・4・30民集二九巻四号五七二頁 関連条文 憲法二二条、薬事法六条二項・四項・二六条二項、昭和三八年広島県条例二九号三条

①薬局設置の許可制の合憲性、②薬局の適正配置に関する距離制限の合憲性。

事　実　薬事法は、薬局設置の許可制について定め、また適正配置基準につき各都道府県の条例で定めるよう委任している。上告人は、医薬品の一般販売業の許可を広島県知事に申請したものの、知事は適正配置基準（距離制限）を理由に本件不許可処分をした。これにつき上告人は、薬局の適正配置を定める薬事法と県条例は憲法二二条一項に違反するとして、それらに基づく同処分の取消しを求めた。

裁判所の見解　職業は、個人の人格的価値とも不可分の関連を有する一方、その性質上、社会的相互関連性が大きく、公権力による規制の要請が強い。そこで、いかなる具体的措置を採るべきかを検討するのは、一次的には立法府の権限と責務である。裁判所は、具体的規制目的などに照らし、その措置の合理性等を判断する。

医薬品は国民の生命及び健康の保持上の必需品であるから、不良医薬品の供給から国民の健康と安全とを守るため、供給業者を一定の資格要件を具備する者に限定し、それ以外の者の開業を禁止する許可制を採用したことは、それ自体、必要かつ合理的措置として肯認できる。

他方、開業場所の地域的制限は、実質的には職業選択の自由に対する大きな制約的効果を有する。そして、国民の生命・健康に対する危険防止という消極的、警察的目的のための措置である適正配置規制は、薬局等の過当競争及びその経営の不安定化の防止自体が目的ではなく、あくまで不良医薬品の供給の防止のための手段である。

薬局の地域的制限の必要性と合理性を裏付ける理由として県知事側の指摘する薬局等の偏在―競争激化―一部薬局等の経営の不安定―不良医薬品の供給の危険又は医薬品乱用の助長の弊害という事由は、いずれもいまだそれによってその必要性と合理性を肯定するに足りる理由とならない。そこで適正配置規制を定めた薬事法六条二項、四項は憲法二二条一項に違反する。

解　説　本判決をめぐっては長らく、本件規制措置が消極的な警察目的規制であるとされ、規制目的につき必要性・合理性の観点から審査し、より制限的でない手段によって目的を達成できない場合に制限が正当化されるといった審査手法が採用されたとの評価を受けてきた。しかし、規制目的二分論自体に対する批判に加え、本判決は（西）ドイツの薬局判決に見られた「段階理論」を基底として書かれたことを意識すべきであるという評価が、近年の有力説となっている。

▼評釈――石川健治・百選Ⅰ92、阪本昌成・経百（初版）140、青柳幸一・基本判例26、尾形健・判プラ189等

酒類販売業の免許制

136 最3判平成4・12・15民集四六巻九号二八二九頁

関連条文　憲法二二条一項、酒税法九条一項・一〇条一〇号

酒税を適正かつ確実に徴収するために酒類販売業の免許制を取っていることは、憲法二二条一項に違反しないか。

事　実　上告人は、酒税法九条一項の規定に基づき、所轄税務署長に対して酒類販売業の免許申請をした。これに対して同署長は、上告人が同法一〇条号所定の「その経営基盤が薄弱であると認められる場合」に該当するとして、同免許の拒否処分を行った。これに対して上告人は、酒類販売業の免許制を定めた同法九条、一〇条一〇号の規定を違憲と主張し、同処分の取消しを求めた。

裁判所の見解　租税の適正かつ確実な賦課徴収を図るという国家財政目的のための職業の許可制については、その必要性と合理性に関する立法府の判断が、その政策的、技術的な裁量の範囲を逸脱し、著しく不合理でない限り、憲法二二条一項に違反しない。本件の場合、酒税の賦課徴収に関する仕組みがいまだ合理性を失っていないことに加え、酒税負担は、消費者に転嫁されるべき性質の税目であること、酒類の販売業免許制度によって規制されるのが、そもそも、その販売につき何らかの規制が行われてもやむを得ないと考えられる商品である酒類の販売の自由にとどまることを考慮すると、酒類販売業免許制度を存置すべきとした立法府の判断につき、その政策的、技術的な裁量の範囲を逸脱し、著しく不合理であるとまではいえない。酒税法一〇条一〇号は、酒類製造者において酒類販売代金の回収に困難を来すおそれがあると考えられる最も典型的な場合を規定したものであり、この基準は、酒類の販売免許制度を採用した立法目的からも合理的である。また、同号の規定が不明確で行政庁の恣意的判断を許すともいえない。そうすると、酒税法九条、一〇条一〇号の規定が、立法府の裁量の範囲を逸脱するもので、著しく不合理であるとはいえず、これら規定が憲法二二条一項に違反するとはいえない。

解　説　本判決は、酒税の適正かつ確実な徴収という財政目的を理由として実施される経済的自由規制につき合憲と判断した事例である。控訴審判決（東京高判昭和62・11・26判時一二五九号三〇頁）では、規制目的二分論を意識し、財政目的規制を積極・消極どちらの側面もあるとし、より厳しい判断基準（厳格な合理性）を適用した。これに対し本判決は、二分論には組みせず、審査基準も合理性の基準を採用し、ある程度広い立法裁量を認めた。この点、反対意見の坂上判事は、「財政目的のための許可制による職業の規制についても、その必要性と合理性についての立法府の判断は、合理的裁量の範囲にとどまることを要」するとして、本件許可制を違憲とする。

▼**評釈**――宮原均・百選Ⅰ94、野中俊彦・平4重判（憲法11）、藤井俊夫・法教153号等

条例による財産権の制限……奈良県ため池条例事件

137　最大判昭和38・6・26刑集一七巻五号五二一頁

関連条文　憲法二九条、奈良県ため池条例四条・九条

①条例による財産権制限は、憲法二九条二項に違反しないか。②本件での財産権制約について憲法二九条三項による損失補償は必要か。

事実　奈良県ため池条例は、「ため池の破損、決かい等に因る災害を未然に防止するため、ため池の管理に関し必要な事項を定めることを目的」（一条）とする。本条例四条は、同目的の達成のため、何人も「ため池の堤とうに竹木若しくは農作物を植え、又は建物その他の工作物（ため池の保全上必要な工作物を除く。）を設置する行為」（二号）等してはならないとし、九条で違反に対する三万円以下の罰金規定を設ける。被告人らは、在住農民で総有するため池の堤とうで条例制定前から代々耕作を続けてきた。しかし本条例制定後もこれを続けたため、本条例四条二号違反で起訴された。一審は被告の主張を受け入れなかったが、二審は法律によらない条例での私有地規制が憲法二九条二項、九四条に違反し、またこうした規制にはあらかじめ法律上の手続に則り、損失補償をする必要があるとした。これにつき検察側が上告して出されたのが、本判決である。

裁判所の見解　本条例四条二号は、財産上の権利に著しい制限を加えるが、その制限の内容は、ため池の破損、決かい等による災害を未然に防止するという、社会生活上やむを得ない必要からくることであり、何人も、公共の福祉のためこれを受忍しなければならない。ため池の破損、決かいの原因となるため池の堤とうの使用行為は、憲法、民法の保障する財産権行使の埒外にある。従って本件行為を条例で禁止、処罰しても憲法及び法律に牴触せず、既に規定する法令も存在しないから、これを条例で定めても違憲・違法はなく、本条例九条の罰則規定も憲法三一条に違反しない。

また、以上の説示と同じように、本件のような制約は、ため池の堤とうを使用し得る財産権を有する者が当然受忍しなければならず、憲法二九条三項の損失補償も必要としない。

解説　本判決については、条例による財産権制約について合憲とした理由付けが、必ずしも明確ではない点などに注目したい。例えば多数意見が本件行為を「財産権行使の埒外」としつつ、本件規制が財産上の権利に著しい制限を設けるとしているのは一貫性がないようにも思える。また損失補償の要否についても、本件の問題が財産権の埒外であればそもそも補償が不要であることの正当化理由でさえ不要なはずであるが、ため池の破損、決かい等による災害を未然に防止するという規制目的の審査がなされている。

▼評釈――村山健太郎・百選Ⅰ98、岩間昭道・基本判例29、大橋洋一・行百Ⅰ（六版）106等

財産権行使の制限……森林法共有林分割制限規定事件

138 最大判昭和62・4・22民集四一巻三号四〇八頁

関連条文　憲法二九条、森林法一八六条、民法二五六条一項

共有された森林につき、共有物の分割請求を制限する森林法の規制は、憲法二九条に違反しないか。

事　実　兄弟であるXとYは、父親から山林を譲り受け、二分の一ずつの持分で共有をしていた。しかし、意見の違いからXは、Yに対して、山林の持分の分割請求を行おうとした。しかし、森林法一八六条は、持分二分の一以下の共有者による分割請求を認めない旨を定めていた（これは共有物の分割請求を認める民法二五六条一項の特則として認識されている）。分割請求ができないことについてXは、こうした規定が憲法二九条に違反すると主張した。

裁判所の見解　森林法一八六条の立法目的は、森林の細分化を防止することによって森林経営の安定を図り、ひいては森林の保続培養と森林の生産力の増進を図り、もって国民経済の発展に資することにあり、これが公共の福祉に合致しないことが明らかとはいえない。しかし、森林法一八六条が共有森林につき持分価額二分の一以下の共有者に民法二五六条一項所定の分割請求権を否定するのは、森林法一八六条の立法目的との関係において、合理性と必要性のいずれをも肯定できない。この点に関する立法府の判断は、その合理的裁量の範囲を超える。したがって同条は憲法二九条二項に違反し、無効であり、共有森林につき持分価額二分の一以下の共有者にも民法二五六条一項本文の適用がある。

解　説　本判決が出された当初、学説の主たる関心は、目的二分論が財産権制約にも適用されるか否かであった。これにつき最高裁は、本件分割請求権の制限が財産権に反すると指摘したものの、目的二分論を本件で採用しなかったことから、本件は判例としての重要性はないといった指摘もされた。

しかし後に、原理的に見た場合にそもそも分割請求権の制限がなぜ憲法上の財産権を制約することになるのかという問題提起に注目が集まった。というのも、財産権の内容は法律で定められる（憲法二九条二項）ことから、法律に規定される分割請求権の制限も憲法の予定範囲に入るのではないかという問題意識があるからである。これ以降、逆に、分割請求権を法律でも制限できないのは、憲法で保障される財産権には法律によっても制限しえない核心部分があるからではないかといった指摘がされるようになった。つまり最高裁は、財産権の憲法的保障の大前提には、近代市民社会の単独所有という大原則があり、この単独所有を近代的な財産権保障の中核に据えることで、共同所有形態の維持を志向する分割請求権の制限を近代的な財産権保障にとって異質なものと捉えたとみるのである。

▼**評釈**――巻美矢紀・百選Ⅰ96、戸波江二・法セ391号、藤井俊夫・判時250号、山本龍彦・判プラ201等

証券取引法一六四条一項によるインサイダー取引規制

139 最大判平成14・2・13民集五六巻二号三三一頁

関連条文　憲法二九条、証取法一六四条一項

証取法一六四条一項（上場会社などの役員や主要株主が負っている短期売買利益の返還義務）の合憲性。

事実　Y社は、東京証券取引所二部上場の株式会社であるX社の株を購入後、短期（六ヶ月間以内）売買取引でA社に売り、大きな利益を得た。Y社・A社の代表は同じB氏で、両社の単独株主である。X社はY社に対し、証取法一六四条一項に基づき当該取引で得た利益の提供を求め、裁判所は一審、二審でX社の請求を認容した。これに対しY社は、X社・A社の代表者・株主が同一の本件では同項の趣旨を逸脱する秘密の不当利用や一般投資家の損害発生はなく、本件での同項適用はありえず、そうでなければ同項は憲法二九条に違反すると主張した。

裁判所の見解　財産権規制が憲法二九条二項に適合的か否かは、規制の目的、必要性、内容、その規制で制限される財産権の種類、性質及び制限の程度等を比較考量して判断すべきで、法一六四条一項の規制目的や必要性は、上場会社等の役員または主要株主がその職務または地位により取得した秘密の不当利用を防止することで、一般投資家が不利益を受けないようにし、国民経済上重要な役割を果たしている証券取引市場の公平性、公正性を維持するとともに、これに対する一般投資家の信頼確保という経済政策に基づく目的を達成するためのもので、その目的は正当である。また本規定については、①個別取引での秘密の不当利用や一般投資家の損害発生という事実の有無を同項適用の積極要件または消極要件とすれば、その立証や認定が実際上極めて困難であり、②同条八項に基づく内閣府令で定める場合や類型的にみて取引の態様自体から秘密の不当利用が認められない場合には適用されないと解すべきで、③上場会社等の役員または主要株主が行う当該上場会社等の特定有価証券等の売買取引禁止ではなく、それらの者に一定期間内の取引での利益の提供請求を認め、当該利益保持を制限するにすぎない。以上から、立法目的達成のための手段として必要性または合理性はある。

解説　本件における憲法上の論点として注目すべきは、まず財産権制約に関する本件が、森林法判決との類似性も見せつつ、森林法判決に比べると「積極的」「消極的」といった文言が削除されており、いわゆる目的二分論の不採用が明確になった点である。また「取引の態様自体から秘密を不当に利用することが認められない場合には適用されないと解すべき」といった合憲限定解釈の手法が用いられ、規定の合憲性が確保された点である。

▼**評釈**――松本哲治・百選Ⅰ97、横田守弘・法セ573号、山本龍彦・判プラ202等

憲法二九条三項にいう「正当な補償」の意義……農地改革事件

140 最大判昭和28・12・23民集七巻一三号一五二三頁

関連条文　憲法二九条三項

どのような額であれば「正当な補償」といえるのか。

事　実　Xは、農地改革で自作農創設特別措置法（自創法）に基づき、政府に農地を買収された。自創法六条三項によれば、農地買収計画による対価は、田についてはその賃貸価格の四〇倍、畑についてはその賃貸価格の四八倍を超えてはならないと定められていた。これについてXは、価格算出後の経済事情の激変を少しも考慮していないため、田一反の買収価格が鮭三尾の代価にも及ばないという結果となり、実質的に無償で取り上げられるのと変わらないなどと主張して、買収対価の増額を求めた。しかし、第一審から最高裁まで、Xの主張は斥けられた。

裁判所の見解　憲法二九条三項にいうところの財産権を公共の用に供する場合の正当な補償とは、その当時の経済状態において成立することを考えられる価格に基づき、合理的に算出された相当な額をいうのであって、必ずしも常にかかる価格と完全に一致することを要するものでない。なぜなら、財産権は公共の福祉による制限を受け、財産の価格についても特定の制限を受けることがあって、財産の自由な取引による価格の成立を認められないこともあるからである。

自創法六条三項の対価の採算方法については、対価算出の計算項目や時期も合理的であり、計算の基礎を公定価格である米価に置くことも正当である。我が国全土にわたり自作農を急速かつ広汎に創設するという自創法の目的を達するためには、各農地のそれぞれについて、常に変化する経済事情の下に自由な取引によってのみ成立しうる価格を標準とすることはできない。したがって、自創法六条三項の買収対価は憲法二九条三項の正当な補償にあたる。

解　説　従来、憲法二九条三項の「正当な補償」について完全補償説と相当補償説があり、判例は相当補償説を採用していると説明されることが多かった。ただ、後の判例をみると、最高裁は学説の枠組とは関係なく、具体的な事案ごとに、補償額の算出方法が妥当かどうかを判断している（最1判昭和48・10・18民集二七巻九号一二一〇頁、最3判平成14・6・11民集五六巻五号九五八頁）。

そもそも地価の計算の仕方に唯一絶対の答えがあるわけではないから、「完全」と「相当」との間に明確な線引きができるわけではない。本件上告理由においてX側は、正当な補償かどうかは、買収当時の経済事情からみて「相当な対価か否かにより決すべき問題」だと主張している。つまり、本件の争いの中心は、相当といえる額の算定の仕方であって、「完全か相当か」ではなかったのである。

▼**評釈**――三宅雄彦・百選Ⅰ100、山本龍彦・判プラ206

ポツダム勅令と補償

141 最大判昭和35・10・10民集一四巻一二号二四四一頁

連合国最高司令官の覚書に基づく日本政府の措置により財産の返還を命じられた者は、憲法二九条三項を根拠として日本国に対し補償を求めることができるか。

事実　本件不動産は、戦前はイギリス系石油会社Aの所有であったが、戦時中、敵産管理法の適用によって管理、転売され、Xの所有となった。終戦後、一九四六年五月に連合国最高司令官の覚書に基づいて勅令第二九四号「連合国財産の返還等の件」が発布され、一九四九年一一月一五日、大蔵大臣は同勅令二条によりXに対し、本件不動産をA会社の承継人である石油会社Bに譲渡すべきことを命じ、Xは本件不動産の所有権を失った。Xは、国を被告として、憲法二九条三項に基づき自己が被った損害の補償を求めて提訴した。東京地裁がXの請求を棄却したため、Xは最高裁に飛躍上告した。

裁判所の見解　上告棄却。連合国最高司令官の覚書の趣意を実施するためになされた日本政府の措置は、日本国憲法の枠外にあり、そのような措置については憲法の適用は排除される。従って、大蔵大臣の命令による本件不動産の譲渡は、日本国憲法の適用外にある。さらに、この譲渡によってXに生じた損害填補の問題についても、その損害の発生が右譲渡行為に基因するものだから、憲法二九条三項「正当補償」の規定は本件損害の填補に適用されない。したがって、Xは国に対して補償を求めることはできない。

関連条文　憲法二九条三項

解説　終戦直後一九四五年九月に公布・施行されたいわゆるポツダム緊急勅令によって、日本政府は、覚書などの形で示される連合国最高司令官の要求事項の実施のために必要な場合は、たとえ法律事項でも命令で定めることができるようになった。本件譲渡命令の根拠である勅令もその一つであるが、このような命令は日本国憲法の下では禁止されている。したがって、ポツダム緊急勅令関連の命令等については、日本国憲法の枠外にあると解さないと、そもそも存在し得ない。多数意見は、そのような命令を根拠とする本件譲渡について、憲法の適用が排除されるとし、Xに生じた損害の補償についても、憲法二九条三項の適用を否定した。

これに対し反対意見は、譲渡実施と損失補償は別個の問題であって、譲渡が憲法の枠外だからといって補償まで憲法の枠外になるわけではないとして、憲法二九条三項の直接適用による補償の可能性を指摘した。ただ、反対意見がXの請求を認めたわけではなく、「連合国財産の返還等に伴う損失の処理等に関する法律」が制定されたことから、そちらの規定に従って訴えを提起すべきであり、Xの訴えは不適法として却下すべきだとしている。

▼**評釈**——高原賢治・百選(新版)36、今村成和・行百(初版)71

補償の要否と直接憲法二九条三項を根拠とする請求……河川附近地制限令事件

142　最大判昭和43・11・27刑集二二巻一二号一四〇二頁

関連条文　憲法二九条三項

①本件命令による財産権制限は補償を必要としないか。②補償規定のない財産権制限規定は違憲か。

事　実　砂利採取販売業者のYは、従来から仙台市の名取川の堤外（堤防より川側）にある民有地を賃借し、労働者を雇い入れて、砂利を採取していた。ところが、一九五九年一二月、その地域が宮城県知事によって「河川附近地」に指定された。旧河川法の委任に基づき定められた河川附近地制限令（制限令）四条二号により、指定以降、Yは知事の許可がなければ事業を続けることができなくなった。Yの砂利採取の許可申請は却下されたが、Yは無許可で砂利の採取を続けたため、罰則規定である同令一〇条違反に問われた。

　Yは、制限令による制限は正当な補償を必要とするにもかかわらず、損失補償の規定を欠いているので、制限令四条二号、一〇条の規定は憲法二九条三項に違反して無効である等主張した。しかし、第一審から最高裁まで、Yの主張は斥けられた。

裁判所の見解　①制限令四条二項の定める制限は、河川管理上支障のある事態の発生を事前に防止するための制限であり、この種の制限は、公共の福祉のためにする一般的な制限であり、原則的には、何人もこれを受忍すべきものである。これは、特定の人に対し、特別に財産上の犠牲を強いるものとはいえないから、損失補償は必要とされない。

②もっとも、Yの財産上の犠牲は、単に一般的に当然に受忍すべきものとされる制限の範囲をこえ、特別の犠牲を課したものとみる余地がある。しかし、制限令はあらゆる場合について損失補償を否定する趣旨ではなく、本件Yも、その損失を具体的に主張立証して、別途、直接憲法二九条三項を根拠にして、補償請求をする余地が全くないわけではない。

　以上より、制限令の規定が違憲無効だとはいえない。

解　説　伝統的学説によれば、二九条二項と三項は一体的に解され、二項に基づいて行われる公共の福祉のための一般的な制限を超える、「特別の犠牲」については、三項の補償が必要だとされる。本判決はこれと同様の立場を採用した。すなわち、憲法二九条三項の補償が必要とされるのは、特定の人に対し、特別の犠牲を強いる場合であり、公共の福祉のためにする一般的な制限の場合は、補償を必要としない、と。

　また、本判決は、法令上補償規定がなくても、直接憲法を根拠として補償請求ができることを認めた判決として紹介されることが多い。特別の犠牲が課されているのに補償規定がない場合であっても、法令が補償を完全に否定する趣旨でなければ、直接憲法二九条三項を根拠にして補償請求する余地があるから、直ちに憲法違反とはならないというのである。

▼**評釈**――田村理・百選Ⅰ102、松本哲治・判例講義Ⅰ106

建築許可の条件と補償

143 最大判昭和33・4・9民集一二巻五号七一七頁

関連条文 憲法二九条

建築許可に無補償撤去の条件を付けることは憲法二九条に違反しないか。

事実 A地区は、東京都都市計画において国鉄荻窪駅前広場に指定された。一九四七年に駅前広場設定事業施行年度が決定されたが、この決定は予算不足により一九四九年に廃止された。A地区内に土地を有するXらは、その土地上に建物を建築しようと思い建築申請をしたが、最終的に条件付きの建築許可を得ることになった。その条件は、「駅前広場事業により都知事が移転を命じた場合は三ヶ月以内にその物件を完全に広場境域外に撤去する。撤去により生ずる総ての損失について補償を一切要求しない。」などといった内容だった。Xらは、これら条件の付加は憲法二九条に反するとして、条件の無効の確認を求めて提訴した。一審から最高裁までXらの敗訴。

裁判所の見解 (旧)都市計画法は、都市計画として認可を受けた地域の建築物の新築等について許可制を定め、その許可には都市計画上必要な条件を付することができる旨規定している。このような制限が財産権に対する制限となることは否定しえない。しかし、都市計画は公共の福祉のために必要なものであるから、制限が都市計画上必要なものである限りは公共の福祉のための制限と解すべきで、憲法二九条違反とはいえない。

本件広場設定事業は、予算の関係上一時施行が延期されたが、予算の成立とともに施行されることになっていたのであって、本件許可に付した条件は、都市計画事業たる本件広場設定事業の実施上必要やむをえない制限であったということができる。また、本件許可について、Xらは、広場設定事業施行の場合は、いかなる条件でも異議をいわず、建物を撤去すべき旨の書面を提出し、またはその旨を承諾していた。

以上より、本件条件は憲法二九条に違反しない。

解説 本判決は、条件の合憲性について「都市計画上必要かどうか」を判断の基準とするものであるが、本件事案を離れて結論を一般化することには注意が必要である。

本件条件付き許可の背後には、広場指定以前に建物がある場合はともかく、指定後に建てた建物の撤去についてまで補償は必要ないという考えがあると思われる。ただ、そうすると指定から施行までの期間は土地利用による収益の機会が失われることになる。無補償撤去の条件の妥当性について、期間の長短を無視して一律に考えることはできないだろう。

また、本判決は、Xらの承諾を理由の一つとしている。しかし、許可権限をもつ行政と申請者は対等でない場合が多いから、これも個別具体的状況に応じて考える必要がある。

▼**評釈**——見上崇洋・行百Ⅰ(六版)96

不正確な記録に基づく換地予定地指定処分

144 最大判昭和32・12・25民集一一巻一四号二四二三頁

実際の面積より狭く記載されている可能性のある土地台帳に基づいて、換地予定地指定処分を行うことは憲法二九条に違反しないか。

事実　一九五二年四月一七日、鳥取市で大火事が起きた（罹災面積四〇万坪、罹災家屋約五千戸）。同年五月二八日、鳥取県知事は、鳥取都市計画事業鳥取火災復興土地区画整理設計書及び施行規程を認可した。施行規定三条は、従前の土地各筆の地積（土地の面積）を、火災発生日の土地台帳地積によるとしていた。Xらは、土地区画整理施行地域内に土地を所有しており、知事から換地予定地指定処分を受けたのに対し、処分無効の確認を求めて提訴した。

第一審は手続違反を理由に請求を認めたが、第二審はこれを覆したので、Xらが上告。Xらは、自己の所有する土地については土地台帳地積より実測地積の方が広く、土地台帳と実測との差異分を何らの補償もなく取り上げることになるから、施行規定三条は憲法二九条に違反し無効である、などと主張した。

裁判所の見解　上告棄却。本件区画整理については、本件施行規程三条により土地台帳に基づく換地予定地の指定が一応行われる。ただ、続く本換地処分において、台帳と実測との間に差積があるときは、実際の土地の価額に相当する代償（換地、清算金）が交付されるべきであることは、都市計画法で準用する耕地整理法及び本件施行規程の趣旨とするところである。したがって、台帳と実測との差異分の土地が無償で取上げられることにはならないから、違憲ではない。

関連条文　憲法二九条、都市計画法

解説　旧土地台帳（廃止）は、過去の未熟な測量技術その他様々な事情により、記載の正確性に問題があった。この問題は、土地台帳を原簿とした現在の登記簿にも引き継がれており、正確な記録のための全国的な地籍調査は遅々として進んでいない。不正確な記録に基づく換地が行われると、土地の所有者は本来得るはずの広さの土地を得られないことになるから、財産権を不当に侵害する可能性が高い。しかし、本件では整理が広範囲にわたり従前の土地を一筆ごとに実測して計画を作ることは困難だとして、台帳が基準とされた。

ただ、本判決は、実測よりも狭い土地台帳の記録を基にした換地を合憲としたわけではない。都市計画法その他法令を解釈し、予定地の指定後に行われる本換地処分時に台帳と実測が食い違う場合は補償が行われるから、合憲だとしたのである。

しかし、本換地処分は予定地の指定と同じ内容でなされる可能性が高い。この点、最高裁は後に、希望者が自分の費用で実測する道を開いておく必要があるとも読める判示をしている（最3判昭和40・3・2民集一九巻二号一七七頁）。

▼評釈――松本哲治・判例講義Ⅰ105

条約による在外財産の喪失と損失補償

145 最大判昭和43・11・27民集二二巻一二号二八〇八頁

関連条文　憲法二九条三項、対日平和条約第一四条(a)2(1)

平和条約によって在外財産を失った者は、日本国に対して憲法二九条三項に基づく補償を求めることができるか。

事実　Xらは一九二八年からカナダに居住し、一九四三年に日本に帰国した。しかし、帰国当時の財産がカナダ政府により敵産管理措置を受け、戦後、対日平和条約第一四条(a)2(1)による処分で、Xらの財産の返還請求は不能となった(同条項は、各連合国は日本国民の在外財産を「差押え、留置し、清算し、その他何らかの方法で処分する権利を有する」と規定)。そこで、Xらは日本国に対して、本件財産を日本円に換算した金額の補償を求め、出訴した。Xらは、日本政府が連合国に対しXらの在外財産の処分を承認した行為は、日本国が連合国に対し負担する損害賠償義務履行のために、国民の私有財産を充当したものであって、憲法第二九条三項にいう公用収用に該当し、日本政府は当該財産につき補償すべき義務を負うと、主張した。第一審から最高裁まで、Xらの敗訴。

裁判所の見解　戦争中から戦後占領時代にかけての国の存亡にかかわる非常事態にあっては、国民のすべてが、多かれ少なかれ、その生命・身体・財産の犠牲を堪え忍ぶべく余儀なくされていたのであって、これらの犠牲は、いずれも、戦争犠牲または戦争損害として、国民のひとしく受忍しなければならなかったところであり、在外資産の賠償への充当による損害のごときも、一種の戦争損害として、これに対する補償は、憲法の全く予想しないところというべきである。

対日平和条約に基づく連合国の処分は、条約締結の経緯からいって、わが国が自主的な公権力の行使に基づいて、日本国民の所有に属する在外資産を戦争賠償に充当する処分をしたものということはできない。

解説　Xらが被った損害も一種の戦争損害とみるほかはなく、これに対する補償は憲法二九条三項の全く予想しないところで、同項の適用の余地のない問題である。

戦争損害に対する補償について、憲法は全く想定していなかった。本件は戦争損害である。したがって、憲法二九条三項の適用はない(国が政策的に何らかの配慮をするかどうかは別の問題)。この論法は、連合国軍兵士の不法行為に対する損害賠償請求権が平和条約によって放棄されたことについて、日本国の独立回復のための犠牲だとして損失補償が請求された事案においても、踏襲されている(最2判昭和44・7・4民集二三巻八号一三二一頁)。

このような論法については、現行憲法によっては戦争損害を一切救済できないのか、条約による返還請求権等の放棄を戦争損害と捉えるのは妥当か、といった問いを提示しうる。

▼**評釈**――山本龍彦・判プラ211

法律で定められた財産権の内容の事後的な変更

146 最大判昭和53・7・12民集三二巻五号九四六頁

関連条文　憲法二九条一項・二項、農地法旧八〇条一項・二項

法律でいったん定められた財産権の内容を事後の法律で変更することは、憲法二九条に反しないか。

事実　Xは、本件土地を自作農創設特別措置法により国に買収された。この土地は売払われず農地として使われなかったので、Xは国に土地の買受けを申込み、拒否されたので提訴、一審敗訴。しかし、別の訴訟で最高裁が、農地法旧八〇条により、自作農創設等の目的に使われない場合、当該農地の旧所有者は、国に対し買収対価相当額で、その農地の売払いを求める権利を取得すると判示した（最大判昭和46・1・20民集二五巻一号一頁）。その後、農地法が改正され、新たに国有農地等の売払いに関する特別措置法など（以下、「新法」）が制定されて、売払い対価は時価の七割と定められた。

第二審は本件土地の価格を新法に従い時価の七割としたので、Xが上告。Xには（より安い）買収価格で売払いを求める権利があり、事後の法律によってその内容を変更することは財産権を侵害するから、憲法二九条に違反する等主張した。

裁判所の見解　上告棄却。新法はその施行日以後に売払いを受ける買収農地について適用される（附則二項）。そして、Xは施行日前に売払いを受けた者ではない。

法律でいったん定められた財産権の内容を事後の法律で変更しても、公共の福祉に適合する限り、違憲ではない。変更が公共の福祉に適合するかどうかは、いったん定められた法律に基づく財産権の性質、その内容を変更する程度、及びこれを変更することによって保護される公益の性質などを総合的に勘案し、その変更が当該財産権に対する合理的な制約として容認されるべきものかどうかによって、判断すべきである。

新法による売払い対価の変更は、地価の騰貴などの社会的・経済的事情の変化への対応等の公益上の要請と、旧所有者の権利利益との調和を図ったものであり、旧所有者の権利に対する合理的な制約として容認されるべき性質のもので、公共の福祉に適合する。したがって、憲法違反ではない。

解説　本件は「事後法による財産権の内容変更」と紹介されることが多い。ただ、多数意見は本件を、一度具体的に確定した財産権の内容が事後的に変更された事案とは考えていない。つまり、Xと国との売買は新法施行前には成立していないから、適用されるのは新法の方である。法定の財産権の内容変更が行われたことは確かだが、これは公共の福祉に適合するものだから合憲である、と。

これに対し、高辻裁判官意見は、前記昭和46年判決によれば、旧所有者が売り払いを求める意思表示をした時点で、国と旧所有者との間に法律関係が成立しているはずだと述べている。

▼**評釈**——平良小百合・百選Ⅰ99、山本龍彦・判プラ203

船主責任制限法の合憲性

147 最大決昭和55・11・5民集三四巻六号七六五頁

関連条文　憲法二九条一項、二項、船舶の所有者等の責任の制限に関する法律第二章

船舶所有者の賠償責任の額を制限する法律は、債権者の権利を侵害するものとして憲法二九条に違反しないか。

事　実　一九七七年、愛知県伊良湖灯台沖で、A所有の船（五九・五三トン）がX所有の船（四九九・三二トン）に衝突し、X所有の船が沈没する事故が起こった。Aが損害賠償責任を負うことになったが、損害額が約二億一千万円と莫大であったため、Aは船舶の所有者等の責任の制限に関する法律（いわゆる船主責任制限法。以下「法」）に基づき、責任制限手続開始の申立てをし、裁判所が同手続開始決定をした。法は責任を負う側の船舶のトン数に応じて債権を制限するもので、これに従えば、Aの責任の限度額は六九〇万円となる。

この決定に対しXが即時抗告したが、棄却されたので、特別抗告をした。Xは、法が債権者の犠牲において船舶所有者を利するもので、明らかに債権者の債権を侵害する、また、本件のように小型船舶の過失により大型船舶を沈没させて大規模な損害が発生した場合、強度の債権侵害が生ずる等述べて、本件法律は憲法二九条に違反すると主張したが、認められなかった。

裁判所の見解　⑴船舶所有者の責任を制限する制度は、海運業が多額の資本を投下した船舶の運航という危険性の大きい企業であることにかんがみ、その適正な運営と発展のために必要だとして、古くから各国において採用されてきた。⑵法第二章の規定は「海上航行船舶の所有者の責任の制限に関する国際条約」の規定に即して定められたもので、国際的性格の強い海運業について、わが国だけが船舶所有者責任制限の制度を採用しないことは、実際上困難である。⑶法は、従来からあった責任制限制度である商法の委付制度を改めたもので、しかも、損害が船舶所有者自身の故意または過失によって発生した場合の債権など、一定の場合には制限債権とせず、また、責任の加重や無過失責任が認められる場合もある。以上の諸点を考え合わせると、法第二章の規定は、公共の福祉に適合するもので、憲法二九条一項、二項に違反しない。

解　説　立法政策の当否は別として、最高裁が示した理由や、従来無制約だった権利を新たに制約したわけではないこと、債権の制限は破産法や民事再生法にも定められ、これに対する違憲の疑いは指摘されていないことなどを考え合わせると、最高裁の結論に異論を挟むのは難しいと思われる。

なお、法により債権が制限されたことで生じた損失について、憲法二九条三項に基づき国に対し補償を求めた事案で、法の規定は憲法二九条二項に適合する一般的な制約を定めたものであり、憲法上の補償は必要ないとした下級審判決がある（東京高判昭和59・10・1行集三五巻一〇号一五九五頁）。

▼評釈――重田晴生・昭56重判（商法8）

規制開始後の財産の使用収益計画と補償

148 東京地判昭和61・3・17判時一一九一号六八頁

関連条文　憲法二九条三項、自然公園法

財産権の規制がなければ享受できるはずだった利益について、損失の補償を求めることができるか。

事実　Xの所有する山林は、一九七〇年に自然公園法（以下、「法」）に基づき国定公園の特別地域に指定された。特別地域における土石採取等には許可が必要となる。その後、本件山林には片麻岩と花崗岩が多く、採取したら利益が上がることが判明したので、Xは、一九七五年、法（旧）一七条三項に基づき、三重県知事に対し土石採取の許可申請をした。申請は不許可とされ、審査請求も棄却されたので、Xは、法（旧）三五条一、二項に基づき環境庁長官に対し、本件不許可決定により発生した損失について約一四億円の損失補償請求をしたところ、補償金額が○円と決定された。Xは、本件申請が不許可となったのは、本件山林が法により国定公園の特別地域に指定されたことに起因するもので、本来なら、Xは、山林の所有者として土石採取の許可を受け、利益を享受できたはずだから、国はその損失を補償すべきだとして、提訴した。

裁判所の見解　請求棄却。財産権に対する制限が、当該財産権の本来の性質ないし目的に応じ、公共の福祉に適合するような財産権の内容を定めることで生じた場合、その制限は、当該財産権に内在する社会的制約の具体化であるから、そこから生じた損失について補償は必要ない。自然公園における景観等の保護のために、土地所有権の行使に対し必要かつ合理的な範囲内の制限を加えることも、これに該当する。

法三五条一項にいう「通常生ずべき損失」とは、自然公園内にある土地の所有権に内在する社会的制約を超えた特別の犠牲として生ずる損失を指す。本件土石採取の制限は、自然公園内におけるすぐれた景観等を維持し保存するための必要かつ合理的な範囲内の制限として、何人も受忍すべき財産権の内在的制約の範囲内にあり、損失補償の必要はない。

解説　原告Xは、規制により財産の使用収益ができないことについての損失補償を求めたのだが、財産の使用収益の意思は、規制開始後に生まれている。本判決は、制限によって生じる離作料や物件移転費等の積極的かつ現実的な出費を「通常生ずべき損失」とし、また、申請の却下等によって土地所有者が蒙る損害を中心に考えると、所有者の主観的な意図ないし計画によりその補償額が大きく左右されると指摘する。採取許可後に特別指定がなされ、許可が撤回されたような場合でない限り、補償の必要はないということだろう。なお、本件控訴審（東京高判昭和63・4・20行集三九巻三・四号二八一頁）は、法の予定しない濫用的な許可申請が不許可となった場合、損失補償の必要はないとして、控訴を棄却した（確定）。

▼**評釈**――西山千絵・百選Ⅰ104、松本哲治・判例講義Ⅰ108

予防接種事故と国家補償の谷間……予防接種禍事件

149 東京地判昭和59・5・18判時一一一八号二八頁

関連条文　憲法二九条三項

国等の実施した予防接種によって生命・身体に危害が及んだ場合、どう救済すべきか。

事実　本件原告は、国が法による強制または地方公共団体への勧奨を通じて実施した各種予防接種を受け、その結果、ワクチンの副作用により疾病にかかって、障害の状態となり(三六名)、または死亡した被害児(二六名)と、その両親らである。原告らは、国に対し、民法上の債務不履行責任、国家賠償法上の責任または憲法上の損失補償責任を追及するとして、損害賠償請求訴訟を提起した。東京地裁は、二名の事故について担当医師等の過失を認め、国家賠償法一条一項による賠償責任を認めたが、その他の被害児については国家賠償責任も債務不履行責任も認めなかった。残るは、損失補償である。

裁判所の見解　請求認容。国が伝染病予防という公益目的実現のため、各種予防接種を実施したことによ り、原告らは被害を受けた。このような原告らの蒙った特別の犠牲の一方で、その余の一般国民は、伝染病の発生、蔓延の予防といった社会的利益を享受している。従って、原告らの損失は、利益を受けている国民全体、即ちそれを代表する被告国が負担すべきである。

法律に損失補償を認めた規定がなくても、憲法二九条三項を直接の根拠として補償請求ができる。そして、憲法一三条後段、二五条一項の規定の趣旨に照らせば、財産上特別の犠牲が課せられた場合と生命、身体に対し特別の犠牲が課せられた場合とで、後者の方を不利に扱うことが許されるとする合理的理由は全くない。したがって、生命、身体に対して特別の犠牲が課せられた場合においても、憲法二九条三項を類進適用し、かかる犠牲を強いられた者は、直接憲法二九条三項に基づき、被告国に対し正当な補償を請求することができる。

解説　国家賠償法一条の賠償責任は公務員の故意または過失の存在を前提とする。一方で、憲法二九条三項は「財産」上の損失を補償するものである。ここに、公務員の故意・過失を認定できず、財産権の侵害でもない被害をどう救済するかという問題、すなわち「国家補償の谷間」が生じる。これに憲法二九条三項の類推適用によって対応しようとする立場と、そのやり方に否定的な立場がある。本件控訴審は、厚生大臣の過失を認めてほとんどの原告の請求を認容し、憲法二九条三項の類推適用を否定した(東京高判平成4・12・18判時一四四五号三頁)。なお、別件の最高裁判決(最2判平成3・4・19民集四五巻四号三六七頁)が厳格な予診義務を課したことで、予診の不十分さを過失として認定しやすくなったといわれ、最近の判例は国家賠償で救済するようになっている。

▼**評釈**——中山茂樹・百選Ⅰ103、山本龍彦・判プラ210

適正手続と第三者所有物の没収……第三者所有物没収違憲判決

150 最大判昭和37・11・28刑集一六巻一一号一五九三頁

関連条文 憲法二九条・三一条、関税法一一八条

①憲法三一条は科刑手続の適正も要求するか。財産の没収にも適用があるか。②第三者の権利侵害の違憲性を争えるか。

事実　密輸出の未遂罪で懲役刑に処された被告人が、付加刑として関税法一一八条一項（昭和四二年改正前のもの）により船舶や貨物を没収されたところ、貨物は被告人の所有物ではなかったため、所有者に財産権擁護の機会を与えずに没収したことは憲法二九条一項に違反するとして上告した。

裁判所の見解　①被告人に対する付加刑として、第三者の所有物を当該第三者に告知、弁解、防禦の機会を与えず没収することは「適正な法律手続によらないで、財産権を侵害する制裁を科するに外ならない」。ところが関税法、刑訴法等にはかかる機会の保障が定められていないから、「関税法一一八条一項によつて第三者の所有物を没収することは、憲法三一条、二九条に違反する」。②「かかる没収の言渡を受けた被告人は、たとえ第三者の所有物に関する場合であつても、被告人に対する附加刑である以上、没収の裁判の違憲を理由として上告をなしうることは、当然である」し、また、「所有権を剥奪された第三者から賠償請求権等を行使される危険に曝される等、利害関係を有する」から「上告によりこれが救済を求めることができるものと解すべきである。」

解説　①憲法三一条には、アメリカ憲法修正五条・一四条にはある「適正な」の語がない。そこで学説は、手続の法定のみが要求されるとするものから手続と実体の適正が要求されるとするものまで多くに分かれてきたが、本判決は、少なくとも「適正な手続の法定」を同条が要求することを明らかにした。そしてその内容として、「告知、弁解、防御」（いわゆる告知・聴聞）の機会が与えられるべきことを認めた意義は大きい。また、同条には「財産」の語もないため、その保障は財産権には及ばないとする学説もあったが、本判決は、刑事処分の対象としての財産がその保障対象になることも認めた。現在では、多くの学説が財産権は本条の「自由」に含まれると解している（新基本法コメ二五三頁以下〔南野森〕参照）。

②同種の事案で、第三者に対する手続保障規定のないことが違憲であるとしてなされた上告を、「訴訟において、他人の権利に容喙干渉し、これが救済を求めるが如きは、本来許されない筋合のもの」として棄却していた一九六〇年一〇月一九日の二つの大法廷判決を、本判決は明示的に変更した。

なお、本判決は関税法一一八条一項を違憲としたもの（法令違憲）ではなく、同項に基づき、告知・聴聞の機会を与えずに没収を命じる判決を違憲としたもの（処分違憲）と考えられる（垂水克己裁判官の補足意見参照）。

▼**評釈**――笹田栄司・百選Ⅱ107、小島慎司・判プラ215

緊急逮捕の合憲性……森林窃盗事件

151 最大判昭和30・12・14刑集九巻一三号二七六〇頁

緊急逮捕（刑訴法二一〇条）は憲法三三条に違反するか。

事　実　徳島県の山林で他人所有の棕梠皮を二回窃取したとして森林窃盗罪（旧森林法（明治四〇年法律四三号、昭和一四年改正後のもの）八三条〔現行法の一九七条に相当〕、法定刑は「三年以下ノ懲役又ハ千圓以下ノ罰金」）の容疑で任意出頭を求められた被告人が、自宅を訪れた巡査に抵抗したため緊急逮捕された（その後、同日中に逮捕状発付）。被告人は、緊急逮捕は憲法三三条に違反するなどとして上告した。

裁判所の見解　「刑訴二一〇条は、死刑又は無期若しくは長期三年以上の懲役若しくは禁錮にあたる罪を犯したことを疑うに足る充分な理由がある場合で、且つ急速を要し、裁判官の逮捕状を求めることができないときは、その理由を告げて被疑者を逮捕することができるとし、そしてこの場合捜査官憲は直ちに裁判官の逮捕状を求める手続を為し、若し逮捕状が発せられないときは直ちに被疑者を釈放すべきことを定めている。かような厳格な制約の下に、罪状の重い一定の犯罪のみについて、緊急已むを得ない場合に限り、逮捕後直ちに裁判官の審査を受けて逮捕状の発行を求めることを条件とし、被疑者の逮捕を認めることは、憲法三三条規定の趣旨に反するものではない、されば所論違憲の論旨は理由がない。」

解　説　憲法三三条は現行犯逮捕のみを例外とする厳格な令状主義を定めるため、刑訴法の無令状緊急逮捕制度の合憲性が問題となる。本判決は、その合憲性を承認した重要判例である。過去の学説には違憲説もあった（奥平康弘、杉原泰雄）が、現実に大きな需要のある緊急逮捕を違憲とすると、（準）現行犯概念の弛緩や違法な任意同行の横行を招来しかねず、『厳格な制約』を課しつつ緊急逮捕を認める方が制度設計としてははるかに賢明」とされる（刑訴百・後掲）。

合憲論としては、①全体的にみれば令状逮捕と言える（団藤重光、宮沢俊義）、②現行犯に準じて捉えうる（小林直樹）、③実質的必要性から緊急時にのみかろうじて認めうる（平野龍一）などの説があり、原審は①を、本判決の小谷・池田両裁判官の補足意見は①と②を採用したと考えられるが、短い法廷意見は刑訴法の規定の趣旨を繰り返すのみで、その論拠は明らかではない。必要ゆえに合憲とすることには当然批判があるが、制憲時には三三条の「司法官憲」に捜査機関も含めたうえで令状主義を定めたところ、後に裁判官に限定する解釈が確定し、結果として厳格すぎる規定となったことからすると、緊急逮捕の「合憲性の厳密な論証は原始的に不能」（刑訴百・同）とも言える。「緊急已むを得ない場合に限り」かつ「逮捕後直ちに」令状を請求することを条件として認めるほかないと思われる。

▼**評釈**——上田健介・百選Ⅱ110、無記名・刑訴百Ａ3

関連条文　憲法三三条、刑訴法二一〇条

住居の不可侵と行政調査権……焼酎密造幇助事件

152 最大判昭和30・4・27刑集九巻五号九二四頁

関連条文 憲法三五条、旧国税犯則取締法三条一項（現国税通則法一三五条一項）

①憲法三五条にいう「三三条の場合」とは何か。②旧税犯法三条一項（現税通法一三五条一項）は憲法三五条に違反するか。

事実 焼酎等の密造の幇助をした被告人が、旧税犯法三条一項にもとづき裁判官の許可なしに収税官吏によって行われた差押えの事実を証明する顚末書（収税官吏作成）により一審と原審が事実を認定し被告人を有罪としたのに対し、裁判官の許可なく収税官吏に捜索・押収の権限を認める同項は憲法三五条に違反するなどと主張して、上告した。

裁判所の見解 ①「憲法三五条は同法三三条の場合を除外して住居、書類及び所持品につき侵入、捜索及び押収を受けることのない権利を保障している。この法意は同法三三条による不逮捕の保障の存しない場合においては捜索押収等を受けることのない権利も亦保障されないことを明らかにしたもの」で、三三条は現行犯の令状なし逮捕が「不逮捕の保障には係りなきことを規定している」のだから「三五条の保障も亦現行犯の場合には及ばない」。②「少くとも現行犯の場合に関する限り、法律が司法官憲によらずまた司法官憲の発した令状によらずその犯行の現場において捜索、押収等をなし得べきことを規定したからとて、立法政策上の問題に過ぎないのであり、憲法三五条違反の問題を生ずる余地は存しない」。

解説 ①本判決は、憲法三五条が保障する無令状で住居侵入・捜索押収を受けない権利が除外される「三三条の場合」とは「三三条による不逮捕の保障の存しない場合」の意であるとした。学説には、「憲法は人の身体の自由と住居や所持品の不可侵とを区別して令状主義によって保護しており、前者の制約である逮捕の際には当然に後者の制約ができると解することは、三五条の保障を空洞化することになる」から「三三条の場合」を現行犯逮捕の場合に限定すべきとする説（辻村二六四頁）もあるが、本判決の入江意見（藤田少数意見賛同）のように、令状逮捕も含まれるとする説（高橋三〇七頁）が有力である。これらがいずれにせよ逮捕の場合に限定するのに対し、本判決は、現行犯の場合について逮捕の有無にかかわらず犯行現場での無令状の捜索押収を認めた。

②本判決の多数意見は、憲法三五条が非刑事手続に適用されるか否かについては判断していないが、斎藤・小林補足意見及び入江意見は、同条は刑事手続に関する規定であり税犯法三条には適用がないとし、栗山補足意見は税犯法三条は実質は刑事手続で憲法三五条の適用があり合憲とし、藤田少数意見は多分に刑事手続の性格を有するので憲法三五条の適用があり違憲とするなど、個別意見では判断が分かれている（この点に関連して、155判決〔川崎民商事件〕が重要である）。

▼**評釈**——新井誠・百選Ⅱ113、宍戸常寿・判プラ225

GPS捜査の適法性……GPS捜査事件

153 最大判平成29・3・15刑集七一巻三号一三頁

装着型GPS捜査は適法か。強制処分か任意処分か。

事　実　広域連続集団窃盗等事件の捜査において、警察が、被告人や共犯者、知人らの自動車等計19台に約6ヶ月半の間、当人の承諾も裁判官の令状もなしにGPS発信器を取り付けた。一審は、GPS捜査は「検証」にあたるとし、検証許可状なしの本件捜査には「令状主義の精神を没却するような重大な違法がある」として、それに由来する証拠を排除したうえで他の証拠に基づき実刑判決を下した。原審は「本件GPS捜査に重大な違法があったとみることはできない」などとして控訴を棄却したので、被告人が上告した。

裁判所の見解　①憲法三五条の「保障対象には、『住居、書類及び所持品』に限らずこれらに準ずる私的領域に『侵入』されることのない権利が含まれる」。②「個人のプライバシーの侵害を可能とする機器をその所持品に秘かに装着することによって、合理的に推認される個人の意思に反してその私的領域に侵入する捜査手法であるGPS捜査は、個人の意思を制圧して憲法の保障する重要な法的利益を侵害するものとして、刑訴法上、特別の根拠規定がなければ許容されない強制の処分に当たる」とともに「令状がなければ行うことのできない処分と解すべきである。」③事前の令状提示がGPS捜査にはなじまないとしても、それに代わる「公正の担保の手段が仕組みとして確保されていないのでは、適正手続の保障という観点から問題が残る。」「その特質に着目して憲法、刑訴法の諸原則に適合する立法的な措置が講じられることが望ましい。」

解　説　本判決の第一に重要な点は、憲法三五条の保障対象に住居・書類・所持品に準ずる私的領域に侵入されない権利が含まれると明言したことである（①）。つぎに、犯罪捜査の手段には強制処分と任意処分があり、前者には刑訴法上の特別の根拠が必要である（刑訴法一九七条一項ただし書）ところ、両者の区別につき本判決は、重要な権利の意思に反する侵害を強制処分と解する刑訴法学の有力説をおそらく採用し（山田・後掲）、装着型GPSを用いた捜査が私的領域に侵入されない権利という「憲法の保障する重要な法的利益」を「合理的に推認される個人の意思に反して」侵害する強制処分にあたるとし、その実施には令状が必要であるとした点が、第二に重要である（②）。GPS捜査の特性上事前の令状提示は想定できないからそれに代わる公正担保手段に関する立法措置を求めた点（③）も含め、「捜査実務への影響を厭わず、かつ、対政治関係での強い発信を期して全員一致を実現した最高裁の姿勢は高く評価されるべき」（笹倉・後掲）との評価がある。

▼評釈――山田哲史・百選Ⅱ112、笹倉宏紀・メディア百109、宍戸常寿・判プラ229

関連条文　憲法三五条、刑訴法一九七条一項

行政処分と適正手続……成田新法事件

154 最大判平成4・7・1民集四六巻五号四三七頁

関連条文　憲法三一条、成田新法三条一項

憲法三一条は、行政手続にも適用があるか。

事実　成田新法（現・成田国際空港の安全確保に関する緊急措置法）三条一項に基づく運輸大臣による工作物使用禁止命令が違憲であるとして、その取消等が求められた。

裁判所の見解　①「憲法三一条の定める法定手続の保障は、直接には刑事手続に関するものであるが、行政手続については、それが刑事手続ではないとの理由のみで、そのすべてが当然に同条による保障の枠外にあると判断することは相当ではない」。②「しかしながら、同条による保障が及ぶと解すべき場合であっても、一般に、行政手続は、刑事手続とその性質においておのずから差異があり、また、行政目的に応じて多種多様であるから、行政処分の相手方に事前の告知、弁解、防御の機会を与えるかどうかは、行政処分により制限を受ける権利利益の内容、性質、制限の程度、行政処分により達成しようとする公益の内容、程度、緊急性等を総合較量して決定されるべきものであって、常に必ずそのような機会を与えることを必要とするものではないと解するのが相当である。」

解説　行政手続の適正が憲法上の要請であることについては学説にほぼ争いはないが、その根拠については、三一条説、一三条説、あるいは法治国原理に求める説など、一致をみない。本判決については、これを「限定つきで三一条の行政手続への適用ないし準用を真正面から認めた」と評価する学説（芦部二六七頁）もあるが、調査官は「行政手続について憲法三一条の適用があるか否か」について「一般的な見解を明示するのを避け、行政手続に同条が適用ないし準用される場合であってもという仮定の下に、その場合でも常に事前手続が必要とされるものでないことを示した」とする（千葉勝美「判解」ジュリ一〇〇九号三八頁）。園部裁判官の意見は法治主義の原理などの理念・原則を、可部裁判官の意見は三一条をそれぞれ根拠として挙げているのに対して、多数意見は「どちらかというとこの争点をサイド・ステップして、直截な憲法論を語るところがなかった」（奥平康弘「手続的デュー・プロセス保障のもつ意味」法時六五巻六号四二頁）と評価できよう。

その後の最高裁判例は、右の①の部分を述べずに②の部分に相当する内容を繰り返すものが多く、少なくとも①の前段、すなわち「憲法三一条が直接には刑事手続に関するものである」という断定を避ける傾向にある（ただし、最3決平成29・12・18刑集七一巻一〇号五七〇頁）。しかし、結論的には、多くの判決が②の部分に相当する総合的な較量により簡単に憲法三一条違反の主張を退けている（参照、新基本法コメ二五三頁〔南野森〕、争点八八頁〔南野森〕）。

▼**評釈**——宮地基・百選Ⅱ109、宇那木正寛・行百Ⅰ113

155 令状主義・供述拒否権と行政手続……川崎民商事件

最大判昭和47・11・22刑集二六巻九号五五四頁

関連条文 憲法三五条・三八条一項、旧所得税法六三条・七〇条

憲法三五条・三八条一項は、行政手続にも適用があるか。

事実 旧所得税法六三条に基づく収税官吏の質問検査を拒否したため同法七〇条の罰則規定により起訴された被告人が、裁判所の令状なしに強制的な検査を認める同法は憲法三五条に違反し、また、質問に対する答弁拒否を罪とする同法は憲法三八条一項に違反すると主張して、上告した。

裁判所の見解 ①刑事責任追及目的でないとの理由のみで当該手続を憲法三五条一項の保障外とすることは相当でないが、右検査は「実質上、刑事責任追及のための資料の取得収集に直接結びつく作用を一般的に有するもの」でもなく、同検査制度には公益上の必要性と合理性が存し、間接的・心理的な強制の程度も不合理ではないので、同条の法意に反しない。②憲法三八条一項の保障は、刑事手続以外でも「実質上、刑事責任追及のための資料の取得収集に直接結びつく作用を一般的に有する手続」には及ぶが、右検査はそのような手続ではないから、憲法三八条一項に違反しない。③憲法三五条、三八条一項が「刑事手続に関する規定であつて直ちに行政手続に適用されるものではない旨の原判断」は、誤っている。

解説 ①行政手続において無令状検査が強制されるものとしては、本判決が合憲とした所得税法上の質問検査（現在は税通法七四条の二に集約）のほかにも、薬局・病院への立入検査（医薬品等安全確保法六九条）など多数ある。これらの行政調査については、重要な公共目的のために関連事業を行う場所で「設備や帳簿書類などの検査をするもので、個人の私的な空間を保障するという令状主義との関連性が薄く、またそれぞれの業種を行う際の条件としてあらかじめ組み込まれている制度であることから」肯定説が有力である（長谷部二七一頁）が、調査が直接処罰につながる可能性の大きい場合には要令状と解すべきとされる（野中ほかⅠ四二八頁〔高橋〕）。

②答弁や報告等の義務を課し、その拒否に刑罰を科すものも、医師が死体に異状を認めた場合の届出義務（医師法二一条）など少なくない。本判決の示す「実質上…有する手続」か否かとの基準について、学説は「曖昧にすぎ、実際上ほとんどの場合〔自己に不利益な供述の〕強要とならないとされる可能性が強い」と批判的であり、納税者に答弁義務があるとしても、答弁から得た資料を刑事責任追及のために使用することは認めるべきでないとする（高橋三〇八頁、156判決も参照）。

③本判決は、一般論として非刑事手続にも憲法三五条・三八条一項の保障が及ぶ可能性があることを初めて認めたものであるが、行政手続一般に常にその保障が及ぶとまで述べているわけではないことには、注意が必要である。

▼評釈――大津浩・百選Ⅱ114、宍戸常寿・判プラ226、野坂18

国税犯則事件の質問調査手続と供述拒否権

156　最3判昭和59・3・27刑集三八巻五号二〇三七頁

関連条文　憲法三八条一項、旧国税犯則取締法一条一項（現国税通則法一三一条一項）

憲法三八条一項の供述拒否権の保障は、旧税犯法の質問調査手続（平成29年廃止、税通法に編入）にも及ぶか。

事実　確定申告書に虚偽を記載するなどして所得税を免れた被告人が、収税官吏による質問顛末書の作成に際し供述拒否権の告知を受けなかったので、同顛末書は憲法三八条一項に違反して収集された証拠であるなどとして上告した。

裁判所の見解　憲法三八条一項の供述拒否権の保障は、「純然たる刑事手続においてばかりでなく、それ以外の手続においても、対象となる者が自己の刑事上の責任を問われるおそれのある事項について供述を求めることになるもので、実質上刑事責任追及のための資料の取得収集に直接結びつく作用を一般的に有する手続にはひとしく及ぶ」。

国税犯則調査手続は「一種の行政手続」であるが、「実質的には租税犯の捜査としての機能を営むものであつて、租税犯捜査の特殊性、技術性等から専門的知識経験を有する収税官吏に認められた特別の捜査手続としての性質を帯有する」ので、「犯則嫌疑者については、自己の刑事上の責任を問われるおそれのある事項についても供述を求めることになるもので、『実質上刑事責任追及のための資料の取得収集に直接結びつく作用を一般的に有する』もの」であり、供述拒否権の保障が及ぶ。

しかし憲法三八条一項はその告知を義務づけてはおらず、告知を必要とすべきかは「手続の趣旨・目的等により決められるべき立法政策の問題」であり、税犯法に告知の規定がなく実際に告知がされなかったからといって、同項違反にはならない。

解説　憲法三八条一項の供述拒否権については、その対象を文言通り広く「自己に不利益な供述」ではなく、「自己が刑事上の責任を問われる虞ある事項について「の」供述」に限定するのが本判決も引用する最大判昭和32・2・20刑集11巻2号802頁以来の判例の立場であるが、その保障が非刑事手続における質問検査等の調査手続にも及ぶかについては、155判決（川崎民商事件）において「実質上、刑事責任追及のための資料の取得収集に直接結びつく作用を一般的に有する手続」には及ぶとされた。同判決は旧所得税法上の質問検査（税務調査）はそのような手続ではないとしたが、本判決は、逆に、旧税犯法上の犯則嫌疑者に対する質問調査手続（犯則調査）には供述拒否権の保障が及ぶことを初めて明らかにした。

憲法は供述拒否権の告知を保障していないとするのが判例（最大判昭和23・7・14刑集2巻8号846頁等）であり、旧税犯法上の犯則嫌疑者についても同様である（最1判昭和39・8・20集刑152号499頁等）。本判決も同じ立場を確認したが、学説には批判的な見解もある。

▼**評釈**――櫻井智章・百選Ⅱ119、宍戸常寿・判プラ240

職務質問に付随する所持品検査……米子市銀行強盗事件

157 最3判昭和53・6・20刑集三二巻四号六七〇頁

関連条文 憲法三五条、警職法二条一項

職務質問に付随して行われる所持品検査は認められるか。

事実 武装銀行強盗発生後の緊急配備検問の現場に現れた被告人らが、職務質問に黙秘を続け携行品のボウリングバッグ等の開披も拒否し続けるなどしたため、職務質問から約一時間半後、警察官が被告人の承諾を得ずに同バッグの未施錠のチャックを開けたところ大量の紙幣が発見されるなどしたので、被告人らは強盗の被疑事実で緊急逮捕された。

裁判所の見解 ①所持品検査は、警職法二条一項の職務質問の効果をあげるうえで必要性、有効性が認められるから「職務質問に附随してこれを行うことができる場合がある」。同検査は「任意手段である職務質問の附随行為として許容されるのであるから、所持人の承諾を得て、その限度において」行うのが原則だが、「捜索に至らない程度の行為は、強制にわたらない限り、所持品検査においても許容される場合がある」。②「その許容限度を一般的に定めることは困難であるが、所持品について捜索及び押収を受けることのない権利は憲法三五条の保障するところであり、捜索に至らない程度の行為であつてもこれを受ける者の権利を害するものであるから」、常に許容されるわけではなく「限定的な場合において、所持品検査の必要性、緊急性、これによつて害される個人の法益と保護されるべき公共の利益との権衡などを考慮し、具体的状況のもとで相当と認められる限度においてのみ、許容される」。③本件検査は、緊急性、必要性が強かった反面、未施錠のチャックを開披し内部を一瞥したに過ぎず「法益の侵害はさほど大きいものではなく、〔本件の〕経過に照らせば相当と認めうる行為」であり、職務質問に附随する行為として許容される。

解説 職務質問における所持品検査については、それを許容する明文規定がないため、かねてより種々議論があり、また、所持品の捜索につき令状主義を定める憲法三五条は司法警察活動にしか適用されないわけではないという判例の立場（155判決参照）からして、行政警察作用である職務質問に伴う令状なき所持品検査が同条違反となる可能性もあった。

本判決は、所持品検査を警職法二条一項の職務質問に付随するものとして同意を得て行うべきことを原則としつつ、しかし同意なき検査も、必要性、緊急性、侵害される法益と保護される公益との権衡等を考慮し相当な限度で許容されるとした。本判決を引用する158判決は、覚醒剤所持等の容疑にとどまる所持人の上着内ポケットに手を入れ所持品を取り出した行為を「態様において捜索に類するもの」として違法としたが、「捜索」として違憲とはせず、所持品検査の限度を超えるもののなお「捜索」にあたらない場合を認めたことになり、批判がある。

▼**評釈**――長沼範良・刑訴百4、笹倉宏紀・行百Ⅰ103

違法収集証拠の排除……大阪天王寺覚醒剤事件

158 最1判昭和53・9・7刑集三二巻六号一六七二頁

関連条文　憲法三五条、刑訴法二一八条一項

収集手続に違法があった証拠物の証拠能力は認められるか。

事実　覚せい剤取締法（現・覚醒剤取締法）違反の容疑が濃厚である被告人に職務質問をした警察官が、その承諾なしに上着の内ポケットに手を入れ所持品を取り出し検査したところ、覚醒剤であることが判明したので覚醒剤不法所持容疑で被告人を現行犯逮捕し、覚醒剤を押収した。1審も2審も押収された覚醒剤の証拠能力を否定するなどして覚醒剤不法所持については被告人を無罪としたため、検察が上告した。

裁判所の見解　破棄差戻し。「被告人の承諾がないのに、その上衣左側内ポケツトに手を差し入れて所持品を取り出したうえ検査した〔警察官の〕行為は、一般にプライバシイ侵害の程度の高い行為であり」、「捜索に類するものであるから、〔本件の〕具体的な状況のもとにおいては、相当な行為とは認めがたいところであつて、職務質問に附随する所持品検査の許容限度を逸脱したものと解するのが相当である。」

憲法三五条が令状主義を保障し、刑訴法が「捜索及び押収等につき厳格な規定を設けていること、また、憲法三一条が法の適正な手続を保障していること等にかんがみると、証拠物の押収等の手続に」「令状主義の精神を没却するような重大な違法があり、これを証拠として許容することが、将来における違法な捜査の抑制の見地からして相当でないと認められる場合においては、その証拠能力は否定されるものと解すべきである」が、「本件証拠物の押収手続の違法は必ずしも重大であるとはいいえないのであり、これを被告人の罪証に供することが、違法な捜査の抑制の見地に立つてみても相当でないとは認めがたいから、本件証拠物の証拠能力はこれを肯定すべきである。」

解説　証拠の収集手続において重大な違法がある場合にその証拠能力は否定されるとするのが学説および下級審判決の多くが採る立場（最大判昭和36・6・7刑集15巻6号915頁に付された補足意見・意見・少数意見のうち6名の裁判官も同旨）であったところ、最高裁として初めて違法収集証拠の排除法則を採用することを認めたのが本判決である。

ただし、本判決が証拠排除の要件として挙げる、①「令状主義の精神を没却するような重大な違法」の存在と、②証拠とすることが将来の「違法な捜査の抑制の見地からして相当でない」ことが、具体的にどのような場合に認められるか、さらに①と②は競合関係か重畳関係か等は、本判決が所持品検査をその許容限度を超え違法としながら結局証拠物の証拠能力を肯定したこともあり必ずしも明らかではない。なお、本判決後、その判断枠組に従い証拠能力を否定した初めての最高裁判決として、最2判平成15・2・14刑集57巻2号121頁がある。

▼**評釈**――宍戸常寿・判プラ227、小木曽綾・刑訴百90

残虐刑の禁止と死刑の合憲性……「生命は尊貴である」判決

159 最大判昭和23・3・12刑集二巻三号一九一頁

関連条文　憲法三六条

死刑は「残虐な刑罰」（憲法三六条）にあたるか。

事実　原審で死刑判決を宣告された被告人が、死刑は「残虐な刑罰」にあたるなどと主張して、上告した。

裁判所の見解　「生命は尊貴である。一人の生命は、全地球よりも重い。死刑は、まさにあらゆる刑罰のうちで最も冷厳な刑罰であり、またまことにやむを得ざるに出ずる窮極の刑罰である」が、憲法一三条は公共の福祉に反する場合は「生命に対する国民の権利といえども立法上制限乃至剥奪されることを当然予想している」し、三一条では「法律の定める適理の手続」により生命を「奪う刑罰を科せられることが、明かに定められている」ことからして、憲法は「刑罰として死刑の存置を想定し、これを是認したものと解すべきである。」

死刑は「窮極の刑罰であり、また冷厳な刑罰ではあるが、刑罰としての死刑そのものが、一般に直ちに〔三六〕条にいわゆる残虐な刑罰に該当するとは考えられない。」ただし「執行の方法等がその時代と環境とにおいて人道上の見地から一般に残虐性を有するものと認められる場合には」残虐な刑罰と言うべきであり、将来「火あぶり、はりつけ、さらし首、釜ゆでの刑のごとき残虐な執行方法を定める法律が制定」されれば、それは「まさに憲法第三十六条に違反するものというべきである。」

解説　新憲法施行の翌年に下された本判決は、その後現在に至るまで、死刑が残虐な刑罰にあたらないことを述べたリーディングケースとして、死刑を確定させる多くの最高裁判決において引用され続けているものである。

憲法一三条はともかく、三一条の解釈により、憲法が死刑の存在を想定している（少なくとも禁じてはいない）ことについては多くの学説が一致する。つまり死刑の存廃は立法政策の問題となるが、本判決も言うように、刑の執行方法が違憲と判断される余地はあるし、また、本判決の約三ヶ月後の別判決（最大判昭和23・6・23刑集2巻7号777頁）が述べるように、残虐な刑罰とは「不必要な精神的、肉体的苦痛を内容とする人道上残酷と認められる刑罰を意味する」のであれば、本判決当時はさておき、現在の死刑制度が（狭義の執行方法のみならず）全体として残虐刑と評価される可能性はある。本判決に付された四名の裁判官の補充意見も、「憲法は、その制定当時における国民感情を反映して右のような規定を設けたにとどまり、死刑を永久に是認したものとは考えられない。ある刑罰が残虐であるかどうかの判断は国民感情によって定まる問題である。而して国民感情は、時代とともに変遷することを免がれないのであるから、ある時代に残虐な刑罰でないとされたものが、後の時代に反対に判断されることも在りうる」と述べていた。

▼**評釈**——中島宏・百選Ⅱ115、宍戸常寿・判プラ230

迅速な裁判……高田事件

160　最大判昭和47・12・20刑集二六巻一〇号六三一頁

関連条文　憲法三七条一項、刑訴法三三七条四号・三三八条四号

①憲法三七条一項の迅速な裁判の保障はプログラム規定か、それとも被告人の具体的な権利か。②迅速な裁判の保障に反するかどうかの判断基準は何か。

事実　被告人らは一連の集団暴力事件において、住居侵入罪等で起訴された。被告人らの多くは、直前に起きた別の事件でも起訴されており、当該事件の優先審理を弁護人が要望し、裁判所が受け入れた。そこで審理が中断され、結局、一五年余りにも亘って再開されることがなかった。

裁判所の見解　①憲法三七条一項の迅速な裁判を受ける権利は、憲法の保障する基本的な人権であり、右条項は、単に迅速な裁判を一般的に保障するために必要な、立法上・司法行政上の措置を要請するにとどまらない。これに加え、個々の刑事事件について、審理の著しい遅延の結果、この権利が害されたと認められる異常な事態が生じた場合、対処すべき具体的規定がなくても、その審理を打ち切るという非常救済手段をも認めている趣旨の規定である。②審理の遅延が、右の保障条項に反する事態に至っているか否かは、遅延の期間のみによって一律に判断されるべきではない。遅延の原因と理由などを勘案して、その遅延がやむをえないかどうか、これにより右の保障条項が護ろうとしている諸利益がどの程度実際に害されているかなど、諸般の情況を総合的に判断して決せられなければならない。事件の複雑性や、被告人側に遅延の主たる原因があった場合には、被告人が迅速な裁判を受ける権利を自ら放棄したと認めるべきである。なお、少なくとも検察官の立証が終わるまでの間に、被告人が積極的に審理促進を要求しなかったとしても、その一事をもって迅速な裁判を受ける権利を放棄したと推定することは許されない。

解説　かつては、裁判の遅延を理由に破棄差戻しをすると、裁判は一層遅れるため、それは原判決破棄の理由にはならないとされ、本条項はプログラム規定的に解釈されることが一般的であった。この状況を変えたのが本判決であるが、判定基準は必ずしも明瞭とはいえない。この後の判例では「迅速な裁判」違反が認められたことはなく、さほど複雑でもない事件の審理に第一審と第二審を合わせて約二五年を費やした峯山事件（最1判昭和55・2・7刑集三四巻二号一五頁）においても、「異常な事態」は認められなかった。

なお、二〇〇四年に「裁判の迅速化に関する法律」が制定され、また同年の刑訴法改正で整備され、あるいは明らかにされた諸制度も、「迅速な裁判」との関係を強調している。しかし、現実の刑事事件の圧倒的多くは短期間に終局しており、むしろ「迅速すぎる」点が問題となっている。

▼**評釈**——大日方信春・百選Ⅱ116等

ビデオリンク方式・遮蔽措置と証人審問権

161 最1判平成17・4・14刑集五九巻三号二五九頁

関連条文 憲法三七条二項、刑訴法一五七条の三・一五七条の四

遮蔽措置及びビデオリンク方式による証人尋問は証人審問権を侵害しないか。

事実 傷害及び強姦被告事件で、遮蔽措置及びビデオリンク方式を併用して被害者への証人尋問が行われ、その結果が有罪認定の証拠とされた。被告人は、右手続が反対尋問権を侵害するなどと控訴したが、棄却された。そこで被告人は、これらの措置を定める刑訴法一五七条の三及び一五七条の四が、憲法三七条二項前段ほかに違反すると主張し、上告した。

裁判所の見解 遮蔽措置がとられる場合、被告人は証人の姿を見ることはできないが、供述を聞くことはでき、自ら尋問しうる。そしてこの措置は、弁護人が出頭している場合に限って、採ることができるのであり、弁護人による証人の供述態度等の観察は妨げられないため、制度の趣旨にかんがみ、証人審問権は侵害されない。ビデオリンク式がとられる場合、被告人は映像と音声の送受信を通じてであれ、証人の姿を見ながら供述を聞き、自ら尋問しうるため、証人審問権は侵害されない。ビデオリンク方式と遮蔽措置が併用された場合にも、以上の理は妥当する。

解説 本判決は、犯罪被害者の保護という観点から二〇〇〇年の刑訴法改正で導入された、遮蔽措置及びビデオリンク方式による証人尋問の合憲性を確認した、初の最判である。これらの措置は、裁判所が犯罪の性質、証人の年齢、心身の状態等を考慮して、相当と認める時に採ることができる。

自己に不利な証言をした証人に対して、公判廷で反対尋問をなし、伝聞証拠によって有罪となされないことは、証人審問権の保障にとって必須である。では、証人審問権の保障は、被告人と証人の直接対面を要求するか。直接対面の機能として、被告人が証人の表情や態度などを観察しうること、そして虚偽の証言を抑制し、証言の正確性や信用性を高めることが指摘されている。本判決は明示的に語っていないが、被告人が、①証人の姿を見ながら、②供述を聞き、③自ら尋問しうるという条件を満たす場合には、憲法は直接対面を必ずしも要請するわけではないとの理解を前提としている可能性がある。そうであるとすると、遮蔽措置は①を満たさず、証人審問権への制約が存在することになるが、②③を満たしていることと、代替的に弁護人が供述態度等の観察をなしうることを前提に、証人の精神的負担軽減という利益の保護をもって、右制約が正当化されるとの理屈を、本判決は採っているのだろう。

なお以上が正しいとすると、右要件を満たさない具体的な適用が違憲とされる可能性は、残されているものといえる。

▼**評釈**――松原光宏・百選Ⅱ186等

麻薬取扱者の記帳義務と自己負罪拒否特権

162 最2判昭和29・7・16刑集八巻七号一一五一頁

関連条文　憲法三八条一項、旧麻薬取締法一四条一項

不正に取得した麻薬の記帳義務を麻薬取扱者に課すことは、自己負罪拒否特権の保障に抵触しないか。

事　実　N病院薬剤長であり、麻薬管理者の免許を有し、同病院で麻薬管理の責に任ずる者であった被告人は、正規の届け出のない麻薬を患者に施用させ、その品名・数量・交付年月日を所定帳簿に記入することがなかった。

裁判所の見解　旧麻薬取締法一四条一項（現行の麻薬及び向精神薬取締法三七条以下・七〇条一一号）が、麻薬取扱者に対しその取り扱った麻薬の品名等を所定の帳簿に記入することを命じる理由は、麻薬取扱者による麻薬処理の実情を明確にしようとすることにある。したがって、いやしくも麻薬取扱者として麻薬を取り扱った以上は、たとえその麻薬が正規の手続を経ていないものであっても、右帳簿記入の義務を免れないものと解するのが相当である。原判決は、帳簿記入は違反行為発覚の端緒となるため、これを期待することが不可能であるから、帳簿に記入しなくとも義務違反の罪を構成しない旨を判示する。しかし麻薬取扱者たることを自ら申請して免許された者は、麻薬取締法規による厳重な監査を受け、その命ずる一切の制限に服することを受諾しているものというべきである。されば、麻薬取扱者として麻薬を処理した以上、たとえその麻薬が取締法規に触れるものであっても、これを記帳せしめられることを避けることはできないのみならず、取締上の要請からいっても、記帳義務がないと解すべき理由は認められない。

解　説　本判決は、一般に自己負罪拒否特権の「事前放棄の理論」を採ったものとされている。

右理論について、一方では、麻薬の持つ特殊な性質が要請する、厳重な行政的取締りに必要な限りにおいて、これを肯定する立場も示されている。しかし他方で、右理論は自己負罪拒否特権の放棄を受諾したことを「擬制」する色彩が濃いとの批判や、事前に包括的に自己負罪拒否特権を放棄することへの疑問等も示されてきた。

そして同じく麻薬取扱者の記帳義務に関する、最大判昭和31・7・18刑集一〇巻七号一一七三頁は、結論は本判決と同じくしたものの、「事前放棄の理論」にはよらなかったことに注意すべきである。「麻薬の性能にかんがみ、その取扱の適正を確保するための必要な取締手続にほかならない」から、憲法三八条一項の保障とは関係ないとしたのであった（もっとも、「取締手続だから憲法の保障とは関係ない」という理由付けは155判決で見直された）。「事前放棄の理論」の射程は限定的に解される必要があろう。

▼**評釈**——倉持孝司・百選Ⅱ118等

交通事故の報告義務と黙秘権

163　最大判昭和37・5・2刑集一六巻五号四九五頁

関連条文　憲法三八条一項、旧道路交通取締法施行令六七条二項

自動車事故を起こした者に所轄警察職員への事故届出義務を課すことは、黙秘権の保障と抵触しないか。

事　実　被告人は無免許で酒気を帯び制限時速を超えて運転中に、進路前方注視を怠った重大な過失により、前方走行中の自転車に追突し自転車運転者を死亡させた。さらに、当時の道路交通取締法施行令六七条二項（現行道路交通法七二条一項）は所轄警察職員へ「事故の内容」を報告する義務を課していたところ、これを怠った。

裁判所の見解　本件報告義務規定は、警察署が速やかに交通事故の発生を知り、被害者の救護、交通秩序の回復に適切な措置を執り、以って道路における危険とこれによる被害の増大を防止し、交通の安全を図る等のため必要かつ合理的な規定である。「事故の内容」とは、その発生した日時、場所、死傷者の数及び負傷の程度並びに物の損壊及びその程度等、交通事故の態様に関する事項を指すものと解すべきである。刑事責任を問われる虞のある事故の原因その他の事項までは右報告義務のある事項の中に含まれず、自己に不利益な供述の強要にはあたらない。

解　説　本判決は、報告義務が必要かつ合理的であることを前提に、黙秘権の保障の範囲を刑事責任が問われる虞のある事項に限定することによって、本件報告義務の合憲性を説明した。現行道交法七二条一項は「事故の内容」に代えて、事故発生の日時、場所、死傷者の数、負傷者の負傷程度などの報告義務を課すものであり、本判決に照らせば合憲となる。

しかし、右の理屈が説得的かについては、広く疑問が示されてきた。本判決に付された奥野補足意見も指摘するように、犯罪構成要件のうち客観的事実を警察職員へ報告することは、少なくとも犯罪発覚の端緒を与えるため、判決のように黙秘権の保障とは無関係とするのには無理がある。

学説は本報告義務について、違憲とする説、黙秘権保障との抵触を避けるために合憲限定解釈を徹底する説、そして自動車運転の危険性に鑑み一定の協力義務を負うとの理由で正面から黙秘権の制限として説明する説など、鋭く分岐している。

その後の判例は、たとえば白バイへ自動車を故意に接触させて警察官を死亡させた事例においても、道交法七二条一項後段の報告義務が合憲であるのは本判決の「趣旨に徴して明らか」としており、憲法三八条一項の観点に立った限定的な解釈は加えていない（最3判昭和50・1・21刑集二九巻一号一頁）。事故報告義務をカテゴリカルに合憲と想定しているかのように見える。

▼**評釈**――時本義昭・百選Ⅱ117等

死体検案をした担当医の届け出義務と自己負罪拒否特権

164 最3判平成16・4・13刑集五八巻四号二四七頁

関連条文　憲法三八条一項、医師法二一条

医療過誤で患者を死亡させた医師に、所轄警察署への異状死体の届出義務を課すことは、自己負罪拒否特権の保障に抵触しないか。

事実　都立H病院院長であった被告人は、看護師が点滴の際に生理食塩水と消毒液を間違えて注入したことに起因して患者が死亡した事件について、死体を検案した担当医と共謀して、右届出義務を果たさなかったとして起訴された。

裁判所の見解　本件届出義務は、警察官が犯罪捜査の端緒を得ることを容易にし、場合によっては被害の拡大防止により社会防衛を図ることを可能にするという、公益上の必要性の高い行政手続上の義務である。これにより犯罪行為を構成する事項の供述まで強制されるものではない。また医師免許は診療行為を行うに伴う社会的責務を課しており、医師が同義務を履行することで、自己の犯罪が発覚する端緒となり、一定の不利益を負う可能性があっても、それは医師免許に付随する合理的根拠のある負担である。以上により、死体を検案して異状を認めた医師は、自己がその死因等につき診療行為における業務上過失致死等の罪責を問われるおそれがある場合にも、本件届出義務を負うとすることは、憲法三八条一項に違反するものではない。

解説　本件届出義務の主たる目的は、従来、司法警察上の便宜にあるとされてきた。この点で本件は、行政目的での供述義務に係る162判決・163判決等とは性格を異にするが、本判決は「場合によっては」と慎重な言い回しではあるものの、行政警察目的をも認めることにより、一連の判例の中に自らを位置づけた。

本判決は、163判決のように届出事項を限定し、さらに162判決「的」な要素を加味して（162判決ではなく、本書同事件解説で触れられている昭和三一年判決の方が引用されている）、医師という資格の特質に由来する制約を指摘することにより総合的に判断して、表題論争点へ否定的に答えた。

以上の判断が本件被告人にまつわる事実関係に照らしてではなく、「業務上過失致死等の罪責を問われるおそれのある医師一般」というレベルでなされたことに注意が必要である。そもそも、「ミスをした看護師の監督者として業務上過失致死等の責任を問われるおそれがある届出義務違反の実行犯である担当医の共謀者」と位置づけられていた被告人は、どれくらい自己負罪の危険に晒されていたのか。本判決を前提にしてもなお、現実の差し迫った自己負罪の危険に直面した医師が、自己負罪拒否特権を主張し、医師法二一条の自らへの適用は違憲であると論ずる可能性は、否定されてはいないと解すべきである。

▼**評釈**――髙山佳奈子・医事百（初版）3等

本人の自白

165 最大判昭和23・7・29刑集二巻九号一〇一二頁

関連条文　憲法三八条三項、刑訴法三一九条二項

憲法三八条三項の「本人の自白」に公判廷での自白が含まれるか。

事実　本件は刑訴応急措置法が適用された事案である。被告人は、旧食糧管理法及び物価統制令違反で有罪とされたが、第二審は公判廷での自白のみを証拠としていた。被告人は、これを憲法三八条三項に違反すると上告したが棄却された。そこで被告人はさらに最高裁へ再上告を申立てた。

裁判所の見解　公判廷における被告人の自白は、身体の拘束を受けず、また強制、拷問、脅迫その他不当な干渉を受けることなく、自由の状態において供述されるものである。公判廷において被告人は、自己の真意に反してまで軽々しく自白し、真実にあらざる自己に不利益な供述をすることはないだろう。たとえ、もし被告人が虚偽の自白をしたなら、弁護士が直ちに再糾問して訂正できる。また公判廷での自白は裁判所の面前でなされるのであり、被告人の発言、挙動、態度並びにこれらの変化等からも、真実性や自発性について、裁判所が自ら判断しうる。もし裁判所が心証を得なければ、被告人を根掘り葉掘り糾問できるのである。したがって、公判廷外における被告人の自白とは異なり、さらに他の補強証拠を要せずして、犯罪事実の認定ができると解するのが相当である。

解説　本判決は、表題に掲げた論争点について、細かな理由付けとともに否定の判断を示した初の大法廷判決であり、今日では確立した判例となっている。

自白の偏重と自白の強要は、わが国の刑事司法が抱えてきた問題点である。憲法三八条三項は、同二項を充たす任意性のある自白であっても、これを補強する証拠が別にない限り、有罪の証拠となしえないとする（補強法則）。すなわち自白の証明力に、憲法上の制限を加えているのである。

なお、本判決が出される直前に、現行の刑訴法が制定され、同三一九条二項は、「公判廷における自白であると否とを問わ（ない）」としている。判例の立場によるならば、これは憲法の趣旨から、更に一歩前進させたものとなる（最大判昭和24・6・29刑集三巻七号一一五〇頁）。

本判決の示した理由付けへは、学説から強い批判がある。また本判決で一二名の裁判官のうち五名が、多数意見の理由付けに反対しており、本判決の問題点が凝縮して示されている。たとえば塚崎少数意見は、「経験の教うる所によれば、被告人の自白はその公判廷に於けるものであつても、常に必ずしも真実に合するものとは限らない」と述べていた。今日では、本判決の説得力は、より一層低くなっているといえよう。

▼**評釈**――木下昌彦・百選ⅡA10等

166 検察官の上訴と二重の危険

最大判昭25・9・27刑集四巻九号一八〇五頁

関連条文　憲法三九条

被告人に対する検察官の不利益上訴は憲法三九条に違反しないか。

事　実　第一審が被告人に言い渡した罰金刑に対し、検察官が量刑不当として控訴をなし、原審がこれを認めて禁固三カ月の刑が下された。そこで被告人は、三九条後段は英米法系にいう「二重の危険」の法則を採用しており、第一審判決により、すでに危険に置かれるため、検察官がさらに重い処罰を求めて上訴をなしえないなどと主張して上告した。

裁判所の見解　元来、一事不再理の原則は、何人も同じ犯行について、二度以上罪の有無に関する裁判を受ける危険に曝されるべきものではないという根本思想に基づく。その危険とは、同一の事件においては、訴訟の開始から終末に至るまでの一つの継続的状態と見るのが相当である。したがって、一審、控訴審、上告審のそれぞれの手続は、継続する一つの危険の各部分にすぎず、そこに二重危険ないし二度危険というものは存在しない。それゆえ、検察官が上訴をなし有罪またはより重き刑の判決を求めることは、憲法三九条に違反して、重ねて刑事上の責任を問うものではない。

解　説　憲法三九条前段後半と後段の規定する原則には、大陸法的な「一事不再理の原則」と、アメリカ合衆国憲法の「二重の危険の禁止」の要素が混在していると指摘されており、その解釈は、制定当時から争われていた。

本判決は表題に掲げた論争点へ合憲の判断を示したが、「二重の危険」に対する判決の立場を理解することは、容易ではない。そこでは英米法にいう「危険」という言葉が用いられているが、訴訟の開始から終結までを継続的危険とされることにより、実質的に一事不再理と同様の結論が得られている。

学説の本条解釈も、三九条の構造が複雑であることに起因して分岐してきたが、判例と同じく継続的危険という理解を採る学説が多数を占め、検察官の不利益上訴を正面から違憲とする説は、少数に止まってきた。

二〇〇九年より導入された裁判員裁判制度では、検察官上訴を制限しておらず、第一審の裁判員裁判による無罪判決が控訴審で覆される例も出ている。これについて「制度趣旨と合致しない」との批判もなされ、事後審の徹底の方向が目指された。本判決の解釈や射程にも関係を持ちうるのではないか。そもそも憲法は、国民が誤って有罪とされないよう、三一条以下で手厚く刑事手続上の諸権利を保障しているのであり、刑事裁判は実体的な真実追求を目的にするものと解すべきではないのである。

▼**評釈**――石埼学・百選Ⅱ121等

刑罰と重加算税の併科

167　最大判昭和33・4・30刑集一二巻六号九三八頁

関連条文　憲法三九条

刑罰と重加算税を併科することは、二重処罰に違反しないか。

事　実　本件は一九五〇年の法人税法改正により加算税制度が整備される以前の事案であり、当時の追徴税は今日の重加算税に相当する。X社は一九四八年分の所得税に基づく法人税額（約二一一万）の申告、納税をなしたところ、所轄税務署長は国税局の査定に基づいて所得額を更正した。そして、それに対応する追徴税（約四七〇万円）が賦課され、X社は納付した。その一方でX社は国税局長の告発により逋脱犯として起訴され（逋脱税額約一三三一万円）、罰金三〇〇〇万円の有罪判決が確定した。そこでXは、罰金に重ねて追徴税を課すことは憲法三九条に違反するとして、刑事確定判決が認定する脱税額に対応する追徴税額約三三〇万円の徴収は違法であると、追徴税決定の取消及び還付を求める民事訴訟を提起した。第一審・原審はともに請求を棄却したため、X社が上告した。

裁判所の見解　法人税法の追徴税は制裁的意義をも持つが、これは罰金とは性質を異にする。逋脱犯に対する刑罰は、「詐欺その他不正な方法」により法人税を免れる行為の反社会性や反道徳性に着目し、制裁として科せられる。これに対して追徴税は、単に過少申告・不申告による納税義務違反の事実があれば、已むを得ない事由のない限り課せられるのであり、納税義務違反の発生を防止し、納税の実を挙げるための行政上の措置である。したがって併科は違憲ではない。

解　説　一九五〇年改正により、追徴税が三種類の加算税に分類され、その後、一九六二年の国税通則法制定の際に加算税は四種類となった。判例は現行制度下の重加算税についても憲法三九条に違反しないと判断している。

これまで、三九条後段のいう「重ねて刑事上の責任を問はれない」とは、二重訴追の禁止に加え、実体法上の二重処罰の禁止をも保障すると解されることが、一般的であった。そこで刑事罰と行政制裁の併科の問題は、行政制裁が刑罰と等しいと目される要素や基準に焦点が当てられてきた。しかし、本判決も含め、判例の挙げる理由は形式的であり、刑罰との同等性を図る有効な基準たりえないように思われる。

なお近年では、三九条後段を手続的な二重訴追の禁止規定として理解する立場も有力である。これによれば、併科が二重起訴とならない限り、あとは全体としての不利益の賦課の均衡の問題（憲法三一条、三六条）となる。本件についていえば、追徴手続が刑事手続と同視されない前提で、追徴税と罰金とを合わせた不利益の大きさが、なされた行為と均衡しているかが、真の問題であることになる。

▼**評釈**――嶋崎健太郎・百選Ⅱ122等

法廷等秩序維持のための強制的処分の法的性格

168 最大決昭和33・10・15刑集一二巻一四号三二九一頁

関連条文　憲法三二条・三三条・三四条・三七条、法廷等の秩序維持に関する法律

法廷等の秩序維持に関する法律の定める制裁が憲法に違反しないか。

事実　Xらに対する刑事事件を審理中の法廷で、Xらが裁判長の制止を聞かず、多衆をたのんで腕を組み、放歌合唱をし、「おい、裁判長、きいているのか、貴様……返事しろ」、などと罵倒した。裁判所はXらが、これらの行為や発言によって裁判所の職務執行を妨害し、裁判の威信を著しく害したとして、同日午前に法廷等の秩序維持に関する法律（以下、法秩法）三条二項に基づいてXらを拘束し、同日午後に同法に基づく制裁を科す裁判を行い、監置五日に処する旨の決定を言い渡した。Xらは、法秩法は憲法三三条等に違反するとして抗告したところ棄却されたため、最高裁に特別抗告した。

裁判所の見解　法秩法によって裁判所に属している権限は、直接に、憲法の精神、つまり司法の使命とその正常で適正な運営の必要に由来している。それは、いわば司法の自己保存、正当防衛の為に、司法に内在し、司法の概念から当然に演繹される。本法による制裁は、非刑事的・非行政的な、法秩法によって設定された特殊の処罰である。本法は、裁判所または裁判官の面前その他直接に知ることができる場所における言動、つまり現行犯的行為に対し、裁判所または裁判官自体によって適用される。したがって、この場合は、令状の発布、勾留理由の開示、訴追、弁護人依頼権等、刑事裁判に関し憲法の要求する諸手続の範囲外にあるのみならず、また常に証拠調べを要求されることもない。裁判の威信の回復は迅速になされなければ十分な実効を挙げないのである。したがって本法による強制的処分は合憲である。

解説　法秩法は、いわゆる「荒れる法廷」が頻発していた時期に制定された。本決定は、同法の定める制裁及び手続を合憲とした初の最高裁大法廷決定であり、先例として定着している。

本決定は、英米法の法廷侮辱制度がいう、超記憶的な、司法の本質たる、「裁判所の固有の権限」という考えを前提にしている。しかしながら、英米法と歴史的伝統的背景を異にする日本国憲法で、法秩法の制裁権を、かかる「固有権」としては説明しえないとの批判もある。

様々な点で通常の刑事手続とは異なる法秩法の定める手続を、憲法の保障する手続の範囲外とした多数意見に対し、奥野補足意見は、本法の制裁は憲法の要請する諸手続の範囲内において、これに準拠すべしと主張した。また最3決昭和60・11・12判時一二〇二号一四二頁の伊藤補足意見も、憲法上の保障の埒外にあると解すべきではないと指摘している。

▼**評釈**——藤井康博・百選Ⅱ123等

強制調停と適正な裁判手続

169　最大決昭和35・7・6民集一四巻九号一六五七頁

関連条文　憲法八二条・三二条

権利義務の存否を終局的に確定するような手続を、非公開・非対審で行うことは、憲法八二条、三二条に違反しないか。

事実　賃貸されていた家屋について、XがYに対し家屋明渡しの訴えを、YがXに対し占有回収の訴えを提起した。調停が不調に終わったことから、裁判所は、戦時民事特別法一九条により借地借家調停に準用される金銭債務臨時調停法（金調法）七条一項、八条に基づく調停に代わる裁判を行った。これは非公開・非対審で行われ、確定すれば確定判決と同一の効力を持つことになる（強制調停）。明渡しを義務づけられたYは、決定を不服として抗告したが、認められなかった。Yは、本件は財産権等に係る訴訟であり、憲法三二条、八二条により公開対審の手続で民事訴訟法に従って処理されるべき性質のものであると主張して、最高裁に特別抗告した。

裁判所の見解　取消差戻。憲法三二条により、何人も裁判所に対し裁判を請求して司法権による権利、利益の救済を求めることができると共に、憲法八二条により、純然たる訴訟事件の裁判については、公開の原則の下における対審及び判決によるとされており、これにより、近代民主社会における人権の保障が全うされる。従って、もし性質上純然たる訴訟事件につき、当事者の意思いかんに拘わらず終局的に、事実を確定し当事者の主張する権利義務の存否を確定するような裁判が、憲法所定の例外の場合を除き、公開の法廷における対審及び判決によってなされないとするならば、それは憲法八二条に違反すると共に、同三二条が基本的人権として裁判請求権を認めた趣旨をも没却するものである。

公開の法廷における対審及び判決によらない、金調法七条の調停に代わる裁判は、性質上非訟事件に関するものに限られる。本件は、家屋明渡及び占有回収に関する純然たる訴訟事件であることは明らかであるのに、これに対し、金調法七条による調停に代わる裁判をすることは、同法に違反し、同時に憲法八二条、三二条に照らし、違憲である。

解説　当初最高裁は、憲法三二条が保障するのは裁判所以外の機関によって裁判をされないことだとして、家屋明渡を求める提訴について金調法七条による調停に代わる裁判をしたことを、合憲と判断していた（最大決昭和31・10・31民集一〇巻一〇号一三五五頁）。本決定は、これを変更し、「性質上純然たる訴訟事件の裁判」すなわち、当事者の権利義務を終局的に確定するような裁判は、公開法廷における対審及び判決によることが憲法上要請されると判断した。そして以後、裁判所が行う手続の問題において、「純然たる訴訟事件」か否かが、大きな意味を持つことになる。

▼**評釈**――宮井清暢・百選Ⅱ124、宍戸常寿・判プラ249

家事審判と適正な裁判手続

170 最大決昭和40・6・30民集一九巻四号一〇八九頁

関連条文　憲法八二条・三二条

夫婦同居に関する審判を、非公開・非対審で行うことは、憲法八二条、三二条に違反しないか。

事実　X（妻）は別居中の夫（Y）の所に帰りたいと伝えたが、YはXの申し出を拒絶し、離婚を申し入れた。しかし、離婚の意思のないXは、Y相手に同居の審判を申立てた。家事審判法の規定により、民法の夫婦同居義務に関わる争いは家庭裁判所で家事審判手続に付され、非訟事件手続法が準用される。裁判所は事件を調停に付したが不調に終わり、「Yはその住居でXと同居しなければならない」と審判した。Yの抗告は棄却されたので、Yは、原審判は憲法上の対審の原則、公開の原則に違反するなどと主張して、最高裁に特別抗告した。

裁判所の見解　抗告棄却。同居義務等は法律上の実体的権利義務であることは否定できないから、かかる権利義務自体を終局的に確定するには公開の法廷における対審及び判決によらなければならない。ただ、家事審判法九条一項乙類の審判は、夫婦同居の義務等の実体的権利義務自体を確定する趣旨のものではなく、その存在を前提として、例えば夫婦の同居の時期、場所、態様等について具体的内容を定める処分である。こういった事柄について、家庭裁判所が後見的立場から、その具体的内容を形成する裁判は、本質的に非訟事件の裁判であって、公開の法廷における対審及び判決による必要はない。審判確定後は、審判の形成的効力については争えないが、その前提たる同居義務等自体については公開の法廷における対審及び判決を求める途が閉ざされているわけではない。よって、家事審判法の審判に関する規定は憲法八二条、三二条に抵触せず、これに従ってなされた原決定も違憲ではない。

解説　多数意見は同居義務の存否自体は訴訟で争えるとするが、夫婦同居義務自体と同居義務の具体的内容を区別することはできないという少数意見が付されている。民法七五二条で夫婦の同居義務が定められている以上、同居の具体的態様を離れて同居義務自体がないとされるのは夫婦ではない場合だけだと考えれば、この批判にもうなずける。

また、本判決は「純然たる訴訟事件」であることを、憲法八二条と三二条の保障の要件としている。これについては、非訟手続を「裁判」と峻別するのは形式的にすぎるとの批判、八二条と三二条の保障対象を同一に解する必要はないとの批判がある。しかし、後に最高裁は、三二条にいう裁判を八二条にいう裁判と同一のものとして、明確に非訟事件を三二条の保障の対象から外している（最大決昭和45・12・16民集二四巻一三号二〇九九頁）。

▼**評釈**——宇都宮純一・百選Ⅱ125、宍戸常寿・判プラ250

過料の裁判と適正な裁判手続

171 最大決昭和41・12・27民集二〇巻一〇号二二七九頁

関連条文　憲法八二条・三二条・三一条

過料の裁判を、非公開・非対審で行うことは、憲法八二条、三二条、三一条に違反しないか。

事実　財団法人の理事Yらは、理事就任について法定期間内に登記をすべきなのにその手続を怠ったとして、民法旧八四条一号に基づき、二〇〇〇円の過料に処された。行政罰である過料は、原則として非訟事件手続法所定の手続によって科され、これに不服がある場合は即時抗告による。Yの高裁への即時抗告は棄却されたので、Yは、審問、書類審査のみによって簡易非公開に終始して強制的な財産罰を科するのは、憲法八二条、三二条に違反し、憲法三一条の権利を奪うものだとして、最高裁に特別抗告した。

裁判所の見解　抗告棄却。民事上の秩序罰としての過料を科する作用は、国家のいわゆる後見的民事監督の作用であり、その実質においては、一種の行政処分としての性質を有するものだから、必ずしも裁判所がこれを科することを憲法上の要件とするものではなく、行政庁がこれを科することにしても、なんら違憲とすべき理由はない。したがって、法律上、裁判所がこれを科することにしている場合でも、過料を科する作用は、もともと純然たる訴訟事件としての性質の認められる刑事制裁を科する作用とは異なるのだから、憲法八二条、三二条の定めるところにより、公開の法廷における対審及び判決によって行なわれなければならないものではない。

ただ、現行法は、過料が強制的に財産上の不利益を課すものであることから、原則として裁判所に公正中立の立場で慎重に決定させようとしている。その手続は、当事者に告知・弁解・防禦の機会を与えるなど、違法・不当に過料に処せられることがないよう十分配慮している。したがって、非訟事件手続法による過料の裁判は、法律の定める適正な手続による裁判ということができ、憲法三一条に違反するものでない。

解説　169、170判決は民事訴訟事件と非訟事件との境界の問題だったが、本件は刑事訴訟事件と非訟事件との境界が問題となった。過料は、刑罰とは区別されるいわゆる秩序罰であり、その手続に刑事訴訟法は適用されない。このような制度設計は憲法に反しないのか。多数意見は、訴訟／非訟の区別を前提に、過料は実質的に行政処分であり、純然たる訴訟事件ではないので、公開法廷における対審及び判決によらなくても憲法八二条、三二条に反しない、と述べた。

多数意見は過料の裁判とそれに対する不服申立を一連の非訟事件として扱っている。これに対し、反対意見は、前者は非訟事件だとしても、後者は純然たる訴訟事件として処理すべきであると述べ、非訟事件手続法の規定を違憲だとしている。

▼**評釈**——柳瀬昇・百選Ⅱ126、宍戸常寿・判プラ251

非訟手続の抗告審における反論の機会と適正な裁判手続

172 最3決平成20・5・8判時二〇一一号一一六頁

関連条文　憲法三二条

非訟手続の抗告審において、抗告の相手方に反論の機会を与えることなく、相手方に不利益な判断を行うことは、憲法三二条に違反しないか。

事実

X（妻）は、Y（夫）と別居し、離婚の調停を申立てたが、同調停のうち婚姻費用分担の調停が審判に移行した。第一審は、YがXに対し過去の未払い分九五万円を直ちに支払い、離婚又は円満同居に至るまでの間に一か月一二万円を支払うよう命ずる審判をした。この審判に対し、Xが即時抗告し、第二審は過去の未払い分を一六七万円、将来の支払いを一か月一六万円に増額する決定をした。ただ、この決定に際して、抗告状及び抗告理由書の写しを送付するなど、即時抗告があったことをYに知らせる措置は何らとられなかった。Yは、Yに反論の機会を与えずに不利益な判断をしたことが、憲法三二条に反する等主張して、最高裁に特別抗告した。

裁判所の見解

抗告棄却。憲法三二条所定の裁判を受ける権利が性質上固有の司法作用の対象となるべき純然たる訴訟事件につき裁判所の判断を求めることができる権利をいうものであることは、当裁判所の判例の趣旨とするところである（最大決昭和35・7・6＝169判決など）。したがって、上記判例の趣旨に照らせば、本質的に非訟事件である婚姻費用の分担に関する処分の審判に対する抗告審において手続にかかわる機会を失う不利益は、同条所定の「裁判を受ける権利」とは直接の関係がないというべきである。よって、原審（第二審）が、Yに対し抗告状及び抗告理由書の副本を送達せず、反論の機会を与えることなく不利益な判断をしたことが同条所定の「裁判を受ける権利」を侵害したものであるということはできず、憲法三二条違反の主張には理由がない。

解説

169、170判決は、公開・対審の裁判による必要があるかどうかを、「純然たる訴訟事件」か否かを基準にして、判断を行った。ところが、この基準は憲法八二条だけではなく憲法三二条の保障範囲を確定するためにも使われている。本判決も、非訟事件であることを理由にして、婚姻費用分担審判の抗告審における手続的な不利益は、憲法三二条と直接の関係がないものとしている。

那須反対意見は、学説等の批判の存在を指摘し、憲法八二条の公開の要求と憲法三二条の裁判を受ける権利の保障の問題を同一の基準で判断する必然性はないという。そして、純然たる訴訟事件でない非訟事件についても、憲法三二条の保障の対象となる場合もあるとし、本件はまさに憲法三二条の理念に基づいて関係法令の解釈を行い、抗告状等を送達ないし送付すべきであったと述べている。

▼**評釈**――宍戸常寿・判プラ253

最高裁への上告理由の制限と裁判を受ける権利

173 最3判平成13・2・13判時一七四五号九四頁

関連条文　憲法三二条、民訴法三一二条・三一八条

民訴法による上告制限は、裁判を受ける権利を定める憲法三二条に違反しないか。

事実　一九九六年に民事訴訟法が全面的に改正され、最高裁に上告ができる場合が限定された。改正前の民訴法では許されていた、判決に影響を及ぼすことが明らかな法令違反を理由とする上告が、できなくなったのである（民訴三一二条一、二項）。上告理由が制限された反面、上告受理申立て（裁量上告）が設けられたが（民訴三一八条）、改正前に比べれば上告の途は狭まった。

地方自治法二六〇条の二に定める「地縁による団体」として認可を受けているA町は、町内会の規約の変更決議を行い、Y市長の規約変更認可を受けた。A町町内会会員のXは、改正によって付け加えられた会員資格停止条項が公序良俗に反するなどとして、Yに対し本件条項の認可の取消訴訟を提起した。一審、二審ともに敗訴したXは、上告に際し次のように主張した。本件条項の適法性について、原審は民法九〇条の解釈を誤った。改正前の民訴法であれば、これは適法な上告理由であったが、現行民訴法では、三一八条一項の要件を満たす必要があり、その判断は最高裁に委ねられる。しかも、最高裁の判断に対する不服申立の途もない。これは憲法三二条に反する、と。

裁判所の見解　上告棄却。いかなる事由を理由に上告をすることを許容するかは審級制度の問題であって、憲法が八一条の規定するところを除いてはこれをすべて立法の適宜に定めるところにゆだねていると解すべきことは、当裁判所の判例とするところである。その趣旨に徴すると、問題の民訴法の規定が憲法三二条に違反するものでないことは明らかである。Xの主張は採用することができない。

解説　上告理由の制限の背景には、上告件数の増加による最高裁の超過負担があった。憲法判断や法令解釈の統一性の確保といった重要な任務を最高裁が適切に果たせるようにするためには、上告件数を減らすことが必要だと考えられたのである。これにより、改正前は可能だった上告の機会が失われる人が現れることになる。本判決は、審級制度の問題は、憲法八一条の場合を除いて、立法に委ねられており（最大判昭和23・3・10刑集二巻三号一七五頁）、憲法三二条は、裁判所においてのみ裁判を受ける権利を有し、裁判所以外の機関によって裁判をなされることはないことを保障したもので、審級制度をいかに定めるかということについての規定ではない（最大決昭和24・7・22集民二号四六七頁）とする判例等を引用して、上告を棄却した。

▼**評釈**——西村枝美・百選Ⅱ127、宍戸常寿・判プラ245

即決裁判手続と裁判を受ける権利

174 最3判平成21・7・14刑集六三巻六号六二三頁

関連条文　憲法三二条・三八条二項、刑訴法四〇三条の二第一項

即決裁判手続において、事実誤認を理由とする控訴を制限する刑訴法の規定は合憲か。

事　実　Yは業務上横領の罪で有罪判決を受けた。この判決は即決裁判手続でなされている。Yは控訴したが、刑訴法四〇三条の二第一項は、即決裁判手続においてされた判決に対しては、事実誤認を理由とした控訴ができないと規定している。Y側は、刑訴法四〇三条の二第一項は裁判を受ける権利を侵害するものであって憲法三二条に違反するなどと主張したが、斥けられた。Yは上告したが、棄却された。

裁判所の見解　即決裁判手続は、争いがなく明白かつ軽微な事件について、簡易かつ迅速に公判の審理及び裁判を行うことにより、手続の合理化、効率化を図るものである。犯罪事実の誤認を理由とする上訴ができるものとすると、同手続の趣旨が損なわれるおそれがある。

即決裁判手続により審判するためには、被告人の訴因についての有罪の陳述と、同手続によることについての被告人及び弁護人の同意とが必要であり、この陳述及び同意は、判決の言渡しまではいつでも撤回することができる。そして、被告人は、手続の過程を通して、即決裁判手続に同意するか否かにつき弁護人の助言を得る機会が保障されている。また、この手続による判決では、懲役又は禁錮の実刑を科すことができない。

刑訴法四〇三条の二第一項は、即決裁判手続の制度を実効あらしめるため、被告人に対する手続保障と科刑の制限を前提に、事実の誤認を理由とする控訴の申立てを制限しているものであるから、同規定については、相応の合理的な理由があり、憲法三二条に違反しない。

また、即決裁判手続の制度自体が自白を誘発するとは言えないから、憲法三八条二項にも違反しない。

解　説　Y側は、上告の際、Yの一審弁護人が即決裁判手続について十分な説明等をしておらず、Yとの意思疎通や弁護活動も不十分だったと述べている。その上で、即決裁判手続への被告人の同意が手続についての十分な理解に基づかない場合や、適切な助言が得られなかった場合には適用違憲とすべきだ（必ずしも法令違憲とする必要はない）と主張した。

これに対し、最高裁は第二審判決とほぼ同内容の理由により、違憲の主張を斥けた。田原補足意見は、刑事訴訟法は、即決裁判手続の意義及びその内容について適切な助言がなされていることを前提として、制度を組み立てていると述べている。

しかし、Y側が提起したのは、弁護人による適切な助言等がなされなかった場合に被告人の権利をどう守るかという問題である。この問いに、本判決が正面から答えたとは言い難い。

▼評釈――宍戸常寿・判プラ247

国家賠償責任の免除または制限の法定と憲法一七条……郵便法違憲訴訟

175 最大判平成14・9・11民集五六巻七号一四三九頁

関連条文　憲法一七条、郵便法旧六八条・旧七三条

公務員の不法行為による国の損害賠償責任を免除または制限する法律の規定は、憲法一七条に違反しないか。

事実　債権者Xは、債務者AのB銀行口座の差押えを申立てた。裁判所はこれを認め、差押命令の正本を、特別送達により送達した。この特別送達郵便物はB銀行C支店に直接届けられるはずが、郵便局職員の過失により、局内のB銀行C支店の私書箱に投函された。送達は遅れ、その間にAは口座から預金を引き出し、差押えの意味はなくなってしまった。

Xは、国家賠償法一条一項に基づき、国家公務員（当時）である郵便局員の過失により被った損害の賠償を求めて出訴した。しかし、特別法である郵便法旧六八条は、損害賠償をする場合を限定的に列記しており、また、旧七三条は損害賠償の請求が出来る者を郵便物の差出人と受取人に限定していた。本件は列記された場合に該当せず、Xは七三条に定める者に該当しないため、Xには法律上損害賠償請求権が発生しないことになる。第一審、二審で敗訴したXが上告。

裁判所の見解　破棄差戻。憲法一七条に基づく立法裁量は無制限ではない。国等の損害賠償責任を免除又は制限する法律が同条に適合するか否かは、当該規定の目的の正当性、その目的達成の手段として免責又は責任制限を認めることの合理性及び必要性を総合的に考慮して判断すべきである。

法六八条、七三条は、なるべく安い料金であまねく公平に郵便の役務を提供するという郵便法の目的達成のためにある。すべての郵便事故について賠償するとなると、費用等が大きくなり、それが料金の値上げにつながって、上記目的の達成が害されるおそれがある。従って、郵便物に関する損害賠償の対象及び範囲に限定を加えた目的は、正当である。

特別送達郵便物は、適正確実な送達が特に強く要請される、書留郵便物全体のごく一部にとどまる、特別の料金が必要とされるなどの特殊性をもつ。このような特別送達郵便物について、郵便業務従事者の軽過失による不法行為から生じた損害の賠償責任を肯定したからといって、上記目的の達成が害されるということはできない。したがって、免責又は責任制限に合理性、必要性はなく、憲法一七条に違反し、無効である。

解説　多数意見は、書留郵便物について郵便業務従事者の故意または重大な過失により生じた損害賠償責任を免除または制限している部分も、憲法一七条違反と判示した。

本判決は、法律の文言そのものではなく、法律の条文に列記されている場合以外には一切損害賠償をしないことを意味する部分について、違憲と判断している。この手法は「意味上の一部違憲」とか「質的部分無効」などと呼ばれる。

▼**評釈**――宍戸常寿・百選Ⅱ128、宍戸常寿・判プラ255

生存権の法的性格……朝日訴訟

176 最大判昭42・5・24民集二一巻五号一〇四三頁

①生活保護受給権は相続の対象となるか。②生存権の法的性質はどのようなものか。

事実　Xは国立療養所に入所して生活保護法による医療扶助及び生活扶助（最高月額六〇〇円の日用品費）を受けていたが、実兄から月額一五〇〇円の仕送りを受けることになったので、市福祉事務所長はXの生活扶助を廃止し、仕送りから日用品費を控除した残額九〇〇円を医療扶助の一部自己負担とする保護変更決定を行った。Xは、県知事及び厚生大臣（Y）に不服申立てをしたがいずれも却下されたため、月額六〇〇円の基準金額が生活保護法の規定する健康で文化的な最低限度の生活水準を維持するに足りない違法なものであると主張して、Yの却下裁決の取消訴訟を提起した。一審はXの請求を認容、二審は一審判決を取り消したが、Xは上告中に死亡した。Xの養子夫妻は、相続人として訴訟の継承を主張した。

裁判所の見解　①生活保護受給権は、一身専属の権利であって、相続の対象になり得ない。②憲法二五条一項は、すべての国民が健康で文化的な最低限度の生活を営み得るよう国政運営すべきことを国の責務として宣言したにとどまり、直接個々の国民に具体的権利を賦与したものではない。具体的権利としては、生活保護法によって初めて与えられているる。何が健康で文化的な最低限度の生活であるかの認定判断は、厚生大臣の合目的的な裁量に委されており、その判断は直ちに違法の問題を生じない。ただ、現実の生活条件を無視して著しく低い基準を設定する等憲法及び生活保護法の趣旨・目的に反し、裁量権の限界を越えた場合又は裁量権を濫用した場合は、違法行為として司法審査の対象となる。

関連条文　憲法二五条、生活保護法三条・八条・五九条

解説　本判決は「念のため」の傍論で、食管法違反事件最大判（昭和23・9・29刑集二巻一〇号一二三五頁）を引用して憲法二五条一項が直接、具体的権利を保障していないと明示するが、同時に、行政裁量の踰越濫用を判断する際の解釈基準として「憲法」の趣旨目的を挙げている以上、二五条の裁判規範性を否定していない。プログラム規定説・抽象的権利説・具体的権利説という学説の三類型で、本判決は最後者を採らないが、前二者は境界が不分明であり、少なくとも本判決は純然たるプログラム規定説ではない。本判決の大きな問題は、厚生大臣の基準設定行為の司法的統制を著しく困難とする広い行政裁量の容認にあり（この点、堀木訴訟最大判（177事件）における広い立法裁量論に繋がる）、保護受給者が他の多数貧困者より優遇されるのは不当だとの「一部の国民感情」や「予算配分の事情」まで基準設定の考慮要素として容認するのは、合目的的裁量を越えているとの批判がある。

▼**評釈**——内藤光博・百選Ⅱ131等

障害福祉年金と児童扶養手当の併給制限……堀木訴訟

177　最大判昭和57・7・7民集三六巻七号一二三五頁

関連条文　憲法二五条・一四条、児童扶養手当法（昭和四八年改正前）四条三項三号

生存権具体化立法の違憲審査基準はどのようなものか。公的年金と児童扶養手当の併給禁止は憲法二五条に反するか。

事実　Xは視覚障害者であり国民年金法による障害福祉年金を受給しているが、児童扶養手当法に基づき児童扶養手当の受給資格の認定をYに請求したところ、児童扶養手当法四条三項三号（昭和四八年改正前）の併給禁止規定に該当するとして却下されたため、右規定が憲法二五条・一四条等に反するとして、却下処分の取消しを求めた。

裁判所の見解　憲法二五条にいう「健康で文化的な最低限度の生活」は、きわめて抽象的・相対的な概念で、その具体的な内容は時々の文化の発達程度、経済的・社会的条件、一般的な国民生活の状況等との相関関係において決定されるべきであるし、その立法による具体化は、国の財政事情を無視することができず、高度な専門技術的考察に基づく政策的判断を必要とする。従って、その立法措置の選択決定は、立法府の広い裁量にゆだねられており、著しく合理性を欠き明らかに裁量の逸脱・濫用と見ざるをえないような場合を除き、裁判所が審査判断するのに適しない。児童扶養手当は、受給者に対する所得保障である点で公的年金一般と基本的に同一の性格を有するもので、一般に同一性格の年金が支給される複数事故において、稼得能力の喪失低下の程度が事故の数に比例するとはいえず、併給調整を行うかどうかは、立法府の裁量の範囲に属する。給付額の決定も、立法政策上の裁量事項であり、低額であるからといって当然には憲法二五条違反に結びつかない。

解説　本判決は、生存権立法の審査基準として、広い立法裁量論を前提とする「明白性の原則」、すなわち「著しく合理性を欠き明らかに裁量の逸脱・濫用」があるかのみを審査する緩やかな基準を採用した。原判決が二五条一項（＝救貧施策）・二項（＝防貧施策）峻別論に立ったのに対し、本判決は両者を一体的に捉えるが、最低生活保障とそれを超える生活保障を区別して、前者にかかわる立法裁量を狭く解し、より厳格な基準の適用を説く有力説からは、本判決の一元的な広い裁量論に批判が強い。本判決が併給禁止を「著しく不合理」としなかった根拠は、①二つの給付の同一性格、②一般的な事故数と稼得能力低下との比例関係の不在、であったが、立法事実の合理性をより厳格に問えば、複数事故における稼得能力低下の具体的レベルが事実に即して検証されよう。生存権具体化立法につき本判決は二五条とは別途、一四条違反（受給者の範囲、支給要件、支給金額等につき何ら合理的理由のない不当な差別的取扱いか）に問えるとするが、緩やかな合理性基準を採る限り、平等審査の独自性が発揮される可能性は低い。

▼**評釈**——戸松秀典・基本判例30、尾形健・百選Ⅱ132等

障害基礎年金受給資格と生存権……学生無年金障害者訴訟

178 最2判平成19・9・28民集六一巻六号二二三四五頁

関連条文 憲法二五条・一四条

①平成元年改正前の国民年金法が学生を強制適用対象外としたこと、②二〇歳以降障害を負った学生に無拠出制年金を支給する立法措置を採らなかったこと、は違憲か。

事実 大学在学中の傷病により障害を負ったXらは、障害基礎年金の支給裁定を申請したが、国民年金に任意加入しておらず、被保険者資格が認められない等として不支給処分を受けたため、処分の取消しと国家賠償を求めた。①平成元年改正前の国民年金法において、障害基礎年金は初診時に被保険者であることを受給要件とするが、二〇歳以上の学生を強制適用対象から除外し、保険料納付義務の免除を受けられない任意加入を認めるにとどまったため、二〇歳以上の学生とそれ以外の者に、これら加入等の区別による受給の差異を生じていた。②同法は二〇歳未満で障害を負った者に無拠出制の障害基礎年金を支給する旨定めていたが、任意加入しない二〇歳以上学生に受給資格はなく、ここでも差異が生じていた。Xらはこれらが憲法二五条・一四条に反すると主張した。

裁判所の見解 ①・②いずれも、著しく合理性を欠くとはいえず、何ら合理的理由のない不当な差別的取扱いでもないので、二五条・一四条に違反しない。その根拠とされるのは以下の通り。〔①について〕学生は一般に保険料負担能力がなく、学生の間に重い障害を負う一般的確率は低い上、保険料負担に見合う実益が常にあるわけではなく、さらに一律に納付義務を負わせて免除の可否を判断させると世帯主が保険料負担を負う蓋然性も高い。また、障害者については障害者基本法、生活保護法等による諸施策も講じられている。〔②について〕二〇歳前障害者はその後の稼得能力の回復が殆ど期待できない。無拠出制年金は財政事情に左右されるところが大きいので、立法府は受給権者の範囲等の決定において、拠出制より更に広範な裁量を有する。また、二〇歳前障害者と異なり、二〇歳以上の学生は被保険者となる機会が付与されていた。前記の障害者基本法等の諸施策もある。

解説 本判決は堀木訴訟最大判（177事件）の枠組みに従い、広い立法裁量論によって二五条違反の主張を退け、またそれと殆ど区別のつかない緩やかな合理性基準で一四条の点も処理した。一審判決が、昭和六〇年法における障害基礎年金制度の質量両面の拡充により二〇歳前障害者と二〇歳以上学生との差異が顕著に拡大したこと、進学率上昇により学生＝エリート論が妥当しなくなったこと等、立法事実を厳格に捉えて不合理な差別と判断したことと較べると、稼得能力の回復不能性や生活保護制度の存在など、学生と二〇歳前障害者で特段の差のない事情を不合理でない根拠とするのは、疑問が残る。

▼評釈——君塚正臣・平19重判（憲法8）等

介護保険料の特別徴収

179 最3判平成18・3・28判時一九三〇号八〇頁

関連条文 憲法二五条・一四条

低所得者に介護保険料の免除措置をとらず特別徴収することは、憲法一四条、二五条に違反しないか。

事 実 Xは所得が生活保護基準以下で、市町村民税が非課税とされる者だが、介護保険の保険者であるY_1（旭川市）は旭川市介護保険条例に基づき、第一号被保険者であるXに対し、二〇〇二年度の介護保険料を二八、〇〇〇円とする賦課処分を行い、老齢基礎年金から特別徴収した。Xは、本件賦課処分及び特別徴収が憲法一四条・二五条に違反するとして、Y_1及びY_2（国）に対し、国家賠償請求訴訟を提起した。

裁判所の見解 介護保険の保険料率は、被保険者本人及び世帯の負担能力に応じて五段階に区分され、境界層該当者に対する負担軽減規定も設けている。生活保護受給者については、生活扶助として介護保険の保険料が実費で支給され、介護扶助として所定のサービスを受けることができる。また、介護保険制度が国民の共同連帯の理念に基づき設けられたものであることに鑑みると、本件条例が第一号被保険者のうち生活保護法六条二項に規定する要保護者で地方税法により市町村民税が非課税とされる者について、一律に保険料を賦課しない旨の規定等を設けなくとも、著しく合理性を欠くとはいえないし、経済的弱者について合理的理由のない差別をしたものともいえず、憲法一四条・二五条に違反しない。老齢基礎年金等の公的年金制度は、老後の所得保障の柱として日常生活の基礎的部分を補うことを主な目的とするが、第一号被保険者の保険料は高齢期の要介護リスクに備えるために高齢者に課されるものであり、日常生活の基礎的な経費に相当する。また、一定額を下回る老齢退職年金給付を特別徴収の対象としていない。従って、特別徴収の制度は著しく合理性を欠くとはいえないし、経済的弱者を合理的理由なく差別したものではないから、憲法一四条・二五条に違反しない。

解 説 本判決は、堀木訴訟最大判（177事件）の広い立法裁量論を引用して、低所得者に一律保険料非賦課等の措置を採らないことを二五条に反しないとした。一定の低所得者へ配慮した規定と「国民の共同連帯」理念がその根拠とされたが、確かに低所得者でも貯蓄等を含む資産を有する者の存在すること、また負担能力を正確に把握することの困難を考慮すれば、所得だけに着目した一律免除を採らなくとも著しく不合理とはいえない。ただ、自らの意思で生活保護を受給せず、本判決のいう低所得者配慮規定の適用を受けない者が、保険料の賦課によって確実に「最低限度の生活」以下を余儀なくされる場合に、二五条の自由権的効果を援用して適用違憲を主張できるとする説があるが、本判決に自由権的効果への言及はない。

▼**評釈**――岩本一郎・平18重判（憲法9）等

老齢加算の廃止と生存権

180 最3判平成24・2・28民集六六巻三号一二四〇頁

関連条文　憲法二五条、生活保護法三条・八条二項

生活保護基準を改定して老齢加算を廃止することは、憲法二五条に反するか。

事実　Xらは生活保護法に基づく生活扶助（基準生活費＋加算）の支給を受けていたが、同法の委任に基づいて厚生労働大臣が定める保護基準の改定により、七〇歳以上の者等を対象とする生活扶助の老齢加算が三年間かけて段階的に減額・廃止されたため、支給額を減額する保護変更決定を受けた。そこで本件保護基準改定が、憲法二五条、生活保護法三条・八条等に違反するとして、保護変更決定の取消しを求めた。

裁判所の見解　上告棄却。生活保護法三条、八条二項にいう最低限度の生活は抽象的・相対的な概念であり、その具体的内容は時々の経済的・社会的条件等との相関関係において判断決定され、これを保護基準に具体化するには高度の専門技術的考察とそれに基づいた政策的判断を必要とする。老齢加算を廃止する保護基準改定は、①改定時点において高齢者には老齢加算に見合う特別な需要が認められず、改定後の生活扶助基準の内容が高齢者の健康で文化的な生活水準を維持するに足りるとした厚生労働大臣の判断に、最低限度の生活の具体化に係る判断の過程・手続における過誤、欠落の有無等の観点からみて裁量権の範囲逸脱・濫用がある場合、あるいは②廃止に際して激変緩和等の措置を採るか否かの方針、また現に選択した措置が相当であるとした同大臣の判断に、被保護者の期待的利益や生活への影響等の観点からみて裁量権の範囲逸脱・濫用がある場合に、生活保護法三条、八条二項に違反することになるが、いずれについても裁量権の範囲逸脱・濫用は認められない。生活保護法三条、八条二項は憲法二五条の趣旨を具体化した規定であり、本件改定は生活保護法の上記規定に違反しない以上、同様に憲法二五条に違反するものでもない。

解説　本判決は、立法裁量に係わる堀木訴訟最大判（177事件）を引用して、行政立法たる保護基準設定における厚生労働大臣の広い裁量権を認めた（朝日訴訟最大判（176事件）では傍論に過ぎなかった）上で、判断過程統制の手法を基礎にして裁量権の逸脱・濫用を否定した。減額改定については、制度後退禁止原則ないし生存権の自由権的効果を根拠に、憲法上より厳格な裁量統制を唱える説があるが、適法性判断から合憲性判断をストレートに導く本判決では採用されていない。本判決は被保護者の期待的利益への配慮から、廃止方法の裁量判断にも実体的審査を及ぼそうとするが、それも緩やかな審査にとどまる。同種の事案に関する最2判平成24・4・2民集六六巻六号二三六七頁の須藤意見はさらに踏み込み、激変緩和措置なき減額改定の違法（違憲）性を指摘している。

▼**評釈**——葛西まゆこ・平24重判（憲法10）等

義務教育の無償制

181 最大判昭和39・2・26民集一八巻二号三四三頁

憲法二六条二項後段の義務教育無償規定の法的性格はどのようなものか、無償の範囲はどこまでか。

事実　公立小学校に在学する児童の保護者Xは、義務教育期間中の教科書代金五、八三六円は、憲法二六条により国が負担すべきであるという理由から、同代金の徴収行為の取消及び同額の支払を求める訴えを起こした。

裁判所の見解　普通教育の義務制ということが、必然的にそのための子女就学に要する一切の費用を無償としなければならないものと速断することは許されない。憲法が保護者に子女を就学せしむべき義務を課しているのは、単に普通教育が民主国家の存立、繁栄のために必要であるという国家的要請だけによるものではなく、それがまた子女の人格の完成に必要欠くべからざるものであるということから、親の本来有している子女を教育すべき責務を完うせしめんとする趣旨に出たものでもあるから、義務教育に要する一切の費用は、当然に国が負担しなければならないものとはいえない。憲法二六条二項後段の意義は、国が義務教育を提供するにつき有償としないことを定めたものであり、教育提供に対する対価とは授業料を意味するものと認められるから、同条項の無償とは授業料不徴収の意味と解するのが相当である。国が保護者の教科書等の費用の負担についても、できるだけ軽減するよう配慮、努力することは望ましいところであるが、それは、国の財政等の事情を考慮して立法政策の問題として解決すべき事柄である。

関連条文　憲法二六条

解説　本判決は、憲法二六条二項後段の義務教育無償規定につき、プログラム規定説を採らず、授業料不徴収という範囲内で直接裁判規範としての効力を認めたが、教科書、学用品その他の教育に必要な費用について国の負担とするかは立法政策の問題とした。憲法上保障される無償の範囲を、授業料不徴収に限定するのは通説であるが、その理論的根拠は、本判決からも窺えるように、親の「教育を受けさせる義務」にあり、親の教育の自由（それは教育の私事性に由来する）と表裏をなす教育責任を重くみるためである。他方で、就学必需費（義務教育に伴う一切の費用）無償説は、親の教育負担をあてにしない無償教育こそすべての国民の「教育を受ける権利」を充足する所以であるとする。義務教育に要する費用を全て国庫負担とするのは、私学の自由や親の学校選択の自由と両立するかという視点は、教育システム全体への過剰な国家介入を招かないためにも重要であり、憲法上の無償の範囲は限定的に解すべきだろう。もっとも、親の費用負担が子どもの教育を受ける権利を実質的に侵害するほど重い場合、立法裁量権の範囲を逸脱して違憲と解する説も有力である。

▼評釈——千葉卓・百選Ⅱ（五版）146、中村睦男・教育百5等

教育権と教育を受ける権利……旭川学力テスト事件

182 最大判昭和51・5・21刑集三〇巻五号六一五頁

関連条文 憲法二六条・二三条・一三条

子どもの学習権、教師の教育の自由は憲法上保障されるか。国の教育内容決定権能はどの範囲で認められるか。

事実 被告人らは、一九六一年一〇月に旭川市立中学校において実施された「全国中学校一せい学力調査」を阻止するため、同校内に侵入し、校長らに暴行を加えた等として、建造物侵入罪・公務執行妨害罪等で起訴された。

裁判所の見解 憲法二六条の背後には、国民各自が一個の人間として、一市民として成長発達し、自己の人格を完成実現するために必要な学習をする固有の権利を有するとの観念がある。子どもの教育は、何よりも子どもの学習する権利に対応し、その充足をはかる立場にある者の責務に属する。憲法二三条は、研究結果の教授の自由を含むし、普通教育の場でも、教師が公権力により特定意見のみの教授を強制されないという意味で、また子どもの教育が教師と子どもとの人格的接触を通じ、その個性に応じて行われなければならない本質的要請に照らし、一定の範囲における教授の自由が保障される。親の教育の自由は家庭教育や学校選択の自由に現れるし、私学教育における自由や教師の教授の自由も、限られた一定の範囲では肯定されるが、それ以外の領域では国は憲法上、子ども自身の利益の擁護のため、あるいは子どもの成長に対する社会公共の利益と関心に応えるため、必要かつ相当と認められる範囲で、教育内容についても決定権能を有する。ただ、教育内容に対する国家的介入はできるだけ抑制的であることが要請されるし、子どもが自由かつ独立の人格として成長することを妨げる国家的介入は、憲法二六条・一三条からも許されない。

解説 本判決は、いわゆる国民教育権説と国家教育権説をともに「極端かつ一方的」であるとして両者を折衷し、親・私学・教師・国など子どもの教育に利害と関心を持つ関係者に、教育の内容方法決定権を各々の憲法的論拠に照らして分配するアプローチを採った。その際、二六条の生存権的解釈を修正して学習権の観念を認め、教育は「専ら子どもの利益（学習権）」の充足を目的とするものと説示した。国民教育権説は、その充足を主として教師の専門的自律性に委ねたが、本判決は子どもとの人格的接触の営みである点を根拠に教師の一定の教授の自由を認めつつ（この点、ポポロ事件最大判（128事件）の二三条解釈を変更した）、他方で児童生徒の批判能力の欠如等を理由にその限界を画した。国の教育内容決定権を第一次的に基礎づけ（かつ限界づける）のも「子どもの利益」であったが、これと並列して「社会公共の利益と関心」が挙げられた点は注意を要し、本判決の折衷性は学習権論の貫徹を一定部分妨げているだろう。

▼**評釈**――森田明・基本判例31、兼子仁・季教21号等

学習指導要領の拘束力と教育の自由

183 最1判平成2・1・18民集四四巻一号一頁

関連条文 憲法二六条・二三条

学習指導要領に法規としての拘束力はあるか。

事実 福岡県立伝習館高校の社会科教諭X_1、X_2、X_3に対して、担当科目における教科書不使用、学習指導要領の目標及び内容を逸脱した指導、考査不実施と一律評価（X_1についてはさらに学校新聞等での特定思想の鼓吹）等を理由として懲戒免職処分がなされたため、X_1らは、県教育委員会Yを被告として処分の取消訴訟を提起した。一審、二審とも、X_1の処分は適法としたが、X_2、X_3の処分については裁量権濫用として取り消した。後者につきYが上告したのが本件である。

裁判所の見解 国が教育の一定水準を維持しつつ、高等学校教育の目的達成に資するため、高等学校教育の内容・方法について遵守すべき基準を定立する必要があり、特に法規によってそのような基準が定立されている事柄については、教育の具体的内容・方法につき高等学校の教師に認められるべき裁量にもおのずから制約が存する。懲戒事由に該当するX_2、X_3の各行為は、教育活動の枢要部分を占める日常の教科の授業、考査ないし生徒の成績評価に関するものであるところ、教師の裁量を前提としてもなお、明らかにその範囲を逸脱して、日常の教育のあり方を律する学校教育法の規定や学習指導要領の定め等に明白に違反する。右行為のうち各教科書使用義務違反の点は、年間を通じて継続的に行われたもので、特にX_3の教科書不使用は、内容が自分の考えと違うとの立場から使用しなかったものであること、X_2の考査の出題及び授業は、内容自体が当該各科目の目標及び内容からの逸脱が著しいことをも考慮すると、法規違反の程度は決して軽いものではない。本件懲戒免職処分は、社会観念上著しく妥当を欠くものとまではいい難く、裁量権の範囲を逸脱したものとは判断できない。

解説 本判決と同日にX_1の上告を棄却した別件判決（最1判平成2・1・18判時一三三七号三頁）は、本件学習指導要領が法規としての性質を有すると判示した。別件判決の援用する旭川学テ最大判（182事件）は、問題となった中学校学習指導要領が全体として全国的な大綱的基準であり、必要かつ合理的な基準の設定であるとしつつ、指導要領一般の法規性や拘束力の有無につき明言を避けたが、別件判決は特に理由を付すこともなく法規性を肯認した。本判決は、これを前提として、国が教育の内容と方法につき法規によってなした基準設定は、拘束力をもって一方的に教師の教育裁量を制約すると説示する。この点、法規性を認めながら、その適用に当たっては「専門職である教師の自主性」を尊重して明白な違反に限定すべきとし、懲戒権者の裁量権の逸脱を認めた原判決と較べてさえ、教育の自主性への配慮が欠落している。

▼**評釈**――市川須美子・ジュリ959号等

争議権の限界……生産管理事件

184 最大判昭和25・11・15刑集四巻一一号二二五七頁

関連条文 憲法二八条

生産管理は憲法二八条で保障されるか。

事実 山田鋼業合名会社は事業縮小による整理を理由として従業員の解雇を通告した。労働協約締結の交渉の後、組合は生産管理に入った。組合幹部のXらは、設備の復旧や賃金等の必要な資金を得る目的で、二回ほど会社所有の鉄板を搬出したため業務上横領の罪で起訴された。本件生産管理について、一審は争議権の濫用にあたらないとしたが、二審は正当な争議行為ではなく、窃盗罪で有罪とした。

裁判所の見解 上告棄却。①憲法は勤労者に団結権、団体交渉権、団体行動権を保障するが、それらが他の基本的人権に対する絶対的優位を認めているのではなく、両者の調和を期待している。この調和を破らないことが争議権の正当性の限界である。もちろん使用者側の自由権や財産権も絶対無制限ではないが、使用者側の自由意思を抑圧し、財産に対する支配を阻止することは許されない。②わが国現行の法律秩序は私有財産制度を基幹として成り立っており、企業の利益と損失とは資本家に帰する。従って企業の経営、生産行程の指揮命令は、資本家等の経営担当者の権限に属する。ゆえに労働者は経営権に対する権限を持たず、企業者側の私有財産の基幹を揺るがすような争議手段は許されない。

解説 憲法二八条は争議権、すなわち労働者の団体が労働条件の実現を図るために争議行為など団体行動を行う権利を保障する。労働者の正当な労働争議については、それによって使用者に損害が生じたとしても、刑事免責（労働組合法一条二項）及び民事免責（同八条）が認められる。本判決は、争議権が他の人権との関係で限界があることを示し、最高裁として初めて生産管理を違法とした。

生産管理とは、労働組合が使用者の指揮命令を排除して企業の経営を行う争議手段である。最高裁によれば、生産管理が違法とされるのは、それが私有財産の基幹を揺るがすからである。すなわち、同盟罷業は労働力給付の債務不履行にすぎないから合法とされるのに対して、生産管理は非権利者が権利者の意思を排除して財産権を行使するものであるから違法とされる。

最高裁は、労働者側に同情すべき事情がある場合の生産管理（最大判昭和26・7・18刑集五巻八号一四九一頁）や、同盟罷業が有効でない場合に実施した生産管理（最2判昭和27・2・22刑集六巻二号二八八頁）についても、本判決を引照して違法とした。ゆえに本判決は生産管理の適法性に関する先例となっている。またピケッティングを違法とした事案でも、最高裁は本判決を根拠とすることから、本判決は生産管理以外の争議行為についても最高裁の基本的姿勢を示すものといえる。

▼**評釈**――二本柳高信・百選Ⅱ143（六版）、小島慎司・判プラ275

公務員の争議権(1)……全逓東京中郵事件

185 最大判昭41・10・26刑集二〇巻八号九〇一頁

①現業公務員の争議行為を禁止する等の規定は合憲か。②公務員の正当な争議行為には刑事免責が認められるか。

事実　全逓信労働組合の執行委員等であるXらは、東京中央郵便局の従業員に対して、勤務時間に食い込む職場大会に参加するよう説得して、職場離脱による郵便物不取扱を教唆し、実際に三八名を職場から離脱させた。このためXらは郵便法七九条の郵便物不取扱罪の教唆犯として起訴された。一審はXらを無罪、二審はこれを破棄した。Xらが上告。

裁判所の見解　破棄差戻。①労働基本権は、私企業の労働者だけではなく、公共企業体の職員はもとより、国家公務員や地方公務員も、原則的には保障される。②労働基本権であっても、国民生活全体の利益の保障という見地からの制約を内在的制約として内包している。具体的にどのような制約が合憲とされるかについては、(1)労働基本権を尊重確保する必要と国民生活全体の利益を維持増進する必要とを比較衡量して、制限は合理性の認められる必要最小限度のものであること、(2)職務の性質が公共性の強いものであること、(3)制限違反に対して課せられる不利益については、必要な限度をこえてはならず、特に刑事制裁は必要やむを得ない場合に限られること、(4)制限する場合には代償措置を講ずること、を考慮して決定する必要がある。③公労法一七条一項は、憲法二八条の保障する争議権を制限するものだが、同条に違反しない。④公労法一七条一項に違反してなされた争議行為についても、刑事免責に関する労組法一条二項の適用がある。争議行為が労組法一条一項の目的を達成するためであり、暴力の行使その他の不当性を伴わない場合には、刑事制裁の対象とはならない。本件Xらの行為が、同項の「正当なもの」かどうか判断する必要がある。

解説　初期の判例は「公共の福祉」「全体の奉仕者」という抽象的概念を理由に公務員の労働基本権に対する制限を簡単に認めてきた。しかし本判決は、労働基本権が公務員にも保障されることを正面から認めた上で、その制限が合憲か否かを判断する基準としての四条件を明らかにした。そして、公共企業体の職員・組合に対して同盟罷業など業務の正常な運営を阻害する行為を禁止する旨定めた、旧公労法一七条一項について上記基準に照らして合憲と判断した。

さらに本判決は、旧公労法一七条一項に違反する争議行為には労組法一条二項の刑事免責の適用があると判示した。しかし、その例外として、争議行為が、①政治的目的のために行われた場合、②暴力を伴う場合、③国民生活に重大な障害をもたらす場合には、刑事制裁を免れないことも指摘している。なお、本判決は全逓名古屋中郵事件判決(188判決)で変更された。

関連条文　憲法二八条、郵便法七九条、労組法一条二項、旧公労法一七条一項

▼**評釈**――吉田栄司・百選Ⅱ139、小島慎司・判プラ277

公務員の争議権(2)……都教組事件

186 最大判昭和44・4・2刑集二三巻五号三〇五頁

地方公務員の争議行為を禁止する等の規定は合憲か。

事　実　東京都教職員組合の執行委員等であるXらは、勤務評定に反対する目的で、組合員である教職員に年次有給休暇の名のもとに就業を放棄し同盟罷業を行わせるため、集会に参加すべき旨の指令を配布・伝達するなどしてその遂行をあおったとして地方公務員法三七条一項等違反で起訴された。一審はXらを無罪、二審は有罪判決を下した。Xらが上告。

裁判所の見解　破棄自判。①地公法三七条、六一条四号の各規定は文字どおりに、すべての地方公務員の一切の争議行為を禁止し、これらの争議行為の遂行を共謀し、そそのかし、あおる等の行為をすべて処罰する趣旨と解すれば、それは、憲法の趣旨に違反する。しかし、法律の規定は、可能なかぎり、憲法の精神にそくし、これと調和しうるよう、合理的に解釈されるべきものであって、この見地からすれば、規定の表現にのみ拘泥して、直ちに違憲とすることができない。これらの規定については、禁止される争議行為の種類・態様、処罰の対象となるあおり行為等の態様・範囲について、自ずから合理的な限界がある。②地公法六一条四号は、争議行為自体が違法性の強いものであることを前提とし、かつ、違法な争議行為等のあおり行為等も、争議行為に通常随伴して行われる行為は処罰の対象とされるべきではない。③本件Xらの行為は、争議行為に通常随伴する行為にあたることから、刑事罰をもってのぞむ違法性を欠く。

関連条文　憲法二八条、地公法三七条一項・旧六一条四号

解　説　本判決の第一の特色は、現業国家公務員に適用された全逓東京中郵事件判決（185判決）の論理を、地方公務員にも適用することを明らかにした点である。すなわち、全逓東京中郵判決で示された労働基本権に関する基本的立場を踏襲し、労働基本権に対する制限の合憲性を判断する四条件に照らして、地公法三七条、旧六一条四号の合憲性を判断した。

第二の特色は、地公法三七条、旧六一条四号の合憲性については、規定を文字通りに解釈すれば「違憲の疑を免れない」と指摘しつつも、「二重のしぼり」論を展開して合憲限定解釈を施した点である。すなわち本判決は、争議行為及びあおり行為についてはその態様から、それぞれの違法性について強弱があるとして、地公法によって刑事罰を科されるあおり行為とは、争議行為そのものに違法性が強く、かつ、そのあおり行為も違法性が強い場合に限定した。

本判決は、全逓東京中郵判決とともに、公務員の労働基本権に対する制限規定を限定的に解釈したものとして、学説から高く評価されてきた。しかし、こうした最高裁の姿勢は全農林警職法事件判決（187判決）を契機に反転する。

▼評釈——倉田原志・百選Ⅱ140、小島慎司・判プラ278

公務員の争議権(3)……全農林警職法事件

187 最大判昭和48・4・25刑集二七巻四号五四七頁

関連条文 憲法二八条、国公法（昭和四〇年改正前）九八条五項・一一〇条一項一七号

国家公務員の争議行為を禁止する等の国公法の規定は、憲法二八条に違反するか。

事　実　全農林労働組合の役員であるXらは、警察官職務執行法の改正案に対する反対行動の一環として、正午出勤を指令し、また職場大会を開催すべき旨の指令を出し、組合員に対して、職場大会に参加するよう説得、慫慂した。この行為が国家公務員法（改正前）九八条五項・一一〇条一項一七号の罪にあたるとして起訴された。一審は無罪、二審は有罪判決を下した。Xらが上告した。

裁判所の見解　上告棄却。①憲法二八条の労働基本権の保障は公務員にも及ぶが、この労働基本権は、勤労者を含めた国民全体の共同利益の見地からする制約を免れないものであり、このことは、憲法一三条の規定の趣旨に徴しても疑いない。

②憲法一五条の示す通り、公務員の使用者は国民全体である。公務員の地位の特殊性と職務の公共性にかんがみるときは、これを根拠として公務員の労働基本権に対し必要やむをえない限度の制限を加えることは、十分合理的な理由がある。公務員が争議行為に及ぶことは、その地位の特殊性及び職務の公共性と相容れないばかりでなく、多かれ少なかれ公務の停廃をもたらし、その停廃は勤労者を含めた国民全体の共同利益に重大な影響を及ぼすか、またはその虞れがあるからである。

③（イ）公務員の勤務条件は、私企業のように労使間の自由な交渉に基づく合意によって定められるものではなく、国会の制定する法律、予算によって定められることとなっている。従って、公務員が政府に対し争議行為を行なうことは、民主的に行なわれるべき公務員の勤務条件決定の手続過程を歪曲するものであり、憲法の基本原則である議会制民主主義（憲法四一条、八三条等参照）に背馳し、国会の議決権を侵すおそれすらある。（ロ）私企業の使用者にはロックアウトをもって争議行為に対抗する手段があるばかりでなく、争議行為に対しても私企業には市場の抑制力が働くことを必然とするのに反し、公務員の場合には、そのような市場の機能が作用する余地がない。（ハ）公務員は、労働基本権に対する制限の代償として、準司法機関的性格をもつ人事院の設置など制度上整備された生存権擁護のための関連措置による保障を受けている。（ニ）以上より、公務員の従事する職務には公共性がある一方、法律によりその主要な勤務条件が定められ、身分が保障されているほか、適切な代償措置が講じられているのであるから、国公法九八条五項が公務員の争議行為及びそのあおり行為等を禁止するのは、勤労者をも含めた国民全体の共同利益の見地からするやむをえない制約であり、憲法二八条に違反しない。

④違法な争議行為をあおる等の行為をする者は、違法な争議行為に原動力を与える者として、特に処罰の必要性を認めて罰則を設けることは、十分に合理性がある。ゆえに国公法一一〇条一項一七号は、憲法一八条、憲法二八条に違反しない。

⑤国公法一一〇条一項一七号が、違法性の強い争議行為を違法性の強いまたは社会的許容性のない行為によりあおる等した場合に限ってこれに刑事制裁を科すべき趣旨であると解するときは、違法性の強弱の区別がはなはだ曖昧であるから刑事制裁を科しうる場合と科しえない場合との限界がすこぶる明確性を欠くこととなり、このように不明確な限定解釈は、かえって犯罪構成要件の保障的機能を失わせることとなり、その明確性を要請する憲法三一条に違反する疑いすらある。

解説

公務員の労働基本権に関する判例の変遷については、三期に分けると理解しやすい。第一期は「公共の福祉」「全体の奉仕者」という抽象的概念を理由に簡単に争議権の制約を認めた。第二期は、全逓東京中郵事件判決（185判決）や都教組事件判決（186判決）等で示されたように、公務員にも労働基本権が保障されると明言した上で、その制約は必要最小限度にとどめるとした。本判決から始まる第三期は、それまでの公務員の労働基本権に対する保障の積極的な姿勢を転換して、公務員の争議行為に対する全面禁止を正当化した。

本判決は、公務員にも労働基本権が保障されるとする点では、全逓東京中郵、都教組の各判決と異ならない。しかし、労働基本権に対する制約の合憲性について、全逓東京中郵判決が労働基本権の尊重と国民生活全体の利益との比較衡量を示していたのに対して、本判決は「勤労者を含めた国民全体の共同利益」を憲法一三条の「公共の福祉」と捉え、それ自体が抽象的な制約原理となっている。しかも、本判決は憲法一五条から「公務員の地位の特殊性」と「職務の公共性」を導出して、それらを根拠に簡単に制約を認めており、公務員の職種や争議行為の種類・態様を具体的に検討することはない。

本判決は、国公法旧九八条五項が公務員の争議行為・そのあおり行為を禁止する上で、①勤務条件法定主義・財政民主主義、②ロックアウトや市場の抑制力の欠如、③代償措置を取り上げる。しかし、これらには五裁判官の意見や学説から批判が出されている。①については、それらが争議を禁止する決定的理由とはいえない、②については、マスコミや世論によって歯止めがかけられる、③については、代償措置を設ければ労働基本権の制限が認められるというのは制約を根拠づける理由にならない、といった批判である。

都教組判決は、公務員の争議行為の違法性が強く、かつ、そのあおり行為の違法性が強いものに限り（二重の絞り）、刑事罰を科するような合憲限定解釈を施した。しかし、本判決は、この解釈手法が明確性を欠くゆえに憲法三一条に違反する疑いを指摘して、これを用いなかった。これによって本判決は、都教組判決の趣旨を覆し、直接的には同判決を踏まえた、非現業国家公務員の争議権に関する全司法仙台事件判決（最大判昭和44・4・2刑集二三巻五号六八五頁）を変更した。また都教組判決は、非現業地方公務員の争議権に関するものであるので、直接的には、本判決の趣旨に従う岩教組学テ事件判決（最大判昭和51・5・21刑集三〇巻五号一一七八頁）で変更された。

▼評釈――大河内美紀・百選Ⅱ141、野坂19

公務員の争議権(4)……全逓名古屋中郵事件

188 最大判昭和52・5・4刑集三一巻三号一八二頁

①現業公務員の争議行為を禁止する等の規定は合憲か。②公務員の正当な争議行為には刑事免責が認められるか。

事実　全逓信労働組合の執行委員等であるXらは、名古屋中央郵便局の郵便物取扱従業員等に対して、勤務時間に食い込む職場大会に参加するよう決意させて、職場離脱による郵便物の取扱をさせなかった。このためXらは郵便法七九条一項の郵便物不取扱罪の教唆犯として起訴された。一審はXらを有罪としたが、二審は無罪とした。検察官が上告した。

裁判所の見解　破棄自判。①（イ）全農林事件判決によれば、非現業の国家公務員は、その勤務条件は憲法上、法律、予算の形で決定すべきものとされていることから、団体交渉権や争議権は憲法上当然に保障されていない。右の理は、公労法の適用を受ける五現業及び三公社の職員にも直ちにまたは基本的に妥当する。（ロ）ロックアウト、市場の抑制力の欠如に見られる非現業の国家公務員の地位の特殊性や代償措置に関する全農林事件判決の判示は、五現業及び三公社の職員にも基本的にあてはまる。（ハ）以上より、公労法一七条一項による争議行為の禁止は、憲法二八条に違反しない。②民事法上の効果と区別して、刑事法上に限り公労法一七条一項違反の争議行為を正当なものと評価して当然に労組法一条二項の適用を認めるべき特段の憲法上の根拠は、見出しがたい。③公労法一七条一項違反の争議行為が他の法規の罰則の構成要件を充たすことがあっても、それが不作為的な争議行為である場合には、単純参加者についてはこれを処罰しない趣旨であると解すべきである。本件Xらの行為はこれに該当しない。

解説　本判決は、五現業・三公社の職員の争議権を制限する旧公労法一七条一項を合憲と判断した。合憲という結論自体は先例を変更していないが、全農林警職法事件判決（187判決）を踏まえてその趣旨を五現業・三公社の職員にまで拡大し、勤務条件法定主義・財政民主主義、ロックアウトや市場の抑制力の欠如、代償措置の各点の検討から、公務員の地位の特殊性を強調して、争議権に対する制約の合理性を示した。そこには、東京中郵事件判決（185判決）に見られたような、規制を必要最小限度にとどめるという発想はない。また、東京中郵判決が旧公労法一七条一項違反の争議行為について民事責任のみを伴い、刑事責任は免じられる旨を示していたのに対して、本判決は民事・刑事を区別する憲法上の根拠は見出しがたい等として、東京中郵判決を明示的に変更した。

全農林警職法判決、岩教組学テ事件判決、本判決の結果、それぞれ非現業国家公務員、非現業地方公務員、五現業・三公社の職員の争議行為の全面禁止は合憲とされるに至った。

▼**評釈**――渡邊賢・百選Ⅱ142、小島慎司・判プラ281

関連条文　憲法二八条、郵便法七九条、労組法一条二項、旧公労法一七条一項

労働組合の統制権と組合員の権利……三井美唄炭鉱労組事件

189 最大判昭和43・12・4刑集二二巻一三号一四二五頁

関連条文 憲法二八条・一五条、公選法二二五条

労働組合の統制権の根拠と限界について。

事実 三井美唄炭鉱労働組合は、一九五九年施行の美唄市議会議員選挙に際し統一候補者を決定した。しかし、統一候補に選ばれなかった組合員Aが立候補の意思を有することから、組合役員XらはAに対し立候補すれば統制違反者として処分がある旨の圧力をかけた。このXらの行為が、候補者に対する威迫(公選法二二五条三号)にあたるとして起訴された。一審は有罪、二審は無罪とした。検察官が上告した。

裁判所の見解 破棄差戻。①憲法二八条による労働者の団結権保障の効果として、労働組合は、その目的を達成するために必要であり、かつ、合理的な範囲内において、その組合員に対する統制権を有する。②労働組合は目的達成のために必要な政治活動や社会活動を行うことを妨げられない。③立候補の自由は、選挙権の自由な行使と表裏の関係にあり、自由かつ公正な選挙を維持するうえで、極めて重要である。憲法一五条一項には、被選挙権者、特にその立候補の自由について、直接には規定していないが、これもまた、同条同項の保障する重要な基本的人権の一つと解すべきである。④統制権の限界については、その必要性と立候補の自由の重要性とを比較衡量して、その許否を決すべきである。本件のような場合、組合が立候補を思いとどまるよう勧告または説得することはできるが、それを超え統制違反者として処分することは、組合の統制権の限界を超えるものとして違法である。

解説 労働組合の統制権の根拠については、①団体固有権説と②団結権説に分かれる。①説は一般の団体に認められる固有の権利にその根拠を求め、②説は憲法二八条の団結権に求める。本判決は、労働組合は憲法上団結権を保障されることから、労働組合の統制権の根拠を憲法二八条に求めており、②説に立つことを明らかにした。

本件は組合の統制権と構成員の立候補の自由との衝突が問題となった事例であるが、本判決は衝突する両者の比較衡量を行い、組合の組合員に対する勧告・説得を合法とし、それを超える処分については違法と判断した。これに対しては、一方では、制裁を伴わない統制権は無意味であり、勧告・説得以上のことが許されないのであれば組合の統制権は意味をなさないとの批判があり、他方では、選挙権や思想・信条の自由等重要な権利に関して組合員個人の自由を重視する立場から、比較衡量の内容の緻密化を図るべきだとの意見もある。

なお本判決は、立候補の自由が憲法一五条によって保障される旨判示したものと理解されてきた。これに関しては、近年被選挙権は憲法上の権利ではないとの学説が登場している。

▼**評釈**――岡田順太・百選Ⅱ144、小島慎司・判プラ284

190 労働組合による政治活動支出と組合費納入義務……国労広島地本事件

最3判昭和50・11・28民集二九巻一〇号一六九八頁

関連条文　憲法二八条

労働組合の組合員は労働組合の政治活動に協力義務を負うか。

事実　国鉄労働組合は、同組合広島地方本部を脱退した組合員に対して、脱退前の未納の一般組合費と臨時組合費（炭労資金、安保資金、政治意識昂揚資金等）の支払いを請求した。一審・二審は臨時組合費の一部の支払い義務を認めなかったので、組合が上告した。

裁判所の見解　一部破棄自判、一部棄却。①労働組合は労働者の労働条件の維持改善その他経済的地位の向上を図ることを主たる目的とする団体であり、組合員の協力義務もこの目的達成のために必要な団体活動の範囲に限られる。しかし、今日では、労働組合の活動は経済的活動の域を超えて広範囲に及ぶ。しかも組合脱退の自由も事実上大きな制約を受けていることを考えると、労働組合の活動に対する組合員の協力義務を無条件で肯定できない。ゆえに具体的な組合活動の内容・性質、これについて組合員に求められる協力の内容・程度・態様等を比較考量し、多数決原理に基づく組合活動の実効性と組合員個人の基本的利益の調和という観点から、組合の統制力と組合員の協力義務の範囲に合理的な限定を加えることが必要である。②炭労資金については、他組合への支援活動が組合の目的と関連性をもつから、組合員に協力義務がある。安保反対闘争資金については、資金の拠出の強制は一定の政治的立場に対する支持の表明の強制に等しいから、組合員に協力義務はない。特定の立候補者の選挙運動支援のためその所属政党に寄付する資金については、政党・候補者の支持は組合員個人が自主的に決定する事柄であるから、組合員に協力義務はない。

解説　本件は、労働組合の統制権と組合員の組合費納入義務との関係が問われた事案であることから、八幡製鉄事件（14判決）や南九州税理士会事件（59判決）と同系列の事例である。こうした事例では、団体の性格や目的、また問題となる権利・利益の種類等が勘案される。本判決では、労働組合の性格について、それが強制加入団体ではないとしつつも組合脱退の自由が事実上大きく制約されている点や、労働組合の目的について、本来的な経済的活動に限定するのではなく、政治的活動など広範囲に及ぶ点が考慮された。

本判決は、三井美唄炭鉱労組事件判決（189判決）に従い、二つの利益の衝突、換言すれば組合の統制権の限界について比較考量で判断した。この際に本判決は「具体的な組合活動の内容・性質」と「これについて組合員に求められる協力の内容・程度・態様等」という考慮すべき因子を明示している。その上で活動や資金の性格に応じて組合員の協力義務の有無を判断し、政治性の強いものについては当該義務を否定した。

▼**評釈**——井上武史・百選Ⅱ145、小島慎司・判プラ285

国会議員の不逮捕特権……期限付逮捕許諾請求事件

191 東京地決昭和29・3・6判時二二号三頁

関連条文 憲法五〇条

①国会議員の不逮捕特権・議院の逮捕許諾権（憲法五〇条）の趣旨は何か。②議院が、所属する議員の逮捕許諾請求に対して、期限を付けて許諾することは許されるか。

事実 東京地検は、国会開会中の一九五四年二月一六日、衆議院議員Xに贈賄の被疑事実があるとして東京簡裁に逮捕状を請求した。裁判官は国会法の規定により、内閣に逮捕許諾の要求書を提出し、内閣がこれを衆議院に付議したところ、衆議院は同月二三日の本会議で、三月三日までの期限付きで逮捕を許諾するとの議決を行った。そこで東京簡裁は二月二四日、Xに逮捕状を発し、Xは即日逮捕された。ところがその後の同月二六日、東京地裁が発したXに対する勾留状には、何らの期限も付されていなかった。このためXは三月三日以後も拘禁されたが、その間にXは、衆議院の期限付許諾により、裁判所が三月三日までの期限を付した勾留状を発すべきだったにもかかわらず、期限を付さなかったのは憲法五〇条及び国会法三三条に反するとして、取消を求める準抗告を行った。

裁判所の見解 ①議員の不逮捕特権の趣旨は、議院の職務を尊重し、捜査権・司法権の濫用によって議員の職務の遂行を不当に阻止・妨害することがないよう、院外における現行犯等の場合を除いて、議院に逮捕の適法性・必要性を判断する権能を与えたものである。逮捕の適法性・必要性が明白な場合に、国会議員だからといって捜査権・司法権の行使を制限できるわけではない。②議院は、国政審議の重要性から、所属議員の逮捕について、一般の被疑者の逮捕よりも高度の必要性を要求することもできるが、適法かつ必要な逮捕と認める限りは無条件に逮捕を許諾しなければならない。本件の衆議院の許諾のうち、逮捕の期限を制限する部分は無効である。

解説 憲法五〇条が議員の不逮捕特権と議院の逮捕許諾権を認めた趣旨（争点①）には、Ⓐ行政権による不当な逮捕を防ぎ、議員の身体的自由を保障する、Ⓑ議院の審議権を確保する、の二つが考えられる。この点に連動して、議院の逮捕許諾の判断基準は、Ⓐからは逮捕が適法かつ必要かが問題になるのに対して、Ⓑからは逮捕の適法性・必要性とは別に、議院の審議にその議員が必要かを検討することになる。本判決は、Ⓐを基本としながら、その中で実質的にⒷの要請を考慮することを認めた、折衷的な立場をとっていると理解できる。

争点②については、Ⓐを重視すると期限付逮捕許諾は認められにくく、Ⓑを重視すれば認められやすい傾向にあるが、これは論理必然的な関係ではない。本判決はあくまで逮捕の必要性の中でⒷの要請を考慮するという立場から、逮捕を必要と認める以上は、期限を付けることはできないとしている。

▼**評釈**——赤坂幸一・百選Ⅱ168等

国会議員の刑事免責特権……第一次国会乱闘事件

192 東京地判昭和37・1・22判時二九七号七頁

関連条文　憲法五一条

①国会議員が議院の審議中に行った傷害等の行為は、議員の免責特権（憲法五一条）に属するか。②議員の院内での活動に対する起訴には、議院の告訴・告発が必要か。

事実　第二二回国会の会期末日である一九五五年七月三〇日、参議院議員であるY$_1$は、議長応接室で開かれた議院運営委員会に委員として出席していたが、委員会を傍聴していた同議員Y$_2$とともに、職務中の同委員会委員長に全治約三ヶ月の傷害を負わせた。また同委員会を傍聴していた同議員Y$_3$は、衛視に全治一週間の傷害を負わせる等した。公務執行妨害罪・傷害罪で起訴されたY$_1$〜Y$_3$は、議員の院内での活動に対する起訴には、議院の告訴・告発が必要であると主張した。

裁判所の見解　①直接国家意思の形成にあたる議員の議会における発言には、一般国民に比べ、より一層の自由が確保されなければならない。憲法五一条が免責特権を認めたのは、行政、司法等に対する徹底的批判が行なわれなければならず、また言論を萎縮させたり抑圧されることのないようにという政策的考慮から、発言の自由を保障し、国会の機能を遺憾なく発揮せしめようとしたものである。免責特権の対象となる行為は憲法に列挙された「演説、討論又は表決」に限定されず、議員の国会における意見の表明とみられる行為にまで拡大されるべきである。職務附随行為に免責特権が及ぶという考えも一概に排斥できない。②議員の院内活動について議院の告発を起訴条件とするならば、職務行為と無関係な犯罪についても検察庁が起訴できないことになり、多数派による犯罪隠蔽のおそれも生じる。また職務付随行為による犯罪について、職務行為の範囲内外を決定する権限を国会はもたない。（Y$_1$〜Y$_3$は無罪。）

解説　議員の免責特権の趣旨には、議員個人の特権という側面と、国会の審議を充実させるためのものという側面があるが、本判決は後者を重視している。その上で本判決は、免責特権の対象（争点①）について、演説、討論または表決だけでなく、国会における意見表明行為にも保護が及ぶとした上で、さらに職務付随行為にまで広がる可能性を示唆している。この点について、第二次国会乱闘事件の第一審（東京地判昭和41・1・21判時四四四号一九頁）、第二審（東京高判昭和44・12・17判時五八二号一八頁）は、議員の職務に密接に関連する範囲で免責特権が及ぶことを認めている。

また本判決は、議院に職務行為該当性の判断権がないことを理由に、議員の院内活動に対する起訴に議院の告訴・告発を不要としたが（争点②）、この結論には議院自律権を重視する立場からの批判もある。

▼**評釈**――原田一明・百選Ⅱ169等

国会議員の民事免責特権

193 最3判平成9・9・9民集五一巻八号三八五〇頁

関連条文 憲法五一条

①国会議員の院内での発言に対する民事訴訟は、免責特権によって不適法とされるか。②議員の発言を理由に国家賠償責任が認められるのはどのような場合か。

事実 衆議院議員であるYは、一九八五年、衆議院社会労働委員会で委員として質疑を行う際に、ある私立病院の院長Aについて、女性患者に対して破廉恥な行為をした、通常の精神状態ではない等と発言した。そのためAは自殺し、Aの妻XはYと国に対して損害賠償を求めた。

裁判所の見解 ①国が損害賠償責任を負うとしても、公務員であるYは責任を負わないから、Yの発言が憲法五一条の「演説、討論又は表決」に該当するかを論ずるまでもなく、Yへの請求は棄却される。②質疑等の場面では、国会議員が個別の国民の権利に対応した法的義務を負うこともあり得るが、問題の取り上げ方等は、議員の政治的判断を含む広範な裁量に委ねられる。質疑等により結果的に権利侵害が生じたとしても、直ちに議員の職務上の法的義務違反があったとはいえない。憲法五一条も、国会議員の広い裁量の必要性を裏付けている。したがって、国会議員が国会で行った質疑等において、個別の国民の名誉を低下させる発言があったとしても当然に国家賠償法上の違法性が認められるわけではない。国の責任が認められるためには、議員がその職務とはかかわりなく違法又は不当な目的をもって事実を摘示し、あるいは、虚偽であることを知りながらあえてその事実を摘示するなど、議員が付与された権限の趣旨に明らかに背いてこれを行使したものと認め得るような特別の事情が必要である。(Xの請求棄却。)

解説 憲法五一条は国会議員の院内での発言を免責しているが、本件ではこの「特権」を制限すべきではないかが争われていた。政府による弾圧を避けるために刑事責任の免除が完全に認められるとしても、私人との関係で、名誉・プライバシーを侵害するような発言には、議員個人の民事責任が認められる余地はないのかという問題である。本判決は憲法論には立ち入らず、公務員一般の個人責任を否定する国家賠償法上の法理によって、そうした余地を否定した(争点①)。

他方、免責特権は議員の責任を免除するだけで、その発言の違法性まで否定しないとすれば、その責任を国が代位して負うという事態まで、憲法五一条が否定するわけではない。そこで本判決は、国会議員の立法行為に関する在宅投票事件判決(211判決)を参照しながら、議員の発言には広汎な政治的裁量が認められ、憲法五一条はそのことを裏付けるとした。そして裁判所によって議員の発言が国家賠償法上違法とされる場合を、きわめて例外的な場合に限定している(争点②)。

▼**評釈**――光信一宏・百選170等

国政調査権と検察権・司法権……日商岩井事件

194 東京地判昭和55・7・24判時九八二号三頁

関連条文 憲法六二条

①議院の国政調査権は国政のどの範囲にまで及ぶか。②国政調査権には検察権との関係でいかなる限界があるか。

事実 航空機疑惑に絡む不正事件の捜査の過程で、航空機・軍用機の売込工作のため、代理店だったA社が元防衛庁長官に五億円を贈ったこと等が明らかになった。A社の元副社長であったYは、一九七九年三月、この問題について参議院予算委員会で証人として証言した際に、自己の認識に反する陳述をしたとして、議院証言法違反の罪で起訴された。

裁判所の見解 ①国政調査権は議院等に与えられた補助的権能である。いかなる事項が議案の審議上必要・有益かについては、議院や委員会の自主的判断にまつべきであり、裁判所は議院等の判断に重大かつ明白な過誤を発見しない限り異論をさしはさむことは慎しむべきである。②司法権の独立を侵害するおそれがある裁判所の審理との並行調査の場合とは異なり、行政作用に属する検察権の行使との並行調査は、原則的に許容されている。例外的に国政調査権行使の自制が要請されるのは、司法権の独立ないし刑事司法の公正に触れる危険性があると認められる場合（Ⓐ起訴、不起訴についての検察権の行使に政治的圧力を加えることが目的と考えられるような調査、Ⓑ起訴事件に直接関連ある捜査及び公訴追行の内容を対象とする調査、Ⓒ捜査の続行に重大な支障を来たすような方法をもって行われる調査等がこれにあたるという見解が有力である）に限定される。（Yは有罪。）

解説 国政調査権の性格については、独立権能説と補助的権能説の対立がある。浦和事件（一九四九年）での最高裁や多数説は権力分立を重視して、「国権の最高機関」（憲法四一条）とは政治的美称であり、国政調査権は議院の本来的権能を補助するものと理解している。もっとも議院の任務には法案・予算の審議や行政の監督が含まれるから、国政の広汎な分野に国政調査権は及ぶことになる。本判決も同様の立場をとるが、国政調査権の行使に「重大かつ明白な過誤」があれば違法となる可能性も認めている（争点①）。

次に、司法権・検察権との並行調査は司法権の独立や裁判の公正を侵害しないか。この点について二重煙突事件判決（東京地判昭和31・7・23判時八六号三頁）は、検察捜査中の並行調査も裁判の公正を害するものではないとしていた。本判決も原則的に並行調査を認めた上で、調査の目的・対象・方法の三点から裁判の公正等を害する場合を例示している（争点②）。

なお本判決は、証人が証言を拒絶する場合に理由の疎明（現在は事由を示すこと）を要求していた議院証言法の規定が自己負罪拒否特権（憲法三八条一項）に反しない、としている。

▼評釈――大林啓吾・百選Ⅱ171等

内閣の行政権と独立行政委員会

195 福井地判昭和27・9・6行集三巻九号一八二三頁

関連条文 憲法六五条・六六条三項

人事院制度は、内閣に行政権を帰属させる憲法六五条、行政権に関する内閣の責任を定める憲法六六条三項に反するか。

事実 建設省（当時）の職員であり組合の幹部であったXは、一九五〇年に免職処分を受けたが、その際に人事院規則八―七（非常勤職員の任用。現在は廃止されている）の規定により、処分理由の説明書が交付されなかった。Xは処分の取消を求め、その際に国家公務員法の人事院に関する規定及び人事院規則八―七は無効であることを主張した。

裁判所の見解 憲法自身が三権分立の例外を設け、憲法六五条の規定の仕方が憲法四一条や憲法七六条とは違うことからすれば、法律によって内閣以外の機関に行政権を行わせることを憲法は認めていると解されるが、それはあくまで例外的で、ある行政を内閣以外の機関に委ねることが憲法の根本原則に反せず、国家目的から考えて必要な場合にのみ許される。人事院制度の趣旨は、国家公務員の全体の奉仕者性、議院内閣制等より、公務員が政党の影響を受けて一部の奉仕者となることを避けるために、内閣と公務員の間に独立の国家機関である人事院を設け、公務員行政を担当させるところにあるから、人事院制度は憲法六五条に反しない。また憲法六六条三項により内閣が国会に対し連帯責任を負うのは、内閣の職権に属する一切の行為についてであり、憲法七三条四号の「官吏に関する事務」とは官吏を任命する権限をいう。その他の官吏に関する事務を人事院に管掌させ、これについて内閣が国会に対して連帯責任を負わないものとしても、憲法六六条に反しない。

解説 独立行政委員会には、内閣の指揮監督権が及ばないため、行政の統括者としての内閣の地位（憲法六五条）、行政権に関する内閣の責任（六六条三項）に反するのではないか。公務員の身分保障を組織的に担保する人事院は、とりわけ激しい違憲論の批判にさらされてきた。本判決は、国会を「唯一の立法機関」とする憲法四一条、「すべて司法権は、最高裁判所及び……下級裁判所に属する。」とする七六条と異なり、憲法六五条がすべての行政権を内閣に属させるように規定していないという文理上の理由をまず挙げ、さらに国家行政の複雑性をも挙げて、独立行政委員会が例外的に認められる場合もあるとしている。そして人事院については、公務員の全体の奉仕者性（一五条二項）、議院内閣制から、内閣から独立した人事行政機関が必要であることを根拠づけている。本判決が挙げた理由に加えて、内閣の責任を通じた国会のコントロールに適した行政事務かどうかを考慮する学説も有力である。法律による人事院規則への委任の問題については231判決を参照。

▼**評釈**――木村草太・百選ⅡA14等

内閣の衆議院解散権……苫米地事件控訴審判決

196 東京高判昭和29・9・22判時三五号八頁

関連条文 憲法七条三号・六九条

①衆議院解散権の所在と要件。②天皇の国事行為には内閣の「助言」と「承認」の二つが必要か。

事実 一九五二年八月二二日、吉田内閣は定例閣議で衆議院解散の結論に達し、首相は同二五日に天皇にこの結論を上奏した。内閣は同二六日、憲法七条により衆議院を解散する旨の詔書案を持ち回り閣議で作成し、天皇の裁可署名を得、同二七日に宮内庁で御璽を受けたが、この段階では詔書案には四、五名の国務大臣の署名しかなく、全閣僚の署名が揃ったのは同二八日だった。同日、詔書伝達の臨時閣議を経て衆議院は解散されたが、衆議院議員Xは、この「抜き打ち解散」が違憲であるとして、歳費の支払等を国に求めた。

裁判所の見解 ①解散権の所在とその行使の要件については原判決（東京地判昭和二八・一〇・一九行集四巻一〇号二五四〇頁）のとおり（憲法七条の趣旨は、衆議院解散の権限を形式上天皇に帰属させ、政治的責任を負う内閣の助言と承認の下に天皇がこれを行使することにある。衆議院の解散は憲法六九条の場合に限られず、憲法は解散の是非の判断を政治的裁量に委ねている）。②解散の詔書発布前の八月二二日、天皇に対し助言する旨の閣議決定が行われ（同二八日の詔書案の完備は閣議決定を再確認し、持ち回り閣議の方法で形式を整備したにすぎない）、天皇に対する首相の上奏・書類の呈上によって、内閣より天皇に対する助言がなされ、天皇はこの助言により解散の詔書を発布し、内閣はその後これを承認しているから、本件解散は有効である。（Xの請求棄却。）

解説 日本国憲法下での初の解散（一九四八年一二月二三日）は、GHQが衆議院の解散は憲法六九条所定の場合に限られると解していたため、野党の内閣不信任案を衆議院で可決させた上で行われた（馴れ合い解散）。しかし現在の実務・学説は、憲法六九条所定の場合以外にも解散を認めている。解散の実質的決定権の所在については、Ⓐ衆議院による自律解散を認める、Ⓑ権力分立制・議院内閣制を根拠に内閣の決定権を認める（制度説）、Ⓒ「内閣の助言と承認」に内閣の決定権を読み込む（七条説）等の立場がある。本判決は多数説と同様にⒸ説に立つが、学説上はⒷ説もなお有力である。

本件第一審判決は、天皇の国事行為には内閣の助言と承認の二つがともに必要であり、持ち回り閣議の方法で適法に助言がなされたとはいえないとした。これに対して本判決は、助言も承認もなされたと認定している。これに対して「助言と承認」という一つの行為があれば十分とする見解も有力である。なお本判決は第一審と同じく統治行為論をとらなかったが、この論点については上告審（217判決）を参照。

▼評釈――大山礼子・百選Ⅱ172等

解散権行使の限界……衆参同日選挙事件

197 名古屋高判昭和62・3・25判時一二三四号三八頁

①同日選実施のための解散は解散権の限界を超えたものか。②総選挙の期日の決定に司法審査は及ぶか。

事実　中曽根内閣は一九八六年六月二日、衆議院を解散し、同年七月六日、衆議院議員総選挙が参議院議員の通常選挙とともに実施された（衆参同日選挙）。愛知県の有権者であるXは、同県選挙管理委員会に対して、総選挙のうちX等の選挙区における選挙を無効とする訴えを提起した。

裁判所の見解　①衆議院の解散は統治行為にあたり、裁判所の審査権の外にある。衆参同日選挙のために選挙民が参議院議員に注意をそそがないとか、参院選が存在感を失って選挙民の選択が困難に陥るといった情況の発生を認めるに足る具体的、客観的かつ明白な根拠はない。②総選挙の期日の決定は、解散行為と密接に関連・随伴する政治的判断事項であるが、統治行為とまではいえず、また期日の決定が内閣の自由裁量権に属するとしても、司法審査の対象となりうる。憲法四七条は「選挙区、投票の方法その他両議院の議員の選挙に関する事項は、法律でこれを定める」と規定しており、選挙に関する平等、守秘、自由等の基本理念（一五条一、三、四項、四四条但書参照）を侵すものでない限り、立法府が選挙期日について自由に定めうること、同日選が民意を反映せず憲法の趣旨に反するとはいい難いことに鑑みると、公職選挙法に同日選禁止規定を設けるか否かは立法政策の問題であるから、同法が違憲だとか、同日選を回避しない同法の運用が違憲であるとはいえない。（Xの請求棄却。）

関連条文　憲法七条三号・四七条

解説　学説では、内閣が政権を維持するためだけに衆議院を解散するのは解散権の濫用であり、衆議院が内閣の重要案件を否決した場合、政界再編等により内閣の性格が変わった場合等に限って、内閣は衆議院を解散しうる、とする見解が有力である。もっとも、裁判所が現実の解散権の行使を違憲と判断するのは困難だろう。本判決は苫米地事件判決（216判決）の統治行為論に従った上で、衆参同日選挙は解散権行使の限界にあたらないとし、総選挙の期日の決定は国会・内閣の政治的裁量に属するとした。最判昭和62・11・24（判例集未登載）がXの上告を棄却し、本判決が確定している。

なお本件総選挙で与党自民党が三〇〇議席を獲得する大勝を収めたように、衆参同日選挙は与党に有利であると批判されてきたが、最近では衆参両院の「ねじれ」現象への対応策として同日選挙を評価する見解もある。また小泉内閣は二〇〇五年、参議院が重要法案を否決したことを理由に衆議院を解散し、結果的に衆議院の三分の二を制したが（郵政解散）、この解散権行使についても、憲法的評価は積極・消極に分かれている。

▼**評釈**――齋藤芳浩・百選Ⅱ173等

198 内閣総理大臣の職務権限……ロッキード事件丸紅ルート

最大判平成7・2・22刑集四九巻二号一頁

関連条文　憲法七二条

明示の閣議決定がなくても、行政各部に対して指示を与えることは、内閣総理大臣の職務権限に含まれるか。

事　実　総合商社丸紅の社長Y_1が一九七二年八月、ロッキード社の意向を受けて、内閣総理大臣Y_2に、ロッキード社製の旅客機の購入を全日空に勧奨するように依頼し、成功報酬として現金五億円の供与を約束してその承諾を得、全日空の同機購入の決定後に金銭を授受したという疑惑によって、Y_1・Y_2は贈収賄（刑法一九七・一九八条）等の罪で起訴された（Y_2は上告中死亡したため、公訴棄却となった）。

裁判所の見解　内閣総理大臣は、憲法上、行政権を行使する内閣の首長として（六六条）、国務大臣の任免権（六八条）、内閣を代表して行政各部を指揮監督する職務権限（七二条）を有するなど、内閣を統率し、行政各部を統轄調整する地位にある。内閣法は、閣議は内閣総理大臣が主宰するものと定め（四条）、内閣総理大臣は、閣議にかけて決定した方針に基づいて行政各部を指揮監督し（六条）、行政各部の処分又は命令を中止させることができるものとしている（八条）。このように、内閣総理大臣が行政各部に対し指揮監督権を行使するためには、閣議にかけて決定した方針が存在することを要するが、閣議にかけて決定した方針が存在しない場合においても、内閣総理大臣の上記の地位及び権限に照らすと、流動的で多様な行政需要に遅滞なく対応するため、内閣総理大臣は、少なくとも、内閣の明示の意思に反しない限り、行政各部に対し、随時、その所掌事務について一定の方向で処理するよう指導、助言等の指示を与える権限を有する。

解　説　贈収賄の成立には職務権限に関する金銭の授受であることが必要だが、「首相の犯罪」が問われた本件では、特定の旅客機を購入するよう航空会社に勧奨することが運輸大臣の職務権限に属することを前提として（草場ほか四裁判官の意見は、職務密接関連行為にあたるとした）、明示の閣議決定がない場合にもそのように勧奨するよう運輸大臣に働きかけることが、内閣総理大臣の職務権限に属するかが争点となった。本判決は行政各部に対する指揮監督権（憲法七二条）だけでなく、憲法・内閣法上の首相の地位・権限から、行政各部に対する「指導、助言等の指示を与える権限」を導き、それを根拠に本件で職務権限を認めたが、この指示権と憲法上の指揮監督権の関係は不明確である。これは、園部ほか四裁判官の補足意見が閣議決定がなくても首相は憲法七二条により指揮監督権を行使できるとした反面、可部ほか四裁判官の補足意見が指揮監督権の行使に必要な閣議決定を緩やかに解する等、裁判官の間に大きな見解の相違があったためであろう。

▼評釈――石川健治・百選Ⅱ174等

内閣総理大臣の異議……米内山事件

199 最大決昭和28・1・16民集七巻一号一二頁

執行停止決定と内閣総理大臣の異議はいかなる関係にあるか。

事実　青森県議会で除名処分をうけた米内山義一郎県議が除名処分の取消と執行停止を求めて訴えたところ、青森地裁が除名処分取消請求の判決確定までの処分の効力発生の停止を認めたため、内閣総理大臣が旧行政事件訴訟特例法に基づき異議を述べた。同地裁が、この異議は理由の明示を欠く不適法なものであるとして、執行停止決定を取り消さない決定をしたため、県議会が特別抗告をした。

裁判所の見解　抗告棄却。行訴特例法「一〇条二項但書の内閣総理大臣の異議は…裁判所の執行停止決定のなされる以前であることを要する」。同項は「内閣総理大臣の異議が述べられたときは、裁判所は執行停止の決定をすべきでないという趣旨の規定であつて、停止決定後に異議が述べられた場合ををも含んだ規定とは解せられないからである。」

解説　民事保全法の仮処分制度は行訴法四四条により公権力行使について適用が排除され、代わりに執行停止制度が定められている（行訴法二五条）。本決定は行訴法の前身にあたる行訴特例法の時代のものであるが、内閣総理大臣の異議の申述は裁判所の執行停止決定前でなければならないとしたため、その後、行訴法の制定にあたり、執行停止決定後にも異議を述べられることが明記され（二七条一項後段）、また異議があった場合「すでに執行停止の決定をしているときは、これを取り消さなければならない」と規定された（同条四項）。

このような、裁判所の決定を行政権の判断によって一方的に覆す制度にはかねてより違憲の疑義が呈されてきた（本決定に付された真野裁判官の意見も同旨）。行訴法の制定時にも賛否両論があったものの、仮の権利保護は本来的司法作用ではないとか、行政処分の停止も本来的には行政作用であるといった当時の通説的見解に基づき制度が存置された。近年では合憲性に疑義を呈する学説が多く（長谷部四一三頁など）、「少なくとも立法論としては廃止を相当とするのが学説の大勢を占めていた」（行政法の争点一一九頁〔村上裕章〕）が、二〇〇四年の行訴法改正に際しては維持された。

なお、本決定の多数意見では検討されていない論点であるが、田中長官の少数意見、栗山裁判官の反対意見、小林裁判官の補足意見が、それぞれ部分社会論（「法秩序の多元性」論）や「固有の権能」論、あるいは自由裁量論的な考え方を展開し、出席停止処分であるか除名処分であるかを問わず、およそ地方議会による議員の懲罰には司法審査が及ばないとしていること、さらには真野裁判官の意見がそれらを激しく批判していることが注目される（関連して、201、202判決を参照）。

関連条文　旧行政事件訴訟特例法一〇条（現行訴法二七条）

▼**評釈**――山本龍彦・判プラ340、鵜澤剛・行百Ⅱ194

国会の議事手続と司法審査……警察法改正無効事件

200 最大判昭和37・3・7民集一六巻三号四四五頁

関連条文 憲法五六条

裁判所は、国会の審議過程を審査して、法律の有効無効を判断できるか。

事実 新警察法（昭和二九年法律一六二号）に基づく警察費を計上した予算を大阪府議会が可決したところ、住民（上告人）が、同法はそもそも法律として無効であるからそれに基づく警察費の支出も違法であるとして、当時の地方自治法（昭和三八年改正前）に基づき、警察予算の支出の禁止を求めて訴えた（住民訴訟）。

裁判所の見解 上告人は新警察法を議決した参議院の議決が無効であるとして、従って同法は無効であるから、「無効な法律に基く支出なるが故に〔本件支出は〕違法である旨を主張する」が、「同法は両院において議決を経たものとされ適法な手続によつて公布されている以上、裁判所は両院の自主性を尊重すべく同法制定の議事手続に関する所論のような事実を審理してその有効無効を判断すべきでない。従つて所論のような理由によつて同法を無効とすることはできない」。

解説 国会（各議院）の議事手続における瑕疵の有無を審査して、その結果法律の有効無効を裁判所が判断することができるかについて、通説的見解は、各議院の議決については「原則として、裁判所の審査権はおよばないと見るべき」であり、「各議院の自主的解釈を終局的とし」、選挙を通じての国民のコントロールに任せるのが憲法の趣旨だとする否定説（宮沢コメ五九六頁）をとる。ただし、宮沢説が議院の議決を統治行為論の論理で説明していたのに対し、現在の学説は、むしろ「議院の自律（権）」（さらにその根拠としての権力分立原理）を根拠とするものが多い（参照、大石眞「議院自律権」法教七八号六頁）。また、否定説といっても、常に裁判所の審査権限を否定するという徹底したものではなく、宮沢説のように「原則として」否定するに留まったり、あるいはより明確に、「議事手続に明白な憲法違反が認められる場合には司法判断が可能と解すべき」（佐藤五〇七頁）とするものが多い（逆に「完全自律権思想」を主張するものとして大石・前掲）。

本判決の立場も否定説であることは明らかであるが、「両院の自主性を尊重すべく…議事手続に関する…事実を審理してその有効無効を判断すべきでない」とする点は、多くの学説の否定説よりも徹底した、例外なしの裁判所の審査権限の否定説であるように読める。ただし、このように司法審査権限を否定する趣旨が、本来的には審査権限を有するもののたとえば権力分立原理や議院の自律に配慮して審査を自制すべきとする趣旨（should not）か、あるいはそもそも司法権に内在する限界とする趣旨（can not）かは、明らかではない。

▼**評釈**——奥村公輔・百選Ⅱ180、山本龍彦・判プラ337

地方議会議員の懲罰と司法審査……岩沼市議会事件

201 最大判令和2・11・25民集七四巻八号二二二九頁

関連条文　地方自治法一三五条一項、裁判所法三条

地方議会による議員の懲罰（出席停止処分）は、司法審査の対象となるか。

事実　岩沼市議会が所属議員に対してした23日間の出席停止の懲罰につき、議員がその取消しと月額三六万三千円の議員報酬のうち同処分により減額された二七万八千三百円の支払いを求める訴えを提起した。一審は、出席停止処分は「議員の権利行使を一時的に制限するものにすぎないから」その適否をめぐる争いは「地方議会の内部的規律の問題」であり法律上の争訟に当たらないとして訴えを却下した。これに対して原審が「出席停止といえども、それにより議員報酬の減額につながるような場合には」「一般市民法秩序と直接の関係を有するものとして裁判所の司法審査の対象となる」として第一審判決を取り消し差し戻したため、岩沼市が上告した。

裁判所の見解　「出席停止の懲罰を科された議員がその取消しを求める訴えは、法令の規定に基づく処分の取消しを求めるものであって、その性質上、法令の適用によって終局的に解決し得る」。同懲罰を科された議員は、その期間中「議員としての中核的な活動をすることができず、住民の負託を受けた議員としての責務を十分に果たすことができなくなる」から、同懲罰は「議員の権利行使の一時的制限にすぎないものとして、その適否が専ら議会の自主的、自律的な解決に委ねられるべき」とはいえず、「裁判所は、常にその適否を判断することができる」。山北村議会事件判決（最大判昭和35・10・19民集一四巻一二号二六三三頁）等は変更すべきである。

解説　地方議員の懲罰には、戒告から除名まで四種がある（地自法一三五条一項）が、199判決（米内山事件）における田中長官の少数意見が部分社会論的な考え方（「法秩序の多元性」論）を展開し、およそ地方議会の懲罰には司法審査が及ばないとしていたところ、山北村議会事件判決が、出席停止は司法審査の対象にならないとする一方で、除名については審査対象になるとしていた別の最大判を維持したため、除名と出席停止の間に線を引くのが判例の立場とされてきた。山北村判決は202判決（富山大学事件）でも参照され、「一般市民法秩序と直接の関係」を有するか否かで司法審査の対象となるか否かを分かつ判例の部分社会論の端緒となったが、本判決は、この長年にわたる立場を変更した（ただし部分社会論一般が否定されたか否かは不明である）。

一審が山北村判決に従い訴えを却下したのに対し、原審は出席停止日数の長さや議員報酬減額の有無の点で事案を区別し判例変更をせずに出席停止を審査の対象とする解決策を見出した。裁判所の事案への向き合い方という観点からも興味深い。

▼**評釈**――渡辺康行・令3重判（憲2）、中嶋直木・行百Ⅱ140

国立大学の内部問題と司法審査……富山大学事件

202 最3判昭和52・3・15民集三一巻二号二三四頁

関連条文　裁判所法三条

国立大学の内部問題（単位認定行為）は、司法審査の対象となるか。

事　実　富山大学経済学部のA教授は、学部長の指示に反して授業を続け試験と成績評価も実施したが、学部長が当該授業の単位認定判断を行わなかったため、学生が単位不認定の違法確認と単位認定義務の存在の確認を求めた。

裁判所の見解　①「一切の法律上の争訟とはあらゆる法律上の係争を意味するものではな」く、「一般市民社会の中にあつてこれとは別個に自律的な法規範を有する特殊な部分社会における法律上の係争のごときは、それが一般市民法秩序と直接の関係を有しない内部的な問題にとどまる限り、その自主的、自律的な解決に委ねるのを適当とし、裁判所の司法審査の対象にはならない」。②「大学は、国公立であると私立であるとを問わず、学生の教育と学術の研究とを目的とする教育研究施設であつて、その設置目的を達成するために必要な諸事項については…自律的、包括的な権能を有し、一般市民社会とは異なる特殊な部分社会を形成している」から、「一般市民法秩序と直接の関係を有しない内部的な問題は右司法審査の対象から除かれるべき」である。③単位認定行為は、「一般市民法秩序と直接の関係を有するものであることを肯認するに足りる特段の事情のない限り、純然たる大学内部の問題として大学の自主的、自律的な判断に委ねられるべきものであつて、裁判所の司法審査の対象にはならない」。

解　説　国公立大学の学生の在学関係は、伝統的には「特別権力関係」として法治主義の枠外に置かれうるものとされてきた（本件一審判決参照）ところ、本判決は特別権力関係論を採らず、むしろ教育研究機関としての大学を国公立と私立とを問わず部分社会として扱うことを示したことがまず重要である（部分社会という概念は用いずにほぼ同じ見解を述べていたものとして、16判決〔昭和女子大事件〕）。本判決は、単位認定行為を原則として司法審査の対象とならない部分社会の「内部的な問題」としたが、別の原告から同学部専攻科の修了認定を学長がしないことの違法確認等の訴えが提起された事件に対し、同日同法廷の別判決（民集同号280頁）は、専攻科の修了認定をしないことは「学生が一般市民として有する公の施設を利用する権利を侵害する」からそれをめぐる争いは司法審査の対象になるとした。しかし、かかる「内部・外部二分論」には疑問も多く「学生の権利・利益との直接かつ重要な関連性の有無や大学の自律の尊重など諸要素を考慮して個別的に判断されるべき」（渡辺・後掲）とする立場が有力である。

▼**評釈**——見平典・百選Ⅱ182、渡辺康行・法教357号17頁、野口貴公美・行百Ⅱ141

政党の内部規律と司法審査……共産党袴田事件

203 最3判昭和63・12・20判時一三〇七号一一三頁

関連条文 裁判所法三条

政党が党員にした除名処分は、司法審査の対象となるか。

事実 日本共産党の戦前からの幹部であり副委員長も務めていた袴田里見が、党委員長宮本顕治らとの対立により党から除名処分を受け（一九七七年末）、15年ほど居住していた党所有の家屋を明け渡すよう、党から求められた。

裁判所の見解 政党は、国民の政治的意思を国政に反映するための最も有効な媒体であり、議会制民主主義を支える上で極めて重要な存在であるから、「高度の自主性と自律性を与えて自主的に組織運営をなしうる自由を保障」する必要がある。「政党の内部的自律権に属する行為は、法律に特別の定めのない限り尊重すべき」で、党員への処分が「一般市民法秩序と直接の関係を有しない内部的な問題にとどまる限り、裁判所の審判権は及ばない」。「処分が一般市民としての権利利益を侵害する場合」でも、その当否は、政党の自律的規範が「公序良俗に反するなどの特段の事情のない限り右規範に照らし、右規範を有しないときは条理に基づき、適正な手続に則つてされたか否か」で判断すべきである。本件除名処分は、自律的規範としての党規約に則ってなされ、同規約が「公序良俗に反するなどの特段の事情」の有無につき主張立証がない本件では、その手続には何らの違法もなく、有効である。

解説 地方議会の出席停止処分についての判例変更（201判決）が行われた現在、部分社会論の考え方により司法審査を原則的に否定した判例としては、大学の単位認定行為（202判決）と政党の党員除名処分（本件）をめぐるものが残っていることになる。司法審査の対象となるか否かは「一般市民法秩序と直接の関係を有しない内部的な問題にとどまる」かどうかで分けるのが両者に共通する判断枠組であるが、本判決は、一般市民としての権利の侵害につながる場合（訴訟物は家屋明渡請求権等）であっても、原則的に政党の内部処分の審査は手続面に限定されるとして、審査の範囲を狭めている。

学説では、一口に「部分社会」としてまとめて論じることには否定的な見解が多く、地方議会については憲法九三条（や地方自治法）、大学については二三条、政党については二一条というように自律性を尊重する根拠に応じた個別的な検討が必要であるとされる。本判決が手続審査に限定する根拠として結社の自由と政党の議会制民主主義における重要性を強調しているのは、そのような立場に適合的であると解されよう。

なお、50判決（日本新党繰上当選事件）も政党による除名処分が争われた事件であるが、公選法の比例名簿登載者の除名届に関する規定の解釈を重視した結果、手続審査すら否定している点など、本判決との違いに注意すべきである。

▼**評釈**——片山智彦・百選Ⅱ183、山本龍彦・判プラ343

宗教上の問題と司法審査(1)……板まんだら事件

204 最3判昭和56・4・7民集三五巻三号四四三頁

関連条文　裁判所法三条

宗教的判断が必要不可欠な紛争は、司法審査の対象となるか。

事実　日蓮正宗の総本山大石寺（富士宮市）に本尊「板曼荼羅」を安置するための「正本堂」を建立する目的で一九六四年に創価学会が募った寄付に応じた同会会員らが、後に、（イ）安置された板曼荼羅は偽物であった、（ロ）正本堂の建立は「広宣流布」達成の時期とされていたのに建立（一九七二年）後もそれが達成していない、と主張して同会に対し錯誤による贈与の無効を原因とする不当利得の返還を求めたところ、一審は法律上の争訟に当たらないとして訴えを却下したが、控訴審がこれを破棄し差戻したため、同会が上告した。

裁判所の見解　裁判所の審査対象となるのは、法律上の争訟つまり①「当事者間の具体的な権利義務ないし法律関係の存否に関する紛争」であって、かつ②「法令の適用により終局的に解決することができるもの」に限られる。原告のいう要素の錯誤の存否を判断するには、（イ）につき「信仰の対象についての宗教上の価値に関する判断」が、（ロ）につき「宗教上の教義に関する判断」が必要であり、いずれも「法令を適用することによつては解決することのできない問題である」。そしてこれらの判断は「請求の当否を決するについての前提問題であるにとどまる」が、「本件訴訟の帰すうを左右する必要不可欠のものと認められ」、また「訴訟の争点及び当事者の主張立証も右の判断に関するものがその核心となつている」ので、本件訴訟は「その実質において法令の適用による終局的な解決の不可能なもので…法律上の争訟にあたらない」。

解説　司法審査の対象となるのは「法律上の争訟」（裁三条一項）であり、それは事件性の要件（①）と法律性（終局性）の要件（②）をともに充たすものである、とするのが本判決も含め確立した判例である。宗教団体の内部紛争については、訴訟物が金銭債権や建物明渡請求権のような世俗的権利であって①を充たしている場合でも、審査の過程で本質的争点につき宗教上の判断が不可欠な場合には②を充たさず、訴えは却下される。本判決では、前提問題として必要な宗教上の判断が訴訟の帰趨を左右するほどのものであることなどを理由に②を非充足とした（これに対して寺田治郎裁判官の意見は、錯誤の主張責任を負う本件原告の請求を棄却する本案判決を出すべきとする）が、これは、紛争の実態や当事者の主張等に照らして、板曼荼羅の真偽などの宗教上・信仰上の対立が本質的な争点であったことが重視された結果であるといえよう（関連して205判決を参照）。政党による除名処分が訴訟の前提問題となった場合に、訴えを却下せず手続面に限定して審査を行った203判決との違いに注意が必要である。

▼**評釈**――宍戸常寿・百選Ⅱ184、山本龍彦・判プラ349

宗教上の問題と司法審査(2)……蓮華寺事件

205　最2判平成元・9・8民集四三巻八号八八九頁

関連条文　裁判所法三条、憲法二〇条

教団内部の懲戒処分を前提問題とする紛争は、司法審査の対象となるか。

事　実　X（日蓮正宗蓮華寺）の住職かつ代表役員等であったYが、創価学会を巡る同宗内部の対立過程でなした言説が同宗の教義等に反するとして同宗管長から「擯斥」（僧籍剥奪）処分を受けたため住職の地位を失い、それに伴い代表役員等の地位も失った。そこでXがYに対し寺院建物の明渡しを求め、YがXに対し代表役員等の地位確認を求めた。一審はXの請求を認容、原審は双方の訴えを却下。本判決はXの上告に対するものである（Yの上告を棄却した別判決も同旨）。

裁判所の見解　「宗教団体における宗教上の教義、信仰に関する事項については、憲法上国の干渉からの自由が保障されている」から、「裁判所は、その自由に介入すべきではなく、一切の審判権を有しない」。宗教法人の代表役員等の地位の前提として宗教上の地位の存否を判断する必要がある場合、教団の手続準則で教義・信仰に関係しないものに従い選解任がなされたかを判断できるときには裁判所は審判できるが、宗教上の判断も必要になるときには審判できない。事件性の要件をみたす紛争でも「宗教団体内部においてされた懲戒処分の効力が請求の当否を決する前提問題となっており、その効力の有無が当事者間の紛争の本質的争点をなすとともに、それが宗教上の教義、信仰の内容に深くかかわっているため、右教義、信仰の内容に立ち入ることなくしてその効力の有無を判断することができず、しかも、その判断が訴訟の帰趨を左右する必要不可欠のものである場合には」「実質において法令の適用による終局的解決に適」さず、法律上の争訟にあたらない。

解　説　宗教団体の内部紛争等により住職たる地位の存否が争われる事案は数多いが、判例は、住職たる地位そのものの存否を訴訟物とする訴えは事件性の要件を欠き却下されるが、かかる存否の判断が前提問題にとどまる場合には宗教上の判断に立ち入らない限り裁判所は本案判決を下すことができる、とする（最3判昭和55・1・11〔種徳寺事件〕、最1判昭和55・4・10〔本門寺事件〕）。本件の訴訟物も法律上のものであり、前提問題として住職たる地位の存否が問題となっている点では形式的に両事件と同じであるが、本判決では、両事件とは異なり、204判決（板まんだら事件）同様に法律性（終局性）の要件を欠くとして訴えが却下された。擯斥処分の効力こそが「紛争の本質的争点」であり、それにつき判断するためには日蓮正宗の本尊や「血脈相承」（206判決参照）に関するYの言説が同宗の教義からして異端説に当たるかどうかの判断が不可欠となる、例外的な異端紛争事案であったためであろう。

▼評釈――山本龍彦・判プラ350、佐藤幸治・宗百31

宗教上の問題と司法審査(3)……血脈相承事件

206 最3判平成5・9・7民集四七巻七号四六六七頁

宗教法人の代表役員の地位の存否確認のため宗教上の判断が必要不可欠な場合、司法審査は可能か。

事実　日蓮正宗（Y_1）の最高権威者たる法主は、同宗の宗規上、教団の統率者たる管長及び宗教法人の代表役員に就くことになっているが、阿部日顕（Y_2）が法主に就任して約半年後から、創価学会と和解・協調する方針に転じたY_2らと同会に批判的な僧侶ら（X）との対立が激化し、XがY_2は「血脈相承」なる儀式を経て法主に就任していないので管長と代表役員の地位を有していないとして、同地位の不存在の確認を求めて訴えた。一審は訴えを却下、原審もXの控訴を棄却。

裁判所の見解　ある者が宗教上の地位にあることに基づいて宗教法人の代表役員の地位にあることが争われているとき、宗教上の地位の存否判断のため「教義ないし信仰の内容に立ち入って審理、判断することが必要不可欠である場合には」裁判所は宗教上の地位につき審理できず、その結果代表役員の地位の存否も審理できない。Y_2が法主の地位にあるかの判断には「血脈相承の意義を明らかにした上で、同人が血脈を相承した」と言えるかの審理が必要で、そのためには同宗の教義・信仰に立ち入った審理が避けられないから、本件訴えは「法律上の争訟性を欠き、不適法として却下を免れない」。

関連条文　裁判所法三条、憲法二〇条

解説　本件は、205判決（蓮華寺事件）と同様の当事者（Xの中心人物の一人は、本件訴えの提起後にY_2から擯斥処分を受けた蓮華寺の住職である）に対し同様の判断が示された。同様の宗教団体内部の紛争（蓮華寺事件判決の表現では「宗教法人の代表役員等の地位の存否を審理判断する前提として、その者の宗教団体上の地位の存否を審理判断しなければならない場合」）である。本判決も本門寺事件判決（最1判昭55・4・10）を参照するが、結論としては、蓮華寺事件判決と同様に法律上の争訟性が否定された。

このような宗教団体内部の紛争につき、法律性（終局性）の要件をみたさず法律上の争訟にあたらないから訴えを却下するという本判決や蓮華寺事件判決のような立場に対しては、宗教法人を法の適用範囲外に追いやることになるとか、私人の裁判を受ける権利が損なわれるとか、裁判外の自治的解決に委ねることで宗教法人の代表権を不安定にし、逆説的に宗教団体の活動ひいてはその自治を害する可能性があるなどとして、本案判決をなすべきとする見解も有力である（本判決の大野正男裁判官の反対意見を参照）。しかし、本件や蓮華寺事件のように宗教団体の最高権威者の地位をめぐる激しい対立が異端紛争の様相を呈し内部分裂に至っている事案については、裁判所は距離を置くのが賢明であるとも評価しうると思われる。

▼評釈――藤田尚則・百選Ⅱ185、山本龍彦・判プラ351

公平な裁判所と裁判官の良心

207 最大判昭和23・11・17刑集二巻一二号一五六五頁

関連条文 憲法三七条一項・七六条三項

「公平な裁判所」とは何か。「裁判官の良心」とは何か。

事実 Yは、一九四六年六月一五日、メタノール入りのアルコールを飲料用に所持していたことから、有毒飲食物等取締令違反で起訴された。第二審でも有罪判決を受け、大審院に上告したが、日本国憲法、裁判所法の施行に伴い、裁判所法施行令一条の規定によって、東京高裁で上告審が開かれ、上告は棄却された。そこでYは、いわゆる刑訴応急措置法一七条一項により、最高裁に再上告した。

Yは次のように主張した。Yは本件アルコールにメタノールが含まれていたことを認識していなかった。Yの故意を裏付けるとされたY及び証人二名の供述を示す検事聴取書の内容を、Yは第一審から公判で否認しているにもかかわらず、原上告審は検事聴取書を証拠として採用し、証人の喚問もしなかった。これらは第二審の肩を持ちすぎで、憲法第三七条第一項の公平な裁判所ということができないし、また憲法第七六条第三項にいう良心に従って裁判をしたということができない。

裁判所の見解 上告棄却。憲法第三七条第一項の公平な裁判所の裁判というのは、構成その他において偏頗の惧（へんぱのおそれ）のない裁判所の裁判という意味であり、また憲法第七六条第三項の裁判官が良心に従うというのは、裁判官が有形無形の外部の厭迫ないし誘惑に屈しないで自己内心の良識と道徳感に従うという意味である。そうであるから、原上告審が、証拠の取捨選択は事実審の専権に属するものとして第二審の事実認定を是認したのは当然であって、強いて公平を欠（か）きかつ良心に従わないで裁判をしたと論難することはできない。

解説 憲法のいう「公平な裁判所」及び「裁判官の良心」の意義を示した判決である。後者について最高裁は、本判決の約一ヶ月後、「凡（すべ）て裁判官は法（有効な）の範囲内において、自ら是なりと信ずる処に従って裁判をすれば、それで憲法のいう良心に従った裁判といえる」と判示した（最大判昭和23・12・15刑集二巻一三号一七八三頁）。

裁判官の良心の意義について「客観的良心」説と「主観的良心」説の対立があると紹介されることがあるが、これは「客観的」なものが確定できた場合の議論だろう。裁判官は憲法及び法律に拘束されるが、個別の事件において、法の命ずるところが常に明確であるわけではない。むしろ本件のように、通常は、手続的な問題も含め、法の解釈適用の仕方は複数であり得る。その場合、裁判官は、自らの判断で独立して法を解釈し裁判を行うことができる。憲法はこのような権限を、裁判官に与えているのである。

▼**評釈**――南野森・百選Ⅱ176、宍戸常寿・判プラ329

裁判官の政治運動の禁止……寺西判事補事件

208 最大決平成10・12・1民集五二巻九号一七六一頁

関連条文　憲法二一条一項、裁判所法五二条一号

①裁判官の政治運動の禁止は憲法二一条一項に反しないか。
②本件言動は、裁判所法五二条一号所定の行為に該当するか。

事実　仙台地裁判事補のYは、組織犯罪規制法案に反対する団体主催の集会のパネルディスカッションに参加する予定だったが、実現しなかった。一九九八年四月の集会当日、Yはフロアの一般参加者席から、身分を明らかにした上で、次のような趣旨の発言をした。「事前に仙台地裁所長から警告を受けたので、パネリストとしての参加は取りやめた。自分としては、仮に法案に反対の立場で発言しても、裁判所法五二条一号に定める積極的に政治運動することにあたるとは考えないが、パネリストとしての発言は辞退する」。

この言動が裁判所法五二条一号所定の行為に該当するとして戒告処分がなされ、Yが最高裁に抗告した。

裁判所の見解　抗告棄却。①裁判官に対し「積極的に政治運動をすること」を禁止することは、禁止の目的が正当で、目的と禁止との間に合理的関連性があり、禁止により得られる利益と禁止により失われる利益の得失の均衡を失しなければ、憲法二一条一項に違反しない。禁止の目的は、裁判官の独立、公正の確保など、正当なものであり、禁止目的と禁止との間には合理的関連性がある。意見表明の自由の制約は、間接的、付随的なものにすぎないが、得られる利益は重要なものであるから、禁止は利益の均衡を失するものではない。したがって、憲法二一条一項に違反しない。

②「積極的に政治運動すること」とは、組織的、計画的または継続的な政治上の活動を能動的に行う行為であって、裁判官の独立、公正を害するおそれがあるものであり、ある行為がそれに該当するかどうかは、行為の内容、経緯や行為者の意図などを総合的に考慮して決められる。本件集会は、法案の反対運動の一環であり、Yに期待された役割等に鑑みると、本件言動は法案に反対するYの意見を伝える効果を有するものであった。よって、「積極的に政治運動すること」に該当する。これは職務上の義務違反にあたるから、戒告が相当である。

解説　手続的な問題を除くと、本件では、法律が合憲か、合憲だとしても本件における法律の解釈・適用は妥当かが問題とされた。前者については、猿払基準が用いられ（18判決）、合憲とされた。後者については、さらに、本件言動が法律の定める禁止行為に該当するか、該当するとしても懲戒権の発動は妥当かの二つが問題となった。この両方について、反対意見が示されている。すなわち、Yの言動は裁判所法五二条一号所定の行為に該当しない、たとえ該当するとしても懲戒すべきではない、と。ここには、懲戒によって裁判官の有する表現の自由が不当に制約されるという考えがある。

▼**評釈**——江藤祥平・百選Ⅱ177、宍戸常寿・判プラ329

209 裁判官のインターネット上への投稿を理由とする懲戒処分

最大決平成30・10・17民集七二巻五号八九〇頁

関連条文　憲法二一条一項、裁判所法四九条

インターネット上への投稿内容によって裁判官を懲戒することはできるか。

事　実　高裁判事のYは、インターネット上に、自己の担当外の確定判決に関する記事のリンクとともに、訴訟当事者を揶揄したと受け止められる投稿をした。この行為が裁判所法四九条所定の懲戒事由に該当するとして、Yの懲戒が申し立てられた。Yは投稿用のアカウントに実名を載せており、裁判官任命の辞令の写真を掲載するなどしていた。また本件投稿以前にも、下品な投稿や犯罪被害者の感情を傷つける投稿をしており、高裁長官から二度厳重注意を受け、このことがYの実名とともに報道されていた。

裁判所の見解　Yを戒告する。裁判所法四九条が懲戒事由として定める「品位を辱める行状」とは、職務上の行為であると、純然たる私的行為であるとを問わず、およそ裁判官に対する国民の信頼を損ね、又は裁判の公正を疑わせるような言動をいう。

本件投稿は、裁判官による投稿だと知られる状況下で行われ、表面的な情報のみを掲げて私人の訴えの提起が不当だとする一方的な評価を不特定多数の閲覧者に公然と伝えたものである。このような行為は、裁判官が表面的かつ一方的な情報等に基づいて判断するのではないかという疑念を国民に与え、訴訟当事者を揶揄するような表現とあいまって、当該訴訟の原告の感情を傷つけるものであり、裁判の公正を疑わせるものである。したがって、Yの行為は「品位を辱める行状」に該当する。

裁判官も一市民として表現の自由を有するが、Yの行為は表現の自由として裁判官に許容される限度を逸脱したものであり、懲戒の対象となる。

解　説　Yは、本件とは別のネット上への投稿で二度目の戒告を受けた上に、罷免の訴追をされた。また、民事裁判で損害賠償を命じられている。

本件最高裁の決定を、表現の自由の不当な制約として批判する見解もある。それらの見解は、職務外に行った投稿行為を懲戒の対象とすることで、裁判官の私生活上の行動が広く制限されてしまうなどと主張する。

ただ、本件で問題となったのは、表現主体が裁判官であることが広く知られている状態での表現行為であり、別名でのアカウント開設など、投稿者が裁判官であることを隠して行った投稿ではない点に注意が必要である。また、本決定は一般私人によるSNS等への投稿の違法性について述べたものではない。

▼**評釈**――曽我部真裕・新判例解説vol.24（憲法5）、山本一・平成30年度重判（憲法2）

特別裁判所の意味

210 最大判昭和31・5・30刑集一〇巻五号七五六頁

関連条文　憲法七六条二項

家庭裁判所は「特別裁判所」に該当するか。

事　実　Yは、一九五二年、名古屋家庭裁判所で懲役三ヶ月の有罪判決を受けた。Yが家出中の少女二名を自分が経営する軽飲食店に住み込ませ、少女らが売春によって得た金額の一部を、両名との合意に基づき、食費や宿泊費などの名目で取得したことについて、児童福祉法三四条一項六号（児童に淫行をさせる行為）、六〇条一項（罰則）が適用されたのである。

第二審も第一審判決を維持したので、Yが上告。弁護人は、家庭裁判所が憲法七六条二項によって設置が禁止されている特別裁判所であると主張。児童福祉法六〇条の罪について家庭裁判所の専属裁判権を定めた少年法（旧）三七条一項四号の規定は違憲無効であると述べ、無効な規定に基づく裁判所のした第一審判決及びこれを維持した原判決の破棄を求めた。

裁判所の見解　上告棄却。すべて司法権は最高裁判所及び法律の定めるところにより設置する下級裁判所に属するところであり、家庭裁判所はこの一般的に司法権を行う通常裁判所の系列に属する下級裁判所として裁判所法により設置されたものに外ならない。裁判所法三一条の三と少年法三七条一項の規定は、ただ単に第一審の通常裁判所相互間においてその事物管轄として所管事務の分配を定めたにすぎない。現に家庭裁判所は同裁判所で成立した調停等に対する請求異議の訴訟についても、家事審判法、民事訴訟法に基づき第一審の受訴裁判所として専属の管轄権あるものと解されているのであって、このことは家庭裁判所がもともと司法裁判権を行うべき第一審の通常裁判所として設置されたものであることに由来するのである。以上と反対の見地に立つY側の主張は、採用することができない。

解　説　憲法が設置を禁止する特別裁判所とは、特定の身分をもつ人や特定の種類の事件について、通常の裁判所の系列から独立して権限を行使する裁判所である。常設、臨時設置を問わない。明治憲法下の軍法会議や皇室裁判所がこれにあたる。設置禁止の主眼は、最高裁判所による法解釈の統一などにあり、特定の種類の事件だけを扱う裁判所であっても、最高裁判所の系列下にあれば、特別裁判所には該当しない。本判決も、家庭裁判所は通常裁判所の系列に属する下級裁判所であるから、特別裁判所にあたらないと述べた。

なお、二〇〇五年に、知的財産に関する事件のみを扱う知的財産高等裁判所が、東京高等裁判所の特別の支部として発足している。

▼**評釈**――西村裕一・百選ⅡA15、佐々木雅寿・判例講義Ⅱ188

最高裁判所裁判官の国民審査

211　最大判昭和27・2・20民集六巻二号一二二頁　関連条文　憲法七九条二項・一九条、最高裁判所裁判官国民審査法一五条・三二条

①憲法七九条二項の国民審査は任命審査か解職制か。②法律が定める審査方式は思想良心の自由を制限しないか。

事実　最高裁判所裁判官国民審査法（国民審査法）は、罷免を可とする裁判官について×を記載し、それ以外の場合には何も記載しないこと（一五条）、罷免を可とする投票の数が可としないものよりも多い裁判官は罷免される（三二条）と定めている。

Xは、一九四九年一月に行われた初めての国民審査について、国民審査法三六条に基づき審査の無効を訴えた。東京高裁が請求を棄却したので、次のように述べて上告した。国民審査は、天皇、内閣による最高裁裁判官の任命の適否を審査して任命を確定させる、国民の公務員任命権の行使であり、罷免権の行使ではない。したがって、罷免させたい裁判官についてのみ×を記載させる制度は新憲法の趣旨に反する。罷免の可否がわからないまたは投票を棄権したい審査人に対して棄権を認めず、まとめて罷免を可としない票に数えることは、審査人の意思に反するから、憲法一九条、二一条に違反する。

裁判所の見解　上告棄却。①最高裁判所裁判官任命に関する国民審査の制度はその実質においていわゆる解職の制度とみることができる。憲法第七九条二項と三項の字句と照らし合わせてみると、国民が罷免すべきか否かを決定する趣旨であって、任命そのものを完成させるか否かを審査するものでないことは明らかである。

②解職の制度であるから、積極的に罷免を可とするものと、そうでないものとの二つに分かれるのであって、前者が後者より多数であるか否かを知ろうとするものである。罷免する方がいいか悪いかわからない者は、積極的に「罷免を可とする」という意思を持たないのだから、このような者の投票に対し「罷免を可とするものではない」との効果を発生させることは、なんら意思に反する効果を発生させるものではない。解職制度の精神からいえばむしろ意思に合致する効果を生じさせるものである。したがって、思想良心の自由を制限するものではない。

解説　違憲審査権や法解釈の統一といった最高裁の役割の重要性に鑑みて、憲法は国民審査制を採用し最高裁裁判官の選任に対して民主的コントロールを及ぼそうとしている。本件上告人は、この審査は国民による任命的な性質をもつと主張したが、本判決は解職（リコール）制であると述べ、それを前提に、投票者の思想良心の自由の制限もないとした。

なお、解職制だとしても、信任は○、不信任は×、棄権は無記入という方式をとるべきだとの主張もある。ただ、これは立法論として捉えるのが妥当だろう。

▼評釈――倉田玲・百選Ⅱ178、宍戸常寿・判プラ330

裁判員制度の合憲性

212　最大判平成23・11・16刑集六五巻八号一二八五頁

裁判員制度は憲法に違反しないか。

事　実　Yは覚せい剤密輸について覚せい剤取締法及び関税法違反に問われ、裁判員裁判によって有罪判決を受けた。Yの控訴は棄却されたので、上告。次のように主張した。①憲法には国民の司法参加を想定した規定はなく、憲法八〇条一項は下級裁判所が裁判官のみによって構成されることを定めている。したがって、裁判官以外の者を含む裁判体は憲法にいう「裁判所」ではないから、裁判員制度は、憲法三二条、三七条一項、七六条一項、三二条に違反する。②裁判員制度は、裁判官の職権行使の独立を保障した憲法七六条三項に違反する。③裁判員を含む裁判体は、特別裁判所（憲法七六条二項）に該当する。④裁判員制度は、裁判員となる国民を意に反する苦役に服させるものであるから、憲法一八条後段に違反する。

裁判所の見解　上告棄却。裁判所法に憲法違反はない。①憲法の採用する諸原則や憲法制定当時の歴史的状況等を勘案すると、憲法は、刑事裁判における国民の司法参加を許容しており、憲法の定める適正な刑事裁判を実現するための諸原則が確保されている限り、その内容を立法政策にゆだねている。裁判員制度は、様々な仕組みによって公平な「裁判所」における適正な裁判が行われること（憲法三一条、三二条、三七条一項）を十分に保障するものであり、憲法が定める刑事裁判の諸原則を確保している。②憲法七六条三項は、裁判官の職権行使の独立性を保障することにより、裁判が法に基づき公正中立に行われることを保障しようとするものであるが、裁判員制度の下においても、裁判官を裁判の基本的な担い手として、法に基づく公正中立な裁判の実現が図られている。また、評決は単なる多数決ではなく、多数意見の中に最低一人の裁判官が加わることが必要とされていること等を勘案すると、憲法七六条三項違反とは言えない。③裁判員裁判の第一審判決に対しては、控訴及び上告が認められているから、その裁判体は「特別裁判所」に該当しない。④裁判員制度の趣旨や、裁判員の辞退について柔軟であること等を考慮すれば、裁判員の職務等は憲法一八条後段が禁止する「苦役」にはあたらない。

関連条文　憲法一八条・三一条・三二条・三七条一項・七六条・八〇条一項

解　説　裁判員制度は司法制度改革の一環として導入されたが、最高裁の意向を無視して進められたわけではない。もし最高裁が裁判員制度を違憲だと考えるようなら、そもそも裁判員制度は始まっていなかっただろう。ただ、裁判員制度はその開始前から違憲論があった。弁護人は、上告趣意で、主だった違憲論の主張をほとんど取り入れている。したがって、本判決は、裁判員制度の違憲論に対する最高裁の回答として位置づけることができるだろう。

▼**評釈**——土井真一・百選Ⅱ175、宍戸常寿・判プラ331

違憲審査の対象

213 最大判昭和23・7・7刑集二巻八号八〇一頁

関連条文　憲法八一条・九八条・七六条・九九条

裁判所の判決は違憲審査の対象となるか。

事実　日本国憲法制定に伴う裁判制度の変革により、従来大審院が受理していた訴訟事件が、東京高裁の管轄となり（裁判所法施行令一条）、ちょうど大審院へ上告されていた本件について、東京高裁が上告棄却とした。そこで被告人は、憲法違反を理由とする場合にのみ最高裁に再上告を認める刑訴応急措置法一七条に基づき、右施行令の合憲性を前提としていた高裁判決の違憲性を主張し、最高裁に再上告した。

裁判所の見解　憲法八一条が仮に存在しなくとも、九八条または七六条もしくは九九条から違憲審査権は充分に抽出されうる。八一条はアメリカ憲法解釈として樹立された違憲審査権を明文で規定した点に特徴を有する。最高裁判所は立法行為、行政行為、司法行為いずれについても、常に最終審として違憲審査に関与する。刑訴応急措置法一七条により再上告が許されるのではない。この規定は八一条の原理を再確認しているのである。

解説　八一条の違憲審査権の性格を、アメリカ型の付随審査制として理解することを示した最初の最高裁判例である。今日では、憲法の最高法規性を担保するため、本判決がなしたように、憲法八一条及びこれに由来する刑訴応急措置法一七条にいう「処分」の中に裁判所の判決を含め、これを違憲審査の対象となすことに、異論はない。

本判決は裁判所の違憲審査権について、仮に八一条がなくとも憲法から抽出されうるとしたが、そこで使われた論理は、アメリカで裁判所の違憲審査権を確立した判例（Marbury v. Madison〔1803〕）におけるそれと、同様のものであった。

しかし右論理により「裁判所の」違憲審査権を導きうるかについては、疑問も示されているところである。この点で、本判決斎藤悠輔意見は、司法府のみならず立法府・行政府も違憲審査権を有することを前提に、八一条は他の国家権力の行為についての違憲審査決定権を、最高裁を終審とする司法裁判所に与え、優位を認めたとの解釈を示している点が注目される。

特に、いわゆる五五年体制が崩れた今日、公的な憲法解釈主体としての三権の相互関係を、より動態的に捉える可能性が高まっている。処分に裁判判決は含まれないという同意見の帰結はともかくとしても、有権解釈機関の違憲審査権一般と、最高裁の違憲審査決定権とを区別する視点は、八一条の規定する違憲審査権についての、更なる検討のきっかけともなりえよう。

▼**評釈**——武田芳樹・百選Ⅱ189等

下級裁判所の違憲審査権

214 最大判昭和25・2・1刑集四巻二号七三頁

関連条文　憲法八一条・七六条・九八条

下級裁判所は違憲審査権を有するか。

事実　旧食糧管理法違反を問われた被告人が、原上告審（東京高裁）において違憲論を提出していたところ、原審は事件を最高裁に移送することなく自ら判決した。これに対して被告人は、違憲審査権が下級裁判所にも属するとなると、法の普遍性や法解釈の統一という点から甚だ不都合であり、憲法八一条は、ただ最高裁にのみ違憲審査権を認めていると主張して、最高裁に再上告した。

裁判所の見解　憲法は最高法規である。そして裁判官は憲法及び法律に拘束され憲法尊重擁護義務を負う。したがって、裁判官が具体的訴訟事件に法令を適用して裁判をなすにあたり、その法令が憲法に適合するか否かを判断することは、憲法によって裁判官に課せられた職務と職権である。このことは最高裁判所の裁判官であると、下級裁判所の裁判官であるとを問わない。

解説　既に213判決で、憲法八一条の違憲審査制がアメリカ型の付随審査制であることは示されていたが、表題の論争点について、八一条の文言上は必ずしも明らかではなかった。本判決は213判決と同様に、九八条、七六条、九九条を根拠に、下級裁判所が違憲審査権を有することを示した。

右の根拠づけが「裁判所の」違憲審査権を引き出すのには充分でないことは、しばしば指摘されているところであるが、日本国憲法制定から間もない時代に、違憲審査制をこのように司法権の行使と不可分なかたちで説明していた点は、再度の確認に値する。かかる判例の流れの中に、違憲審査制の性格をより明確にした、警察予備隊訴訟最大判（215判決）があるのである。

下級裁判所が違憲審査権を持つことを前提に、最高裁判所へ憲法訴訟が持ち込まれることを確保する制度として、刑訴法四〇五条・四三三条、民訴法三一二条・三二七条一項・三三六条を参照されたい。当事者が望むならば、憲法違反または憲法解釈の誤りを理由に、最高裁へ上訴することができるのである。

この点、下級審でなされた、いわゆる「傍論での違憲判決」の場合、最高裁の憲法適合性判断が示されずに、その下級審の違憲判断が確定することもあるが、これをどう解すべきか（岩手靖国訴訟・仙台高裁上告却下決定平成3・3・21、最高裁特別抗告却下決定平成3・9・24など）。この問題は、通説・判例が、現行法の下で、裁判の既判力が生じない判決理由中の違憲判断に対する不服については、原判決に対する不服の利益（上訴の利益）が認められないと解していることに由来する。

▼**評釈**――阿部泰隆・百選Ⅱ（三版）194

違憲審査の性質……警察予備隊違憲訴訟

215 最大判昭和27・10・8民集六巻九号七八三頁

関連条文 憲法八一条・七六条

最高裁判所は具体的な争訟を離れて法令等の違憲審査をなす憲法裁判所としての権限を有するか。

事実 警察予備隊令（昭和二五年政令二六〇号）の下で一九五一年四月一日以降に被告（国）のとった行政処分等一切の具体的行為が、予備隊令の許容する範囲を超え、予備隊は憲法九条に違反する「戦力」となっているとして、日本社会党（当時）を代表して鈴木茂三郎氏が、これら行政処分の無効確認を求めて最高裁判所に直接出訴した。原告は、司法権の本来的作用としての違憲審査権に加え、憲法八一条により最高裁判所は憲法裁判所としての性格をも賦与されているなどと主張した。

裁判所の見解 裁判所が現行の制度上与えられているのは、司法権を行う権限であり、司法権が発動するためには具体的な争訟事件が提起されることを必要とする。裁判所は、具体的な争訟事件が提起されないのに将来を予想して、憲法及びその他の法律命令等の解釈に関する疑義論争について、抽象的な判断を下すごとき権限を行いえない。最高裁判所の有する違憲審査権限は、司法権の範囲内において行使されるものであり、この点で最高裁判所と下級裁判所との間に、異なるところはない（憲法七六条一項参照）。要するに、わが現行の制度の下では、特定の者の具体的な法律関係につき紛争の存する場合においてのみ、裁判所にその判断を求めることができるのであり、裁判所がかような具体的事件を離れて、抽象的に法律命令等の合憲性を判断する権限を有するとの見解には、憲法上及び法令上何等の根拠も存しない。

解説 既に213判決、214判決により、憲法八一条の下での違憲審査制度がアメリカ型の付随審査制であることは示されていた。また、下級裁判所へ抽象的に違憲審査を求める訴訟が提訴された事例は数多かったが、いずれも不適法として却下されていた（東京地判昭和25・12・19行集一巻一二号一八二六頁他）。残されていた問題である、「最高裁は下級裁判所とは異なる特別な権限を有するか」について本判決は、最高裁の有する違憲審査権限も下級裁判所と同様、「司法権の範囲内」で認められることを明らかにした。

とはいえ、本判決が規範的に意味するところは、一義的に確定可能であるわけではない。というのも、たとえば客観訴訟における裁判所の違憲審査という問題があるからである。具体的な争訟事件の存在が司法権の発動要件とされるなら、客観訴訟はこれを満たさない。とすると、なぜ違憲審査が可能であるのか。学説では、司法権の定義と絡めながら、この問題が活発に議論されているが、裁判実務では、客観訴訟において違憲審査をなしうること自体は、定着している（44判決他）。

また、「司法権の範囲内」と一言でいっても、様々な要因により、その運用の幅は広くもなれば、狭くもなる。

第一に、違憲審査権行使の前提である司法権の「範囲」をめぐる問題がある。たとえば、本件の警察予備隊の九条適合性もそうであるが、ある国家行為が仮に違憲であるとしても、必ずしもそれが個人の権利利益への具体的な侵害を生ずるわけではない。そして、具体的侵害を構成しにくい場合であって、これを裁判上争うための訴訟形式が法定されていないとすると、具体的事件として訴訟を提起しうるかどうかがポイントとなる（74判決、5判決他）。

この点、付随審査制の母国であるアメリカでは、事件性概念を拡張することによって、裁判所による憲法実体判断への間口を広げる傾向がある。また、法令の合憲性を審査して違憲を確認し、また当該法令の執行を差止めるという手法（宣言判決・インジャンクション）も認められており、これらは憲法訴訟で通常用いられる救済手段となっている。この実態を実質的に見るなら、抽象的に規範そのものの判断を行う大陸型の規範統制との距離は近い。このような訴訟方法が今後わが国でも採用される可能性がないわけではない（最1判昭和47・11・30民集二六巻九号一七四六頁など参照）。

第二に、憲法上の争点提起をどの程度緩やかに認めるか、また事件の解決に必要な範囲を超えて憲法判断をなすかという要因も、違憲審査のありように影響を与える。わが国でいえば、前者については第三者所有物没収事件（150判決）が、また後者については、かつての「念のため」判決（176判決他）が例として挙げうるように、一般的な見地から違憲審査をなす傾向が、判例について指摘されてきた。

そして、本判決の射程を検討するに、違憲審査制度を「司法権の行使に付随するか、独立か」、「訴訟の主たる目的は主観的権利の保障か、客観的憲法秩序の維持か」でマトリックスに整理するなら、本判決が否定したのは、独立審査制という「行」あるいは「列」である。とすると客観的憲法秩序の維持を目的とする付随的な違憲審査制度という「セル」は、必ずしも本判決の否定するところではないことになるだろう（例えば最高裁に憲法裁判部を設けて下級審から移送する制度のように）。

なお、本判決が用いた「現行の制度上」、「憲法上及び法令上何等の根拠も有しない」という限定的な文言から、「手続法の整備がなされれば独立審査制も憲法上可能である」という立場を本判決は否定してはいないとの解釈も、今日に至るまで継続的に示されてきている。ちなみに、このような理解に基づいて日本社会党（当時）が、違憲裁判手続法案を第二六回国会に提出したが、結局、第二八回国会で審査未了廃案となり、その後は、そのような立法の試みはない。

▼評釈——岸野薫・百選Ⅱ187、長谷部恭男・基本判例43、野坂泰司・法教296号等

条約の違憲審査……砂川事件

216 最大判昭和34・12・16刑集一三巻一三号三二二五頁

関連条文　憲法八一条・九八条、旧日米安保条約

日米安保条約は裁判所の違憲審査の対象となるか。

事　実　事実については3判決を参照。表題論争点に関する上告趣意の論旨は次の通り。憲法八一条は条約について触れておらず、九八条も条約を、「法律、命令、規則または処分」とは別個に扱っている。従って、日本国憲法のもとで裁判所は条約について違憲審査権を持たない。また、条約一般についての違憲審査権の有無にかかわらず、日米安保条約については、その特殊な性格に鑑み、司法裁判所で合憲性の審査をすることができない。

裁判所の見解　本件安全保障条約は、主権国としてのわが国の存立の基礎に極めて重大な関係をもつ高度の政治性を有しており、その内容の合憲性判断は、当該条約を締結した内閣及びこれを承認した国会の高度の政治的ないし自由裁量的判断と表裏をなす点が少なくない。それゆえ、この法的判断は、純司法的機能をその使命とする司法裁判所の審査には、原則としてなじまない性質のものである。従って、一見極めて明白に違憲無効であると認められない限りは、裁判所の司法審査権の範囲外のものである。それは第一次的には右条約の締結権を有する内閣及びこれに対して承認権を有する国会の判断に従うべく、終局的には、主権を有する国民の政治的批判に委ねられるべきものである。本件条約またはこれに基づく政府の行為の合憲性が、訴訟の前提問題となっている場合にあっても同様である。

解　説　当時の政府解釈においても、条約一般の違憲審査対象性が否定されていたわけではなかったため、かかる主張をなす右上告趣意に対しての最高裁の見解が注目された。判決は直截には答えていないものの、本件安保条約に対する違憲審査権の限界を論じていることから、憲法と条約の効力関係について憲法優位説に立ち、裁判所による条約の違憲審査一般についても肯定していると解することができる。

そのうえで、「高度の政治性」ゆえに本件安保条約についての違憲審査が限定されている点で、本判決は統治行為論を採用した先例の一つとして扱われることも多い。しかし補足意見では純粋な統治行為論が主張されているが、多数意見のとる論理は甚だ不明瞭である。「一見極めて明白に違憲無効であると認められない限り」という限定を附して本件安保条約の合憲性を実体的に審査している以上、純粋な統治行為論ではなく裁量論の混じった変則的なそれであると、指摘されている。判例においては、この変則的な統治行為論が主流をなし、この系譜にあるものとして、5判決、6判決第一審判決、沖縄代理署名訴訟最大判平成8・8・28民集五〇巻七号一九五二頁などがある。

▼評釈――本秀紀・百選Ⅱ163等

統治行為……苫米地事件

217 最大判昭和35・6・8民集一四巻七号一二〇六頁

衆議院の解散は裁判所の違憲審査の対象となるか。

事　実　事実については196判決を参照。

裁判所の見解　直接に国家統治の基本に関する、高度に政治性のある国家行為は、たとえそれが法律上の争訟となり、これに対する有効無効の判断が法律上可能である場合であっても、裁判所の審査権の外にある。そして、その判断は主権者たる国民に対して政治的責任を負うところの政府、国会等の政治部門の判断に委され、最終的には国民の政治判断に委ねられている。この司法権に対する制約は、三権分立の原理に由来した、司法権の憲法上の本質に内在する制約である。衆議院の解散は、極めて政治性の高い、国家統治の基本に関する行為であり、裁判所の審査権の外にある。これが訴訟の前提問題として主張されている場合においても同様である。

解　説　216判決の約半年後に下された本判決は、統治行為という言葉を用いてはいないとはいえ、包括的に裁判所の違憲審査を排除する純粋な統治行為論が採用された初の、またこれまでで唯一の最高裁判決と理解されている。

統治行為論は、文言上では限定の附されていない憲法八一条「違憲審査権の限界」に関する論理と位置付けられているが、本判決が論拠とする、三権分立に由来した「司法権の憲法上の本質に内在する制約」とは、むしろ「司法権の限界」に関わっている。

判例では216判決のように、安全保障条約についてさえ、裁量論の混交した変則的な統治行為論により実体的に合憲判断がなされているのであり、議員定数不均衡訴訟でも、国の主張した統治行為論は採用されなかった。本判決が衆議院の解散についての先例となるにしても、これ以降で、純粋な統治行為論に関する展開がない以上、判例法理として統治行為なる類型を予め観念することは、困難である。

学説では、統治行為概念を否定する立場も有力であるが、通説は肯定する。ただし、統治行為の範囲について学説は一致を見てこなかった。今日では自律権や裁量権で処理可能なものには統治行為概念を用いずに、個々の事件に応じて問題を個別的・機能的に考えるべしとする説が通説的地位にある。この説によるならば、統治行為を類型として事前に観念する意義はあまりないのであり、結局のところ学説においても、統治行為論は専ら実体に欠ける空疎な概念となっていることを否めない。

関連条文　憲法七六条・八一条・七条・六九条、裁判所法三条一項

▼**評釈**――高橋雅人・百選Ⅱ190等

立法不作為に対する違憲審査……在宅投票制度廃止事件

218 最1判昭和60・11・21民集三九巻七号一五一二頁

関連条文　憲法一七条・八一条、国賠法一条

立法不作為は違憲審査の対象となるか。

事実　事実については40判決を参照。

裁判所の見解　立法不作為を含む国会議員の立法行為が、国賠法上違法となるかは、国会議員の立法過程における行動が個別の国民に対して負う職務上の法的義務に違背したかどうかの問題であり、当該立法の内容の違憲性の問題とは区別されるべきである。仮に当該立法の内容が憲法の規定に違反する廉があるとしても、その故に国会議員の立法行為が直ちに違法の評価を受けるものではない。国会議員の立法行為は、本質的に政治的なものであって、法的規制の対象になじまない。国会議員は立法に関しては原則として、国民全体に対する関係で政治的責任を負うにとどまり、個別の国民の権利に対応した関係での法的義務を負うものではない。国会議員の立法行為は、立法の内容が憲法の一義的な文言に違反しているというごとき、容易に想定し難いような例外的な場合でない限り、国賠法の規定の適用上、違法の評価を受けない。

解説　表題論争点は、本件事件をきっかけとして注目されるようになった。通説は違憲審査対象性を肯定するが、否定説も少数であれ有力に説かれている。肯定される場合、争い方が問題となるが、本件もそうであるように、立法不作為を違法な公権力行使として国賠訴訟を提起することが、これまで一般的であった。

本判決（昭和六〇年判決）について、実質的に国賠訴訟で立法不作為の違憲を争う途を閉ざしたものとの評価が一般になされてきたが、42判決（平成17年最判）により、一定の判例展開が見られる。すなわち平成17判決は、①公選法による在外邦人の選挙権行使への制限について、憲法一五条等に反するという実体判断をなしたうえで、②基本的には昭和60年判決の枠組みに沿いながら、本件は違憲な侵害が「明白な場合」という「例外的な場合」に該当し、立法不作為は国賠法上違法であると判示した。そして昭和六〇年判決は「以上と異なる趣旨をいうものではない」としたが、実質的な判例変更と理解する学説も多い。

さらに、平成17年最判の事件では公選法の規定の一部の違法（違憲）確認も請求され、下級審では「法律上の争訟」にあたらないとの理由で請求が却下されていた。最高裁は、訴えを次回の選挙で投票しうる地位にあることの確認を請求する趣旨と理解して、右①の違憲判断を前提に、請求を認容した。従前の「法律上の争訟」性に関する判例との整合性についての説明はなされなかった。

▼**評釈**――大石和彦・百選Ⅱ191等

立法不作為に対する違憲審査……在外国民審査権事件

219 最大判令和4・5・25民集七六巻四号七一一頁

関連条文　憲法一五条一項、七九条二項、三項、国民審査法

①在外国民の国民審査権行使を認めていないことは憲法に違反しないか。②立法不作為に関する確認の訴えは適法か。③国賠法上、違法の評価を受けるか。

事　実　国民審査法が在外国民に国民審査権の行使を認めていないことを違憲であるとして、在外国民である上告人らは、立法不作為について裁判所に(ア)次回の国民審査で審査権を行使できる地位の確認、(イ)審査権の行使をさせないことの違法の確認、(ウ)損害賠償を求めた。第一審は(ア)(イ)を訴え却下、(ウ)につき請求を一部認容、第二審は(ア)を訴え却下、(イ)につき訴えを適法として請求認容、(ウ)につき違憲性が明白ではなかったとして請求を全部棄却とし、判断が分かれた。

裁判所の見解　一部破棄自判、一部上告棄却。①現行法に規定がないが、憲法は「最高裁の地位と権能に鑑み」この制度を設け、「主権者である国民の権利として審査権を保障している」。「国民審査の公正を確保しつつ、在外国民の審査権の行使を可能にするための所要の立法措置をとることが事実上不可能ないし著しく困難であると認められる場合に限り」、審査権を制限する「やむを得ない事由」が認められるが、本件でそのような事由はなく、憲法一五条一項、七九条二項、三項に違反する。②(ア)の訴えは適法であるが、現行法では審査権の行使が認められていないため請求には理由がない。③「審査権の基本的な内容等が憲法上一義的」であるところ、「個々の在外国民が有する憲法上の権利に係る法的地位に現実の危険が生じている」。国民主権原理に基づく審査権は具体的な国民審査の機会に行使できなければ意味がなく(イ)の訴えは適法である。④「国民に憲法上保障されている権利行使の機会を確保するための立法措置をとることが必要不可欠であり、それが明白であるにもかかわらず、国会が正当な理由なく長期にわたってこれを怠るとき」は、例外的に職務上の法的義務に違反したものとして、国賠法上違法となる。本件はそれにあたる。

解　説　立法不作為に対する違憲審査は、218判決以降、42判決を画期として、判例法理が展開してきている。①では憲法適合性判断の規範に42判決のそれが用いられた。訴訟形式の面でも大きな進展がある。42判決や35判決等により国賠法上の違法性の要件は緩和されてきた。④では現時点での判例の枠組みが整理され示されている。また、当初は確認の訴えにつき法律上の争訟性を満たすか疑問が持たれていたが、42判決が「次回の選挙で投票しうる地位の確認の訴え」と解して適法とした。本件で下級審では判断が分かれたが、最高裁は②③のようにいずれの訴えも適法とした。法律上の争訟性を決定打としない近年の判例傾向を示している。

▼**評釈**——篠原永明・令2重判（憲法5）等

適用違憲……猿払事件地裁判決

220 旭川地判昭和43・3・25判時五一四号二〇頁

関連条文　憲法八一条・二一条・三一条、国公法一一〇条一項一九号、人事院規則一四—七

法令そのものを違憲とすることなく、違憲判断を下す方法はいかにあるべきか。

事　実　事実については18判決を参照。

裁判所の見解　非管理職である現業公務員で、その職務内容が機械的労務の提供に止まる者が、勤務時間外に、国の施設を利用することなく、かつ職務を利用し、もしくはその公正を害する意図なしで行った人事院規則一四—七、六項一三号の行為で、かつ労働組合活動の一環として行われたと認められる所為に刑事罰を加えることをその適用の範囲内に予定している国公法一一〇条一項一九号は、かかる行為に適用される限度において、行為に対する制裁としては、合理的にして必要最小限の域を超える。ところが同号は同法一〇二条一項に規定する政治的行為の制限に違反した者という文字を使っており、合憲限定解釈を加える余地は全く存しないのみならず、同法一〇二条一項をうけた人事院規則一四—七は、全ての一般職に属する職員にこの規定の適用があることを明示している以上、本件被告人の所為に国公法一一〇条一項一九号が適用される限度において、同号が憲法二一条及び三一条に違反するもので、これを被告人に適用することができない。

解　説　わが国において違憲判断の方法は、通常、法令違憲と適用違憲とが区別されており、本判決は後者の一つの典型と位置づけられている。通説は法令違憲を「当該法令そのものを違憲とする方法」とし、適用違憲を「法令が当該事件の当事者に適用されるにおいての違憲の方法」と解している。なお適用違憲の中には、ある行為が憲法上保護されるがゆえに、当該行為へ当該法令を適用しえないという用法も含まれていることに注意を払われたい。たとえば、仮に、ある行為が憲法一九条の思想良心に基づく外部的行動と認められるなら、かかる論理構造となろう。

本判決がなしたような、一定の類型への適用を違憲とする手法は、実質的に法令の一部分を違憲とすることと重なる。本件最判（18判決）は、この点を批判的に指摘したが、それが適用違憲という手法自体を排する趣旨だったとは、必ずしもいえない。法令の一部分を違憲無効とする手法は、最近の最高裁判例において採用されている（35判決、42判決、175判決）。

なお本件が、萎縮効果の除去が要請される表現活動規制立法に関する事件であったことよりすれば、違憲的適用があるにもかかわらず合憲限定解釈は不可能と判断する以上、本判決は、適用違憲ではなく法令違憲とすべきであったとの批判も強い。

▼評釈——芦部信喜・百選Ⅱ194等

租税法律主義と通達による課税……パチンコ玉遊器課税事件

221 最2判昭和33・3・28民集一二巻四号六二四頁

関連条文 憲法八四条

通達による課税は租税法律主義に違反するか。

事　実　一九四〇年制定の物品税法には、その課税対象中「遊戯具」が規定されていたが、パチンコ玉遊器は当初課税対象とはされていなかった。しかし、一九五一年になり、東京国税局長が通達を出し、パチンコ玉遊器も「遊戯具」として課税すべきだとの方針を打ち出し、国税庁長官も同様の通達を全国に発した。この通達により課税されることとなったパチンコ業者らがそれぞれを所轄する税務署長らを相手にして、課税処分の無効確認等を求める訴えを提起した。

裁判所の見解　社会観念上普通に遊戯具とされているパチンコ玉遊器が物品税上の「遊戯具」のうちに含まれないと解することは困難であり、原判決も、もとより所論のように、単に立法論としてパチンコ玉遊器を課税品目に加えることの妥当性を論じたものではなく、現行法の解釈として「遊戯具」の中にパチンコ玉遊器が含まれるものとしたものであって、右判断は妥当である。なお、論旨は、通達課税による憲法違反を云為しているが、本件の課税がたまたま所論通達を機縁として行われたものであっても、通達の内容が法の正しい解釈に合致するものである以上、本件課税処分は法の根拠に基づく処分と解するに妨げがなく、所論違憲の主張は、通達の内容が法の定めに合致しないことを前提とするものであって、採用しえない。

解　説　憲法三〇条は納税を国民の義務と定めると同時に、憲法八四条で「あらたに租税を課し、又は現行の租税を変更するには、法律又は法律の定める条件によることを必要とする」と定めている。租税法律主義の原則である。この原則は「租税は国民に対して、直接負担を課すものであるから、必ず国民の同意を得なければならない」（芦部〔五版〕三五〇頁）、つまり「代表なければ租税なし」という要請に由来する。租税法律主義が全うされるためには、課税要件が法律で定められていなければならないという「課税要件法定主義」と恣意的な課税を封じるための「課税要件明確主義」の原則が派生原理として導き出される。この観点から本件を見ると、従来課税対象とされてこなかった対象を通達により課税対象としたことが争われたわけであるが、最高裁は、物品税上本来課税対象とされるべき所がたまたま課税対象から外されてきただけであり、法の解釈としては正しい課税であるとの点を強調する。しかし、結果の妥当性が手続の瑕疵を治癒するわけではない。ただし本判決は通達による課税要件の設定を積極的に是としているわけではないことにも着目する必要ある。

▼**評釈**――小島慎司・百選ⅡＡ16

国民保険料の賦課と租税法律主義……旭川国民健康保険料条例事件

222 最大判平成18・3・1民集六〇巻二号五八七頁

関連条文 憲法二五条・一四条・八四条

国民保険料の賦課に対しては憲法八四条の租税法律主義の原則は適用されるか。

事実

国民健康保険法七六条の三は、保険料の徴収方法として税条例方式と保険料方式を定め、その選択を市町村に委ねていることになっている。旭川市は条例方式を選択していたが、この条例には具体的な保険料率が定められておらず、旭川市長の定める告示によるものとされていた。これに対して、税条例の適用を受ける住民がこの定め方は租税法律主義に違反するとして、課税処分の取り消し等を求めた。

裁判所の見解

国または地方公共団体が、課税権に基づき、その経費に充てるための資金を調達する目的をもって、特別の給付に対する反対給付としてでなく、一定の要件に該当するすべての者に対して課する金銭給付は、その形式のいかんにかかわらず、憲法八四条に規定する租税にあたる。国民健康保険の保険料は、これと異なり、被保険者において保険給付を受け得ることに対する反対給付として徴収されるものである。従って、上記保険料に憲法八四条の規定が直接適用されることはない。もっとも、憲法八四条は、国民に対して義務を課しまたは権利を制限するには法律の根拠を要するという法原則を租税について厳格化したかたちで明文化したものである。従って、租税以外の公課であっても、憲法八四条に規定する租税ではないという理由だけから、そのすべてが上記のような法原則のらち外にあると判断することは相当ではない。租税以外の公課であっても賦課徴収の強制の度合い等の点において租税に類似するものについては憲法八四条の趣旨が及ぶ。本件条例は、保険料率算定の基礎となる賦課総額を明確にした上で、その算定に必要な細目にかかわる事項を旭川市長の合理的な選択に委ねたものであり、また、見込額の推計については予算及び決算の審議を通じて議会による民主的な統制が及ぶものである。また、保険料率の算定方法は、本件条例によって賦課期日までに明らかにされているのであるから、恣意的な判断が加わる余地がないから、本件条例は憲法八四条に違反するものではない。

解説

租税法律主義の適用範囲については学説上議論があった。本判決は、租税について伝統的な理解を踏襲した上で、国民健康保険料が租税ではないことを確認しつつ、しかし、租税ではないということのみをもって憲法八四条の適用から外すことも否定した。つまり、租税法律主義の適用に際し、租税か租税ではないかという二分法で物事を割り切らなかった点で、本判決の意義は大きいとも言えよう。

▼**評釈**――斎藤一久・百選Ⅱ196

宗教団体に対する国有財産の譲渡

223 最大判昭和33・12・24民集一二巻一六号三三五二頁

国が宗教団体に対して財産を譲渡する際の根拠法は憲法八九条に違反するか。

関連条文　憲法八九条、旧国有財産法二四条

事実　本件で問題となった土地はXの寺が所有するものであったが、Xは明治初年頃国にこの土地を上納し、同時に旧国有財産法二四条により無償貸与を受ける形でこれを使用していた。ところで、一九四五年三月の戦災によりこの土地上の建物が焼失し、Yら三名が何らの権限もなくこの土地を占拠し木造の工場、住宅ならびに物置を設置するに及んだ。Xは一九四八年一月五日付けで、「寺社等に無償で貸し付けてある財産の処分に関する法律」に基づき国に対してこの土地の無償譲渡の申請を行い、一九五一年四月一七日付けでこれが認められた。XはYに対して、この土地に対する使用権を有しており、不法占拠により使用収益を妨げられているとして、Yに対する国の土地明渡請求権を代位行使し、建物の撤去と土地の明渡を求めた。これに対してYは、国がXに対してなした無償譲渡処分の根拠法「寺社に無償で貸し付けてある財産の処分に関する法律」が憲法八九条に違反して無効であると争った。

裁判所の見解　「寺社に無償で貸し付けてある財産の処分に関する法律」において、国有地である寺院等の境内その他の附属地を無償貸し付け中の寺院等に譲渡または時価の半額で売り払うこととしたのは、新憲法施行に先立って、明治初年に寺院等から無償で取り上げて国有とした財産を、その寺院等に返還する措置を講じたものであって、かかる沿革上の理由に基づく国有財産の整理は、憲法八九条の趣旨に反するものとはいえない。

解説　憲法八九条は公の財産を宗教団体の使用や便益に供してはならないと定めている。これは、憲法二〇条一項の趣旨を財政面から補完する意味をもつものである。本件は、国有財産を宗教団体に無償譲渡する根拠法の合憲性が土地の明渡請求事件で争われた点でユニークな性格を有している。本件においてYは控訴審段階で憲法八九条に関する主張を追加したが、控訴審判決（大阪高判昭和29・12・3）は本件法律が「国有地である寺院等の境内その他の附属地を無償又は低額で寺院等に譲渡することとしたのは、新憲法施行に先立って、明治初年に寺院等から無償で取り上げて国有として保管していた財産を寺院等に返還する措置を講じたものであって、右のような由来のない単なる国有財産を寺院等に無償で貸付や譲渡する措置を講じたものでないから、同法律は憲法の前記法条の趣旨に反するものではない」としてこの主張を退けている。要するに、上告審、控訴審とも「沿革上の理由」により本件法律の合憲性を認めたのである。

▼評釈——塚本俊之・百選Ⅱ198

幼児教室に対する公有財産の無償利用および補助金の支出

224　東京高判平成2・1・29高民集四三巻一号一頁

関連条文　憲法一四条一項・八九条

権利能力なき社団である幼児教室に対して公有財産である不動産を無償で利用させ、これに補助金を支出したことが憲法八九条に違反しないか。

事実　A町の町長であるYは同町で幼児教室を開設しているB（権利能力なき社団）に対してA町所有の不動産を無償で貸与すると同時に、補助金等を拠出した。これに対して同町の住民Xがこの行為が憲法八九条に違反するとして監査請求を行い、その後公金支出の差し止め等を求める住民訴訟を提起した。第一審判決は、この請求を棄却したのでXらが控訴したのが本件事例である。

裁判所の見解　憲法八九条前段については、国家と宗教との分離を財政面からも確保することを目途とするものであるから、その規制は厳格に解すべきであるが、同条後段の教育の事業に関する支出、利用の規制については、もともと教育は国家の中でも最も重要なものの一つであり、私的な教育事業に対して公的な援助をすることも、一般的には公の利益に沿うものであるから、同条前段のような厳格な規制を要するものではない。同条後段の教育の事業に対する支出、利用の規制の趣旨は、公の支配に属しない教育事業に公の財産が支出または利用された場合には、教育の事業はそれを営む者の教育についての信念、主義、思想の実現であるから、教育の名の下に、公教育の趣旨、目的に合致しない教育活動に公の財産が支出されたり、利用されたりする虞があり、ひいては公の財産が濫費される可能性があることに基づくものである。右の支配の具体的な方法は、当該事業の目的、事業内容、運営形態等諸般の事情により異なり、必ずしも、当該事業の人事、予算等に公権力が直接関与することを要するものではないと解される。また、憲法八九条は、当該助成を受けた教育事業が「公の支配」に服していることを規定しているが、右規制が法律によるものであることまでを求めているものではないと解される。

解説　憲法八九条については、前段と後段の関係、それぞれの趣旨と判断基準、「公の支配」の解釈をめぐり様々な考え方が示されている。本判決は、このうち、前段と後段を分け、後段への公金支出を前段より緩やかに認める解釈を採用した。その上で、本条の趣旨を「公金濫費防止」に求め、「公の支配」の認定方法については個別具体的な判断により行うが、国または地方公共団体が直接的な関与を及ぼすものでなくても、公の財産や公金の支出に対して是正の途が確保されていれば足りるとしたところに本判決の特徴を見いだせるであろう。

▼**評釈**——佐々木くみ・百選Ⅱ199

普通地方公共団体の意義

225 最大判昭和38・3・27刑集一七巻二号一二一頁

関連条文 憲法九三条二項

東京都の「特別区」は普通地方公共団体といえるか。

事 実 一九五二年改正の地方自治法は、特別区区長の選出を公選制から議会での選任に変更した。Xは、一九五七年八月の東京都渋谷区議会での区長選挙において区長選出に関わり金員を受け取ったとして収賄の罪に問われた。これに対してXは、収賄罪の成立に必要な職務権限の問題を争い、一九五二年改正の地方自治法は、本来公選制であるべき特別区区長の選出を議会に委ねた点で憲法九三条二項に違反するとして自治法旧二八一条の二の違憲無効を主張したのである。第一審はこの主張を認めたため、検察官が飛躍上告を行った。

裁判所の見解 憲法九三条二項にいう地方公共団体といい得るためには、単に法律で地方公共団体として取り扱われていることだけでは足らず、事実上住民が経済的文化的に密接な共同生活を営み、共同体意識をもっているという社会的基盤が存在し、沿革的にみても、また現実の行政の上においても、相当程度の自主立法権、自主行政権、自主財政権等地方自治の基本的権能を附与された地域団体であることを必要とするものというべきである。そして、かかる実体を備えた団体である以上、その実体を無視して、憲法で保障した地方自治の権能を法律を以て奪うことは、許されないものと解するを相当とする。東京都の特別区はこれにあたらない。

解 説 地方自治法を始めとした法令には地方公共団体とは何かを定義づけた条文はない。その意味で本判決は、極めて重要な意味を持っている。判決はまず、(普通) 地方公共団体といえるためには、法律がある団体を地方公共団体として認めているだけでは足りないという。そこには、住民の意識、歴史、文化の共有等一種のエートスともいうべき要素が必要だという。東京都の特別区はこれらの要素を欠いていると判断するのである。第二に、そのような要素を具備した団体に対して法律が自主立法権、行政権、財政権を与えているという要件が必要だとする。もっとも、第一の要件と第二の要件の関係は明らかではないが、第一の要件を備えた団体に対して法が自主立法権等を与えることで地方公共団体となると解しているのであろう。そして、この二つの要件を備えた団体は憲法上の地方公共団体であって、それは法律によっても存在を奪われない制度として保障されるのである。東京都の特別区に関しては、その後区長公選制が復活しているが、だからいって特別区が憲法上の地方公共団体になったわけではない。この点で問題となるのは憲法上保障される地方公共団体は市町村以外に都道府県まで含まれるかであるが、これを認める解釈と認めない解釈が対立している。

▼評釈――中里見博・百選Ⅱ200

住民投票の法的拘束力

226 那覇地判平成12・5・9判時一七四六号一二二頁

関連条文　憲法九二条・九四条

住民投票の結果には法的拘束力があるか。首長には結果に従う法的義務があるか。

事　実　A市議会はB基地の全面返還に伴う代替ヘリポート移設に反対する決議を可決し、A市市長Yを実行委員長とする代替ヘリポート移設反対市民決起大会を開催するなどしていたが、その後Yはヘリポート移設のための事前調査を受け入れたことから、基地反対派住民が移設の是非を問う住民投票条例を制定するための署名を集め、制定請求が行われた。この条例案には、ヘリポート移設受け入れについて「賛成」と「反対」の二択しか定められていなかったが、Yはこれに「環境対策や経済効果が期待できるので賛成」、「環境対策や経済効果が期待できないので反対」の二項目を付け加え、「市長は、ヘリポート基地の建設に関係する事務の執行にあたり、地方自治の本旨に基づき市民投票における有効投票の賛否いずれか過半数の意思を尊重するものとする」等修正を加えて議会に提案し可決された。そして、住民投票の結果、反対の合計が過半数を占めるに至った。これに対してYは内閣総理大臣との会談でヘリポート移設を受け入れることを表明した。この判断に対して住民XらはYが住民投票の結果に従うべき法的義務があること等を主張して損害賠償請求を行った。

裁判所の見解　仮に、住民投票の結果に法的拘束力を肯定すると、間接民主制によって市政を執行しようとする現行法の制度原理と整合しない結果を招来することにもなりかねないのであるから、右の尊重規定に依拠して、市長Yに市民投票における有効投票の賛否いずれか過半数の意思に従うべき法的義務があるとまで解することはできず、右規定は市長Yに対し、ヘリポート基地の建設に関係する事務の執行にあたり、本件住民投票の結果を参考とするよう要請しているに過ぎないというべきである。

解　説　本件のような住民投票制度は、これまで多くの自治体で制定されてきたがその法的拘束力には議論がある。本判決は、現行地方自治制度が間接民主制を採用していることから、これを否定する立場をとった。もちろん、これは現行法の枠組みからすると法的拘束力は認められないと解釈しただけであり、地方自治に関する憲法理念が法的拘束力をもつ住民投票を排除していると解釈しているわけではない。現行地方自治制度でも住民の直接参加制度は広く採用されているし、かつて公の施設の設置については住民投票によることが定められていたこともあるから、自治法を改正して住民投票に法的拘束力を持たせることは可能であると解すべきであろう。

▼**評釈**――新村とわ・百選Ⅱ（五版）224

地方税法と地方公共団体が課す法定外普通税の関係

227 最1判平成25・3・21民集六七巻三号四三八頁

関連条文　地方自治法一四一条一項

法定普通税の内容を実質的に変更するような法定外普通税条例は許されるか。

事実　神奈川県臨時特例企業税条例は、地方税法の定める欠損金の繰越控除を実質的に一部排除するような趣旨、目的を有していた。同条例により臨時特例企業税を課された者が、同条例は地方税法に反し違法、無効であるとして訴えを提起した。

裁判所の見解　破棄自判。地方自治法一四条一項は、普通地方公共団体は法令に反しない限りにおいて同法二条二項の事務に関し条例を制定することができると規定しているが、条例が国の法令に反しているかどうかは、規定文言を対比するのみでなく、それぞれの趣旨、目的、内容及び効果を比較し、両者の間に矛盾抵触があるかどうかによって判断される（最大判昭和50・9・10〔徳島市公安条例事件・235判決〕）。普通地方公共団体は、その区域内における当該普通地方公共団体の役務の提供を受ける個人又は法人に対して国とは別途に課税権の主体となることが憲法上予定されている。しかし、普通地方公共団体が課すことができる税目、課税客体、課税標準、税率その他の事項は、憲法上、租税法律主義の下で、法律において地方自治の本旨を踏まえて、その準則を定めることが予定されており、普通地方公共団体の課税権は、これに従ってその範囲内で行使されなければならない。

地方税法が定める法定普通税の内容は強行規定であって、これと異なる条例の規定は同法に違反する。本件の場合、欠損金の繰越控除を定める地方税法の規定は、強行規定であるから、条例において同法の定める繰越控除を排除することは許されず、当該条例の規定は、同法の強行規定と矛盾抵触するものとしてこれに違反し違法、無効というべきである。

解説　本判決は、地方公共団体の課税権が憲法から直接導き出されることを認めながら、その具体的な設定は条例制定権の範囲の制約を受けることを明らかにした。この結論を導き出すあたっては、条例制定権の範囲を確定するためのルールとして「徳島市公安条例事件最高裁判決」の枠組みに依拠しつつ、具体的な課税権の設定行使が準則たる地方税法の規定によって制約を受けると判示したのである。そして、欠損金の繰越控除を定める地方税法の規定は「強行規定」であり、これと異なる条例の規定は許されない。しかし、憲法自ら地方公共団体の課税権を保障していながら、その中身については準則たる地方税法に枠付けされるというのでは自主課税権の意味がなくなってしまう。逼迫する自治体財政に対応する手段が限定されるという問題も残されている。

▼**評釈**――角松生史・平25重判（行政法9）

法令公布の方法

228 最大判昭和32・12・28刑集一一巻一四号三四六一頁

関連条文 憲法七条一号

①法令が国民に対する効力を有する（施行される）ためには、公布が必要か。②官報掲載以外の公布方法は認められるか。

事実　政府は一九四八年七月三〇日、GHQの指示を受けて、公務員の労働基本権を制限する政令二〇一号を閣議決定し、公布の日から施行する旨を定め、七月三一日付官報号外に掲載したが、実際に号外の印刷が完了し発送されたのは八月二日であった。国鉄の労働組合の幹部であったYは同年七月三一日、組合員に対し、政令二〇一号に反対するための争議行為を指令したため、政令二〇一号違反の罪で起訴された。検察官は、七月三一日のラジオニュースで政令の全文とその施行が放送されており、その日に政令は公布されたと主張した。

裁判所の見解　①法治主義の要請から、成文の法令が一般的に国民に対し現実にその拘束力を発動するためには、その法令の内容が一般国民の知りうべき状態に置かれることが前提要件とされる。その方法として法令公布の制度が採用されていることは、憲法七条一号から知ることができる。②明治憲法下では公式令（明治四〇年勅令六号）により法令の公布は官報による旨が定められていたが、公式令は日本国憲法施行と同時に廃止され、それに代わる公布の方法に関する一般的規定は定められていない。公式令廃止後も法令の公布は官報によるとの不文律が存在しているとまではいえず、官報以外の方法を絶対に認めえないとまではいえない。しかし国家が他の適当な方法で法令の公布を行うことが明らかな場合でない限りは、法令の公布は従前通り官報で行うと解するのが相当で、事実上法令の内容が一般国民の知りうる状態に置かれたとしても、法令の公布があったとはいえず、Yは無罪。

解説　法令は成立→公布→施行の順を経て、国民に対して拘束力を有する。公布は有効に成立した法令を国民に周知させる行為であり、憲法改正、法律、政令、条約は天皇の国事行為として（憲法七条一号）、条例は地方公共団体の長によって（自治一六条）、公布される。公布は施行の前提要件であるが、それ以前に法令は形式的に成立する反面（法律は両議院で可決した時点（憲法五九条））、国民に対する拘束力の発生要件は施行であることに、注意する必要がある。

本判決は、公式令廃止によって公布の方法に関する法令の定めが存在しない時点で、官報掲載以外の方法による法令の公布の可能性を認めつつも、他の方法で公布を行うことが明らかではなかったとして、ラジオ放送による周知で公布があったとはいえないと判断した。なお二〇二三年に、法律等の公布は官報をもって行う、インターネットによる官報の発行を原則とすることを定める官報の発行に関する法律が成立した。

▼**評釈**――吉川和宏・百選Ⅱ（五版）226等

法令公布の時期

229 最大判昭和33・10・15刑集一二巻一四号三三一三頁

関連条文　憲法七条一号

官報により法令が公布されたと解されるのは、官報の印刷、各販売所への発送ないし到達、講読予約者への配送、一般希望者が閲覧・購入できる状態に至る過程の中で、どの時点か。

事実　昭和二九年法律第一七七号覚せい剤取締法の一部を改正する法律（本改正法律）は、附則で「この法律は、公布の日より施行する」とされ、同年六月一二日付官報で公布された。Yは、広島市内における同日午前九時頃に犯行を行ったとして、覚せい剤取締法の罪に問われたが、同市内で官報の閲覧・購入が可能となるのは翌一三日以降であったため、本改正法律の公布があったといえるかどうかが問題となった。

裁判所の見解　本件改正法律を掲載した昭和二九年六月一二日付官報は、同日午前五時五〇分から順に印刷局から発送され、午前七時五〇分に最終便が発送されており、全国の各官報販売所に到達する時点、販売所から購読予約者に配送される時点、一般の希望者が官報を閲覧・購入できる時点はそれぞれ異なるが、一般の希望者が官報を閲覧・購入しようとすればそれができた最初の場所は印刷局官報課または東京都官報販売所であり、その最初の時点は同日午前八時三〇分であった。以上の事実関係の下では、本改正法律は、おそくとも、同日午前八時三〇分までには、「一般国民の知り得べき状態に置かれ」、公布されたものと解すべきである。本改正法律は、附則により公布と同時に施行されており、同日午前九時頃になされた本件犯行は、本件改正法律の公布・施行後であって、本件改正法律が適用される。

解説　判例は、公布すなわち法令の内容が「一般国民の知りうべき状態に置かれる」ことを、その施行の前提要件としている（228判決）。公布は官報掲載の方式でなされるところ、官報が印刷されてから閲覧・購入可能な状態に置かれるまでに多少の時間が経過するため、公布がどの時点でなされたのかが、本件では争われた。これは本改正法律が公布と同時に施行されるものであったため、犯行が公布よりも先行した場合には、処罰の対象とならなかったからである（なお、法の適用に関する通則法二条は、法律は公布から二〇日後に施行することを原則としており、このとおりの場合には公布の時点は問題になりにくい）。池田・河村裁判官の少数意見は、各販売所毎に閲覧・購入が可能になった時点で公布があったものとするが、このように解すると、法令が地域毎に異時施行されることになる（入江裁判官の補足意見参照）。多数意見は「おそくとも」という言い方をしているが、補足意見と同じく、最初の官報販売所で閲覧・購入可能となった時点である午前八時三〇分を同時公布の時点としたものと解される。

▼**評釈**――浅野善治・百選Ⅱ202等

立法の委任(1)：犯罪構成要件の再委任

230 最大判昭和33・7・9刑集一二巻一一号二四〇七頁

関連条文　憲法七三条六号・三一条

法律が犯罪構成要件の具体的な定めを命令に委任した場合に、政令はその定めをさらに下位の形式に委任できるか。

事　実　旧酒税法（本法）は「酒類、酒母、醪若ハ麹ノ製造者又ハ酒類若ハ麹ノ販売業者ハ命令ノ定ムル所ニ依リ製造、貯蔵又ハ販売ニ関スル事実ヲ帳簿ニ記載スヘシ」と規定し（五四条）、違反者に対する処罰を定めていた（六五条一号）。それを受けて政令である旧酒税法施行規則（本規則）六一条は、帳簿への記載事項を一号ないし八号で列挙した上で、九号に「前各号ノ外製造、貯蔵又ハ販売ニ関シ税務署長ノ指定スル事項」と定めた。Yは、「酒類容器の移動」が税務署長により記載事項として指定されていたにもかかわらず、帳簿に記載していなかったため、本法違反で起訴された。

裁判所の見解　本法は義務の主体・内容を規定し、ただその内容の一部である記載事項の詳細を命令の定めに一任したに過ぎず、立法権がこのような権限を行政機関に賦与しても差支ないことは憲法七三条六号本文および但書の規定に徴し明白である。そして本規則六一条は、一号ないし八号で記載事項を具体的かつ詳細に規定し、九号でこれらの規定に洩れた事項で各地方の実状に即し記載事項とする必要のあるものを税務署長の指定に委せたものであり、本規則がこうした規定を置いたとしても本法の委任の趣旨に反せず、Yは有罪。

解　説　明治憲法下では緊急命令や独立命令といった形式で行政による立法が広く認められていたが、日本国憲法四一条は国会を唯一の立法機関としており、行政が法律から独自に立法を行うことは認められない（国会中心立法の原則）。そして憲法七三条六号は、執行命令及び委任命令を制定する権限を行政に認めたものと解されており、本判決も同様の立場を採っている。次に、法律の委任の限界には二つの局面がある。第一は、法律の側で命令に対する授権の仕方が憲法に反しないかという論点であるが、本判決は、本法が義務の主体・内容という大枠を定めた上で義務内容の一部の定めのみを委任しているから違憲ではないとする。第二は、委任を受けた行政命令が授権の範囲を超え違法ではないかという論点である。本件では、税務署長による記載事項の指定というしくみが問題となる。本法が記載事項を指定する権限を直接税務署長に授権していると解する余地もあるが、本法の委任を受けて制定された本規則が具体的な定めの一部を税務署長に再委任したものと捉えると、そうした再委任が許されるかどうかが問題となり、本判決は本法の委任の趣旨に反しない限定的範囲で規則が再委任を行ったものと解した。学説では、特に犯罪構成要件に関する再委任を違憲とする見解も有力である。

▼**評釈**——木村草太・百選ⅡA18等

立法の委任(2)：人事院規則への委任……猿払事件

231　最大判昭和49・11・6刑集二八巻九号三九三頁

関連条文　憲法七三条六号・三一条・四一条

刑罰の対象としての国家公務員の「政治的行為」の具体的な定めを、懲戒処分の対象としての定めと同時に、人事院規則に委任することは、許されるか。

事　実　18判決と同じ。国公法は国家公務員の「人事院規則で定める政治的行為」を禁止し（一〇二条一項）、違反者を懲戒処分に加え（八二条一項一号）、刑罰の対象ともしている（一一〇条一項一九号）。これを受けて人事院規則一四―七（政治的行為）は特定の政党を支持する目的で文書を掲示・配布することを「政治的行為」の一として定めており（五項三号、六項一三号）、これに該当する行為をしたとして起訴されたYが、こうした国公法の委任は違憲であると主張した。

裁判所の見解　政治的行為の定めを規則に委任する国公法一〇二条一項が、公務員の政治的中立性を損うおそれのある行動類型に属する政治的行為を具体的に定めることを委任するものであることは、同条項の合理的な解釈により理解できる。そのような政治的行為は、公務員組織の内部秩序を維持する見地から課される懲戒処分を根拠付けるに足りるとともに、国民全体の共同利益を擁護する見地から科される刑罰を根拠づける違法性を帯びるものであるから、右条項が、懲戒処分及び刑罰の対象となる政治的行為の定めを一様に委任するものであるからといって、憲法の許容する委任の限度を超えるものではなく、Yは有罪。

解　説　かつて最高裁は人事院規則が国公法の委任の範囲を逸脱していないとしたが（最1判昭和33・5・1刑集一二巻七号一二七二頁）、本件では規則の適法性ではなく授権する国公法の合憲性が争われた。国会中心立法の原則（憲法四一条）によれば、法律から命令への「広範な概括的委任」は許されず（最大判昭和27・12・24刑集六巻一一号一三四六頁）、あくまで個別的・具体的な委任でなければならない。国公法の委任は文言上は白紙的委任に見えるが、本判決は「公務員の政治的中立性を損うおそれのある行動類型に属する政治的行為を具体的に定めることを委任する」ものと解釈することで委任には一定の限度が設定されているとした。これに対して大隅ほか四裁判官の反対意見は、罪刑法定主義や表現の自由の重要性から、刑罰は懲戒処分よりも慎重に定めるべきなのに、両者を一律一体として対象範囲の決定を委任した点に問題があり、刑罰の委任に関して国公法の授権は違憲であると説く。なお人事院を含む独立行政委員会は、専門的分野について準立法的作用を営むが、だからといって一般の行政各部よりも広範な委任が許されるわけではなく、規制分野の特質から、個別的・具体的委任と評価できる範囲が広い場合があるに過ぎない。

▼**評釈**――釜田泰介・基本判例50等

立法の委任(3)：委任の範囲

232　最1判平成14・1・31民集五六巻一号二四六頁

関連条文　憲法七三条六号・一四条・七六条・八一条

①命令が法律の委任の範囲を超えたかどうかを、どのように判断すべきか。②裁判所は、命令の規定する給付の要件の一部を無効と判断することはできるか。

事実　旧児童扶養手当法（本法）四条一項は、「父母が婚姻を解消した児童」（一号）、「父が死亡した児童」（二号）、「父が政令で定める程度の障害の状態にある児童」（三号）、「父の生死が明らかでない児童」（四号）、「その他前各号に準ずる状態にある児童で政令で定めるもの」（五号）を、児童扶養手当の支給対象となる児童としていた。またここでいう「婚姻」には事実婚を含むとしていた（三条三項）。本法四条一項五号の委任を受けて、同法の施行令（本施行令）一条の二第三号は「母が婚姻（婚姻の届出をしていないが事実上婚姻関係と同様の事情にある場合を含む。）によらないで懐胎した児童（父から認知された児童を除く。）」と定めていた。婚姻によらないで子を懐胎・出産し監護しているXは、本施行令一条の二第三号に該当するとして児童扶養手当の支給を受けていたが、子が父から認知されたことで、同号の括弧書の規定により、受給資格喪失処分を受けたため、同処分の取消しを求めた。

裁判所の見解　①本施行令一条の二第三号は、婚姻外懐胎児童を児童扶養手当の支給対象児童として取り上げた上、認知された児童をそこから除外するとの明確な立法的判断を示している。この判断が違憲違法である場合に、同号の規定全体を不可分一体のものとして無効とせず、その除外部分のみを無効とすることは許される。②本法四条一項五号の委任の範囲は、文言のほか本法の趣旨・目的、同項が一定の類型の児童を支給対象とした趣旨や支給対象児童とされた者との均衡等をも考慮して解釈すべきである。本法四条一項は児童の母と婚姻関係にある父が存在しないか、これと同視できる児童を支給対象として類型化したものと解される。本施行令一条の二第三号が本法四条一項一号ないし四号に準ずる婚姻外懐胎児童を支給対象としながら、父から認知された婚姻外懐胎児童を除外することは、本法の趣旨・目的に照らし両者の均衡を欠き、括弧書は無効である。（Xの請求認容。）

解説　本判決は委任規定の文言・趣旨に加え法律全体の趣旨・目的、さらに受給対象者と非受給対象者の均衡という実質的な平等原則の視点をも盛り込んで委任の範囲を限定し（町田反対意見は委任の範囲をより広く解し、別異取扱いも合理的理由がある限り許されると主張する）、本施行令の括弧書部分が委任の限界を超えたと判断した（争点②）。

本判決は本施行令一条の二第三号の本文と括弧書は可分であるとして、後者の部分を無効とした（争点①。36判決も参照）。

▼評釈――田中祥貴・百選Ⅱ206等

立法の委任(4)：医薬品のネット販売規制

233 最2判平成25・1・11民集六七巻一号一頁

関連条文　憲法二二条一項・四一条・七三条六号

命令が法律の趣旨に適合し、委任の範囲を逸脱したものでないかどうか、どのように判断すべきか。

事実　平成一八年に改正された薬事法（新法）は、店舗販売業者に対して、厚生労働省令で定めるところにより、第一類医薬品については薬剤師、第二類・第三類医薬品については薬剤師又は登録販売者に販売させる義務、販売等に当たって薬剤師又は登録販売者に適正な使用のための必要な情報を提供させる義務を定めた。新法施行に伴い改正された薬事法施行規則（新規則）は、店舗販売業者に対し、第一類・第二類医薬品について、当該店舗において対面で販売させる義務、当該店舗内で対面により情報提供を行わせる義務を課し、郵便等販売を禁止した。以前からインターネットを通じた医薬品の郵便等販売を行っていたXは、新規則が新法の委任の範囲外の規制を定めており違法であるとして、郵便等販売をすることができる権利・地位を有することの確認を求めた。

裁判所の見解　請求認容。新法成立前後を通じてインターネットを通じた郵便等販売に対する需要が相当程度存在しており、一般消費者、有識者及び政府部内にも広汎な制限に反対する意見が見られた。憲法二二条一項は職業活動の自由の保障を含むところ、新法以前には違法でなかった郵便等販売を新たに規制することは、それを事業の柱としてきた者の職業活動の自由を相当程度制約する。これらの事情の下で、新規則の規定が新法の趣旨に適合し委任の範囲を逸脱したものではないというためには、立法過程をもしんしゃくした上で、新法中の諸規定から、郵便等販売の規制を委任する授権の趣旨が、上記規制の範囲や程度等に応じて明確に読み取れることを要する。新規則は第一類・第二類医薬品の郵便等販売を一律に禁止するが、販売・情報提供等を店舗における対面に限るべきとか郵便等販売を規制すべきであるとの趣旨を明確に示す規定は、新法中に存在しない。立法過程を見ても、国会が郵便等販売を禁止すべきとの意思を有していたとはいえない。新法の授権の趣旨が、郵便等販売の一律禁止をも委任するものとして明確であるとはいえず、その限度で新施行規則は違法無効である。

解説　本判決は、医薬品のネット販売規制が既存事業者の営業の自由を制約することを重視して、命令による規制に対して法律の明確な授権を求めた。また、立法過程に立ち入って、法律の委任の趣旨を探った上で、命令が法律の委任の限界を超えると判断する手法が採られた。本判決を受けて、要指導医薬品のネット販売を規制する薬機法の改正がなされたが、最判令和3・3・18民集七五巻三号五五二頁はこの規制を合憲と判断した。

▼**評釈**――木下昌彦・百選ⅡＡ19

最高裁判所規則の所管事項

234 最2判昭和30・4・22刑集九巻五号九一一頁

関連条文　憲法七七条

憲法七七条が、最高裁判所は訴訟に関する手続等について規則を定めることができるとしているのは、規則だけがそれらの事項を定めることができ、法律で定めることはできないとする趣旨か。

事実　公務執行妨害傷害被告事件の被告人Yが、憲法七七条は訴訟に関する手続等をすべて最高裁判所規則で定めるべきだとしているにもかかわらず、刑事訴訟法が訴訟に関する手続を定めているのは憲法七七条に違反すると主張して、上告した。

裁判所の見解　法律が一定の訴訟手続に関する規則の制定を最高裁判所規則に委任しても憲法に反しないことは判例の示すとおりであるが（最大判昭和25・10・25刑集四巻一〇号二一五一頁等）、それは法律によって刑事手続を定めることができることを前提としているから、刑事訴訟法が合憲であることは明らかである。

解説　憲法七七条は①訴訟に関する手続、②弁護士、③裁判所の内部規律、④司法事務処理に関する事項について規則を制定する権限を最高裁に与えた。その趣旨は、英米法の伝統を踏まえて、司法の自主性を保障し、訴訟手続等に関する裁判所の専門性を尊重したものだとされている。

もっとも憲法の条文からは、規則だけがこれらの事項を定めることができるものなのか（A説）、法律も定めることができるのか（B説）、明らかでない。①②に関しては法律でも定めることができるが、③④は規則だけが定めることができるという説（C説）も、有力に唱えられている。

英米法の伝統や司法の自主性を強調すればA説が妥当だと考えられる。しかし、憲法七七条は国会が唯一の立法機関であるという原則（四一条）の例外であることや、七七条の趣旨として裁判所の専門性の尊重の方を重視すれば、B説が適切だということになる。本判決は、理由を示さないまま、B説を採用した。本件で問題となった①は国民の権利義務に関わるものであり、特に刑事訴訟の手続は「法律」で定めるべきだ（三一条）とされていることからも、本判決の結論を支持する説が多い。

B説のように解すると、法律と規則が競合した場合にどちらの効力が優越するのかも問題になる。本判決は、法律が訴訟手続に関する事項を規則に委任しても違憲ではないとした先例を引用しているので、法律が規則に優位するという立場をとるものと理解されている。実際にも、法律が①②について基本的な事項を定め、規則は細目的・技術的な事柄を定めるということが多いが、こうした運用は憲法七七条の趣旨を没却するものではないか、という批判もある。

▼**評釈**——岡田俊幸・百選Ⅱ207等

法律と条例の関係……徳島市公安条例事件

235 最大判昭和50・9・10刑集二九巻八号四八九頁

関連条文　憲法九四条、地自法一四条

①国の法令が規制している事項を、条例で規制することは許されるか。②法令よりも重い罰則を定める条例は違法か。

事実　被告人は、徳島県反戦青年委員会主催のデモ（約三〇〇名）に参加し、先頭集団数十名が警察署長の道路使用許可条件に違反して約五分ほど蛇行進等を行った際、自らも蛇行進をした点が道交法違反、交通秩序の維持に反する行為をするよう参加者をせん動した点が徳島市条例違反として起訴された。一審・二審は、条例は道交法の対象事項を規制できないという前提で、道交法違反のみを有罪とした。

裁判所の見解　①道交法と本条例の規制目的に部分的に共通点があっても、直ちに道交法には違反しない。条例が国の法令に違反するかは、両者の対象事項と規定文言だけでなく、趣旨・目的・内容・効果を比較して決めなければならない。例えば、(a)法令の規定の欠如が当該事項について規制せず放置する趣旨ならば、これを規制する条例は法令に違反するが、(b)同一対象を別目的で規制する条例が、法令の目的・効果を阻害しないときや、(c)両者が同一目的でも、法令が全国一律に規制する趣旨ではなく、地方の実情に応じた別段の規制を容認する趣旨ならば、条例は法令に違反しない。道交法は、条例が別個の規制を施すことを排斥する趣旨ではない。条例による規制が特別の意義と効果を有し、その合理性が肯定される場合には、条例は道交法に違反しない。②条例による別個の規制を容認する道交法が、規制に実効性を持たせるための合理的な罰則規定を否定するとは考えられないから、本条例の法定刑が道交法より重くても、法律に違反するとはいえない。

解説　国の法令に違反する条例は無効とされ（憲法九四条、地自法一四条）、かつては既存の法令と規制対象が重複する条例は排除されるとする法律先占論が支配的であったが、本判決は、学説の展開に沿って、法律と条例の趣旨・目的等を比較して違反の有無を判断すべきとした。上乗せ規制条例の許容性に関する①の(a)～(c)の一般的例示は、財産権に関する上乗せ規制条例を違法とした後の判例（最1判昭和53・12・21民集三二巻九号一七二三頁）では明示的に言及されてはいないが、いずれにせよ法令の趣旨の具体的検討が問題となる。本判決は、道交法の趣旨を、条例が特別の意義・効果及び合理性を有する場合には条例の定めを優先させ、道交法自体は条例の規制の及ばない範囲で適用されるとするものと解した。②条例による別段の規制の容認と、法令よりも重い罰則の許容は、別問題である。本判決が本条例による規制の必要性・合理性から道交法を超える法定刑を容認することには、批判がある。規制される人権への配慮にも疑問が示される（124判決参照）。

▼**評釈**――木村草太・百選Ⅱ（五版）235、野坂11等

条例における罰則

236 最大判昭和37・5・30刑集一六巻五号五七七頁

条例に罰則を規定することは、いかなる要件の下に許されるか。

事　実　大阪市の、街路等における売春勧誘行為等の取締条例違反で有罪とされた被告人が、条例違反に一定範囲の刑罰を科すことを認める地自法一四条五項は罰則の委任が具体的特定を欠き罪刑法定主義に反するとして上告した。

裁判所の見解　憲法三一条は、法律による委任によってそれ以下の法令で罰則を定めることを必ずしも否定していない。このことは政令への委任を認める憲法七三条六号但書によっても明らかである。法律による委任は白紙委任的なものであってはならないが、本条例に関する地自法二条三項一号（住民及び滞在者の安全、健康及び福祉の保持）・七号（保健衛生、風俗のじゅん化）の事項は相当に具体的な内容であり、一四条五項による罰則の範囲も限定されている。しかも、条例は、公選議員による地方公共団体の議会によって制定される自治立法であり、国会による法律に類するから、条例によって刑罰を定める場合には、法律の授権が相当な程度に具体的であり、限定されていれば足りる。したがって、条例で罰則を定めることができるとしたのは、憲法三一条の意味において法律の定める手続によって刑罰を科するものということができる。

関連条文　憲法三一条・七三条六号・九四条、地自法二条・一四条

解　説　最高裁も本判決で条例による罰則規定が罪刑法定主義に反しないとしたが、その理由は、(a)罰則規定には法律による委任が必要だが、条例は民主的自主立法であるから、委任の要件は相当程度の具体性に緩和される（多数意見・入江補足意見）、(b)条例は民主的自主立法であるから、行政権による政令のように個別的な法律の委任を必要とせず、条例の適用範囲・対象事項・罰則の重さが限定されているから、地自法一四条五項による一般的委任でも憲法三一条に反しない（奥野補足意見）、(c)条例制定権は憲法九四条から直接授権されており、特定の法律の委任を要せず罰則を規定でき（憲法三一条の例外）、地自法一四条五項が限定する範囲内の法定刑であればよい（垂水・藤田補足意見）、などに分かれる。(a)には、政令に引きつけた解釈で、個別の法律による委任が必要とされている条例を自主立法と呼べるのか、逆に、地自法の当該規定を相当程度の具体的委任といえるのか、かつての二条三項のような事務の例示規定のない現行の地自法はどうなるのか、という疑問がある。しかし、(b)が条例を法律に準ずると位置づけながらも法律による委任を求める理由は何か、(c)の固有権的理解は法律の規制が存在する場合でも貫徹されるのか（本件は売春防止法施行前）、も問題となる。

▼**評釈**――村田尚紀・百選Ⅱ208、髙橋雅夫・行百Ⅰ41、鵜澤剛・地自百31等

明治憲法下の法令の効力

237 最大判昭和27・12・24刑集六巻一一号一三四六頁

新憲法上は法律で規定すべき事項を定めている勅令は、新憲法下でも有効か。

事　実　被告人は、爆薬等所持のため、明治四四年勅令一六号（銃砲火薬取締法施行規則）二二条・四五条により有罪とされた。ところが、昭和二二年法律七二号一条が、「日本国憲法施行の際現に効力を有する命令の規定で、法律を以て規定すべき事項を規定するものは、昭和二十二年十二月三十一日まで、法律と同一の効力を有するものとする」と定めていたところ、この期限の経過後の二審も有罪判決を下したため、犯罪後の法令により刑の廃止があった場合であって、免訴になるべきとして上告した。

裁判所の見解　昭和二二年法律七二号にいう「法律を以て規定すべき事項」とは、新憲法下において法律で規定すべき事項を意味する。新憲法下において罰則を設けることは、法律による具体的な委任がある場合を除き、法律で規定すべき事項である。ところが、明治四三年法律五三号（銃砲火薬類取締法）には本件勅令一六号に対して罰則を具体的に委任する旨の規定は存在しないし、命令への罰則の一般的な委任を行っていた明治二三年法律八四号は、新憲法施行と同時に失効しており、本件罰則を委任する法律は存在しない。したがって、本件勅令一六号は、昭和二二年法律七二号一条にいう命令に該当し、原判決当時（昭和23・7・27）には失効しており、免訴の言渡をすべきである。

関連条文　憲法九八条、昭和二二年法律七二号一条

解　説　旧憲法下の法令の新憲法下での効力について、日本国憲法中に明治憲法七六条一項のような経過規定がないため、判例・学説の多くは、憲法九八条一項に経過規定的意味を読み込み、旧憲法下の法令は新憲法に違反しない限り原則として効力を有すると解した。憲法九八条によって失効する法令については、(a)内容が新憲法に違反する場合に限られる、(b)内容は合憲であるが形式・手続が新憲法に合致しない場合も含む、との説に分かれる。法形式を問題とする意義・根拠に疑問も示されるが、新憲法が法律に留保した事項を旧憲法下の命令をもって規律することは問題があろう。また、天皇主権から国民主権への転換に鑑みて、勅令という法形式の否定には特別の意味があるとされる。本判決の多数意見は、(b)の見地から、形式違反で本来は無効の本件勅令が昭和二二年法律七二号により昭和二二年末まで延命されたとするものか、補足意見や従来の判例と同様に(a)の立場であり、本件勅令は新憲法の施行で当然に失効したのではなく、昭和二二年法律七二号により昭和二二年末で効力を打ち切られたとするものか、理解の対立がある。

▼**評釈**――山崎友也・百選Ⅱ203等

明治憲法以前の法令の効力

238 最大判昭和36・7・19刑集一五巻七号一一〇六頁

明治憲法以前に制定されて明治憲法下でも効力が存続していた太政官布告は、新憲法下でも有効か。

事　実　死刑判決を受けた被告人が、死刑執行の具体的方法を定める明治六年太政官布告六五号（絞罪器械図式）は新憲法下では効力がなく、死刑の執行方法について現行法上は法律の定めがないにもかかわらず、執行方法が未定のままでの死刑宣告は、法定手続の保障に違反するとして上告した。

裁判所の見解　本件布告は死刑の執行方法の基本的事項を含んでおり、このような事項は明治憲法下においても法律事項に該当するから、明治憲法七六条一項により本件布告は明治憲法下で法律として遵由の効力を有していたと解される。日本国憲法下においても、死刑の執行方法に関する基本的事項は法律事項に該当するが、昭和二二年法律七二号（221判決参照）は明治憲法下で既に法律としての効力が認められた法令には触れていないから、本件布告は法律と同一の効力をもって存続している。本件死刑宣告は、憲法三一条に違反しない。

解　説　最高裁は、死刑一般および絞首刑の合憲判決に次いで、現行の執行方法を合憲とした。明治憲法七六条一項によれば、明治憲法以前の法令は、その法形式を問わず、内容が違憲でない限り有効とされた。明治憲法下の法令で日本国憲法下での法律事項を定めたものは、法律は内容が違憲でない限り有効とされ、命令は昭和二二年法律七二号により昭和二二年末で失効した（237判決参照）。上告趣意は、明治憲法下では刑の執行方法は法律事項ではないから、本件布告は明治憲法下で法律の効力を得ておらず、昭和二二年法律七二号により失効していると主張した。本判決の多数意見は、本件布告の内容が明治憲法下でも日本国憲法下でも法律事項であるから――論拠について、生命剝奪は基本的人権に関する重大事項である（奥野）、執行方法が残虐にならないことの担保となる（藤田）、との補足意見がある――有効に存続しているとする。他方、死刑執行手続の基本的事項は刑法・監獄法・刑訴法で規定され、憲法三一条の要請は満たされているから本件布告の効力を問う必要はない（島、池田、石坂意見）、あるいは、本件布告は命令として効力が存続している（河村意見。なお昭和二二年政令一四号参照）との見方もある。本件布告が明治憲法下で法律の効力を得たとし、太政官布告が明治憲法下で法律による改正を受けた場合（最大判昭和24・4・6刑集三巻四号四五六頁）との相違を否定する多数意見の理解には、昭和二二年法律七二号により失効する明治憲法下の命令との平仄においても疑問が残る。日本国憲法下で改めて法整備するのが本来の筋との指摘もある。

関連条文　憲法三一条、明治六年太政官布告六五号、明治憲法七六条一項

▼**評釈**――西村裕一・百選ⅡA17等

占領法規の効力……政令三二五号事件

239 最大判昭和28・7・22刑集七巻七号一五六二頁

関連条文　昭和二〇年勅令五四二号、昭和二五年政令三二五号

違憲の占領法規の違反行為を、占領終結後に処罰しうるか。

事　実　日本はポツダム宣言を受諾し、降伏文書に調印して、連合国に無条件降伏した結果、連合国最高司令官は降伏条項を実施するため日本国憲法にかかわりなく自ら適当と認める措置をとる権限を有し、その占領管理のために昭和二〇年勅令五四二号（連合国最高司令官の要求を実行するのに必要な場合には命令をもって罰則を定めることを認めた緊急勅令）が制定された。昭和二五年政令三二五号（占領目的阻害行為処罰令）は、勅令五四二号に基づいて制定せられた命令（ポツダム命令）であって、その中で、最高司令官の指令の趣旨に反する行為をした者に刑罰を科すことを定めていた。被告人は、最高司令官のアカハタ等の停刊措置に関する指令に反して起訴されたが、二審の有罪判決当日の夜に平和条約が発効して占領が終結した。同日施行の昭和二七年法律八一号は、勅令五四二号を廃止し、ポツダム命令は、別に法律で改廃等の措置をとらない場合には、一八〇日間に限り法律としての効力を有すると定めた。ついで、昭和二七年法律一三七号は、政令三二五号を廃止し、これ以前の行為に対する罰則の適用については、なお従前の例によると定めた。被告人は、免訴を求めて上告した。

裁判所の見解　ポツダム命令は、法律八一号により、その内容が憲法に違反しない限り、平和条約発効後も効力を有するが、政令三二五号は、(a)その本質上、占領終了と同時に失効している、ないし、(b)憲法二一条に違反する本件指令を適用する限りで無効である。法律一三七号は、(a)政令三二五号失効後の行為に対しては、その罰則を復活させて遡及適用させる事後立法となり、憲法三九条の趣旨に違反する、ないし、(b)本件指令については、違憲無効の法規を復活させることは違憲であり、効力を生じない。よって、本件は、後の法令により刑が廃止された場合にあたり、免訴とすべきである。

解　説　多数意見（理由の一部を異にする）は、勅令五四二号も政令三二五号も、占領中は憲法外で法的効力を有したが、占領終了後は違憲となりうるとする。これに対し、反対意見は、平和条約発効後も本件指令の違憲審査をすべきでなく、政令三二五号は占領中のみの限時法であって、法律八一号・一三七号は、有効に成立した刑罰権を限時法の失効後も放棄しない趣旨であり、失効した刑罰法規を復活させるものでないとする。しかし、犯罪は行為時法で処罰されるという反対意見の理解は、裁判時に違憲と判断される法令については疑問がある。法律八一号が、失効した占領法規を延命させる趣旨か、効力の打切りかについては、237判決と類似の問題が存在する。

▼**評釈**――小松浩・百選Ⅱ204等

判例索引

■編者紹介

高橋　和之（たかはし・かずゆき）　東京大学名誉教授

■著者紹介（執筆順）

齊藤　正彰（さいとう・まさあき）	北海道大学教授	〔1判例～7判例・235判例～239判例〕
曽我部真裕（そがべ・まさひろ）	京都大学教授	〔8判例～14判例・79判例～83判例・120判例～127判例〕
榎　　透（えのき・とおる）	専修大学教授	〔15判例～22判例・184判例～190判例〕
宍戸　常寿（ししど・じょうじ）	東京大学教授	〔23判例～31判例・191判例～198判例・228判例～234判例〕
林　知更（はやし・とものぶ）	東京大学教授	〔32判例～39判例・64判例～70判例〕
新井　　誠（あらい・まこと）	広島大学教授	〔40判例～49判例・129判例～139判例〕
江島　晶子（えじま・あきこ）	明治大学教授	〔50判例～56判例・110判例～119判例〕
橋本　基弘（はしもと・もとひろ）	中央大学教授	〔57判例～63判例・221判例～227判例〕
松田　　浩（まつだ・ひろし）	成城大学教授	〔71判例～78判例・128判例・176判例～183判例〕
西土彰一郎（にしど・しょういちろう）	成城大学教授	〔84判例～94判例・101判例～109判例〕
青井　未帆（あおい・みほ）	学習院大学教授	〔95判例～100判例・160判例～168判例・213判例～220判例〕
早瀬　勝明（はやせ・かつあき）	甲南大学教授	〔140判例～149判例・169判例～175判例・207判例～212判例〕
南野　　森（みなみの・しげる）	九州大学教授	〔150判例～159判例・199判例～206判例〕

新《しん》・判例《はんれい》ハンドブック 憲法《けんぽう》 第３版　編者　高橋和之

発行所　株式会社　日本評論社
〒170-8474　東京都豊島区南大塚3-12-4
電話 03-3987-8621（販売）　03-3987-8631（編集）
振　替　00100-3-16
印　刷　精文堂印刷株式会社　　製本　井上製本所
Printed in Japan

2012年８月10日　第１版第１刷発行　　装幀　海保　透
2018年１月25日　第２版第１刷発行
2024年４月５日　第３版第１刷発行

ISBN 978-4-535-52793-5